驕傲之塔

上

一戰前的歐美世界圖像，1890—1914

THE Proud Tower

A Portrait of the World Before the War, 1890-1914

Barbara W. Tuchman

芭芭拉・塔克曼——著 黃煜文——譯

從城市裡的驕傲之塔，
死神旁若無人地俯視一切。

——愛倫・坡（Edgar Allan Poe），《海中之城》（*The City in the Sea*）

好評推薦

「罕見地結合了無懈可擊的學術考證與優美洗鍊的文字描寫……。閱讀《驕傲之塔》，不僅充滿樂趣，也讓人心生敬意。」

——《紐約時報》(*The New York Times*)

「塔克曼講述故事時，充滿冷靜的理智，又有溫情的理解。」

——《時代雜誌》(*Time*)

「芭芭拉．塔克曼的作品廣受歡迎，是因為她極其精湛的文筆……。她從未錯失筆下人物的視野，且不懼於敘事……。一如她的所有著作，本書包羅眾多精彩的人物……滿是令人驚奇的獨特內容。」

——《紐約時報書評》(*The New York Times Book Review*)

「令人驚嘆的成就……。與《八月砲火》齊名的非凡之作。」

——《圖書館雜誌》(*Library Journal*)

「〔芭芭拉．塔克曼〕榮獲普立茲獎的作品《八月砲火》精彩而生動地描述了第一次世界大戰開戰之初的場景。在《驕傲之塔》中，塔克曼再次發揮她的敘事天分，用全景的角度描述了一次大戰前的世界。」

——《新聞週刊》(*Newsweek*)

「文字優美生動，令人欲罷不能。……作者廣博的學識與擅於描述的技巧，讓人留下深刻的印象，也讓人不斷地想閱讀下去。」

——《芝加哥論壇報》(*Chicago Tribune*)

「紮實且引人入勝……。生動鮮明的數百位人物群像。」

——《費城詢問報》(*The Philadelphia Inquirer*)

「芭芭拉．塔克曼以其精湛的筆法為我們描繪了一幅光彩奪目、金碧輝煌、華麗奢靡、讓人震驚的歷史場景。」

——《先驅論壇報》(*Herald Tribune*)

目次

【上冊】

【下冊】

導讀

在這個時代，重新省思第一次世界大戰的戰前歲月

周奕成，政治運動家、社會創業家

遙遠的東亞，臺灣的視角

這天是明治四十四年，西曆一九一一年十月中，日本帝國臺灣總督府臺北醫學校的木造混合磚造的校舍中，瀰漫著一種詭異的氣氛。內地（日本）人和本島（臺灣）人學生們一向友好，此時卻顯得尷尬。似乎彼此之間有個不知如何開口的話題。

在紅磚樓的走廊上，去年考入醫學校就讀的本島宜蘭人蔣渭水，打開一份剛拿到的《臺灣日日新報》。當他看到報紙上醒目的標題，心跳猛然加速——中國爆發了辛亥革命。武昌起義成功。清朝的統治正在瓦解。這個消息如同一道閃電，瞬間點燃了他心中的火種。

中國辛亥革命的消息迅速傳入臺灣。報紙開始大量報導革命的情況。從武昌起義到各地的革命風

潮，再到南北議和、清帝退位。臺灣知識分子對這些報導非常熱衷關注。

臺灣的知識分子和民眾既對這東亞第一個民主共和國的誕生而好奇，又因新興強國日本帝國國民的身分而矛盾。

日本為臺灣帶來從歐洲學到的現代化。雖然是殖民者，但他們的文明是進步的。而大清帝國是落後腐敗的祖國，且背棄臺灣人民而割讓了臺澎列島。但此時中國似乎有了新希望。

蔣渭水一遍又一遍地讀著報紙上的每一個字，感受到一股從未有過的激動。他的腦海裡浮現一個平等開化的新世界，也開始想像臺灣人在這個新世界中的角色。

其實有不少臺灣人投入中國的革命。一八九五年臺灣和澎湖群島成為日本的殖民地，不再屬於清朝，反而讓臺灣有了革命活動的空間。

一八九七年十月，革命黨人陳少白就來到臺灣，與楊心如、吳文秀等共同創立了興中會臺灣分會，積極吸納臺灣人加入革命黨。

一九一〇年，該組織重組為中國同盟會臺灣分會，並設立了名為復元會的外圍組織。

臺灣人許贊元於一九一一年參與黃花崗起義，失敗被捕，後來出獄。該年十一月，許贊元與兄長許贊書參加了廈門戰役，許贊書在戰後擔任臨時政府負責人及廈門同盟會會長。

臺中人張昌赤也率軍維持漳州的治安，並協助革命黨控制福建，許贊元的父親許南英則出任漳州臨時政府民事局長。

臺灣人丘逢甲在乙未割臺後，應康有為之邀來到廣東，並於一九〇一年創辦嶺東同文學堂。雖然丘逢甲支持立憲運動，但他始終同情並保護革命黨人，推動新思想的傳播。

臺灣人也參與了福建的革命活動，例如：學堂創始人王人驥、報社創辦人盧文啟、報社編輯黃鴻翔，以及同盟會成員陳金方與醫生鄭友福等人。

興中會臺灣分會還籌集資金，支持孫中山在香港辦報。

臺北板橋林家的銀行家林熊徵捐助黃花崗起義經費，而霧峰林家的實業家林祖密則在惠州起義期間將其臺北寓所提供為指揮處，並資助同盟會福建分會攻打福州。

年輕的蔣渭水也與志同道合的蘇樵山、黃調清、林錦生、曾慶福、杜聰明、李根盛、翁俊明等人加入中國同盟會臺灣分會。當時他們認為中國的革命將帶動世界的變革。

革命勝利，中華民國建立。一九一二年，大清宣統改為中華民國元年。同一年日本也改曆為大正元年。明治維新之後的日本，在打敗俄羅斯、大清之後，自認為已經躋身於現代強國。

一九一三年，蔣渭水與摯友翁俊明、杜聰明密謀了一個驚天計劃——他們決定以霍亂病原刺殺背叛革命的北洋政府領袖袁世凱。這個計劃最終未能付諸實行。

一九一三年八月，孫中山二次革命失敗後，經過臺灣前往日本。蔣渭水得知孫中山在此停留的消息，渴望能親眼見到這位革命的領袖。當他匆匆趕到，卻發現日本員警嚴密封鎖，使他無法如願。讓他感動的是，孫中山回應了他的熱情，親筆回信並贈予他一枚開國紀念章。

一九一四年，大正三年，青年蔣渭水的革命激情愈發強烈。他號召臺北醫學校同學們加入由日本維新功臣板垣退助伯爵及臺灣民間領袖林獻堂共同籌組的「臺灣同化會」，宗旨是促進臺灣與日本的平等與整合。

一戰爆發，日德交戰

當時的臺灣人，遠在東亞，不太可能預知到遙遠的文明歐洲，竟會爆發當時歷史上最慘烈的第一次世界大戰。而且臺灣在日本治下，也只能隨著日本在國際事務上的立場。

一九一四年，歐洲戰事爆發後不久，日本迅速行動，基於英日同盟的立場，於八月二十三日對德國宣戰。日本向德國宣戰，加入協約國陣營，這一決定不僅是出於履行一九〇二年與英國締結的同盟條約的義務，更是為了擴大其在亞洲和太平洋地區的影響力。

日本帝國迅速採取行動，集中力量侵入德國在中國的殖民地——青島。

青島位於山東省的膠州灣，是德國在中國的主要軍事與經濟據點。戰爭爆發後，英國請求日本提供支援，日本隨即派遣陸軍和艦隊封鎖青島海域，並展開了對青島的圍攻行動。這場戰役於一九一四年八月二十七日正式開始，最終經過兩個多月的激烈戰鬥，於十一月七日結束。日本軍隊最終成功攻占青島，將德國軍隊擊敗，並占領了這片戰略要地。

青島戰役是日本和德國在第一次世界大戰中唯一的主要直接衝突，彰顯了日本在東亞地區日益增長的軍事力量和影響力。

戰後，根據《凡爾賽條約》，日本正式接管了德國在山東的權益。

日本在一九一五年一月向中國提出了二十一條要求，旨在進一步擴展其在中國的領土和經濟利益，特別是山東省和滿洲地區的控制權。這些要求涉及到對前德國權益的繼承、延長租借期限以及對中國內政的影響。

儘管中國政府在巨大壓力下於一九一五年五月被迫同意了大部分要求，但這一事件激怒了中國民眾，並促使中國民族主義情緒的高漲，成為一九一九年五月四日的青年愛國運動的主因。

五四運動帶動了中國的新文化運動、新文學運動，演變為推動中國加速現代化的大規模浪潮。一九二一年七月，中國共產黨在上海成立，追求馬克思主義式的中國現代化。

這個要求科學民主，期望與西方文明比肩的渴望，也間接影響了臺灣的知識分子。同樣是在一九二一年，十月十七日在臺北大稻埕，蔣渭水、林獻堂一同創立了臺灣文化協會，臺灣的歷史也在這個階段進入了新的篇章。

《驕傲之塔》的英文原著出版於一九六六年。如果我們模仿作者芭芭拉．塔克曼（Barbara W. Tuchman）的敘事方式，要為這本書添加東亞臺灣視角的一章，書寫一八九五年到一九二〇年的臺灣與中國、日本、世界間的連結，也許可以如以上這樣寫。

無人想打，也無人能阻止的戰爭

《驕傲之塔》是關於第一次世界大戰之時代背景的傑出著作。一如此書的副標題「一戰前的歐美世界圖像」所示，這是一幅幅的歷史切面的畫像，而不是全面宏觀的總體像。

綜合更多當代歷史學者對一戰起因的看法，可以回顧如下。

一九一八年，槍聲漸漸平息，但第一次世界大戰的餘波卻持續了數十年，塑造了二十世紀的進程。這是一場前所未有的戰爭。帝國之間的災難性衝突，讓人類第一次見識到壕溝戰的恐怖以及毒氣、坦克等致命的新技術。超過一千六百萬士兵和平民在這場衝突中喪生。

引發大戰的導火線，如所周知是一九一四年奧匈帝國皇儲斐迪南大公的暗殺事件。然而，這起事件僅僅是複雜的連鎖反應的最終結果，是一系列可追溯到一八九〇年代的政治誤判和無法預見的國家行為的後果。衝突的根源可追溯到歐洲權力均勢的變化。

一八九四年的法俄同盟，源於對德國勢力日益增長的共同擔憂，為後來對抗同盟國的三國協約奠定了基礎。

德國的海軍法，本意是迫使英國結盟，卻反而將掌握海權的大英帝國推向了與法國和俄羅斯締約的路上。

一九〇四至一九〇五年的日俄戰爭進一步破壞了微妙的平衡。俄國的戰敗使其將擴張的意圖轉向了巴爾幹半島，而該地區已經充滿了民族主義緊張局勢。

一九〇八年奧匈帝國吞併波士尼亞和赫塞哥維那，更是火上澆油，激起了斯拉夫民族主義，加深了奧匈帝國與俄羅斯之間的裂痕。

一九〇五年和一九一一年的摩洛哥危機中，德國挑戰法國在摩洛哥的利益，進一步加劇了緊張局勢。這些危機鞏固了英法聯盟，並加深了德國與協約國之間日益增長的敵意。

一九一一年義大利入侵利比亞，暴露了鄂圖曼帝國的弱點，導致該地區更加不穩定。

一九一二至一九一三年的巴爾幹戰爭，巴爾幹聯盟從鄂圖曼帝國手中奪取了領土控制權，留下了權力真空，進一步加劇了塞爾維亞和奧匈帝國之間的競爭。

最後，一九一四年六月，斐迪南大公在塞拉耶佛遇刺，成為了引爆火藥桶的導火線。

奧匈帝國在德國的支持下對塞爾維亞宣戰。俄羅斯動員其軍隊，導致德國對俄羅斯和法國宣戰。德國入侵比利時，將英國捲入了衝突，世界陷入戰爭。

而後，日本帝國因為英日同盟而對德國宣戰，加深了本文一開始敘述的東亞動盪。

這些事件，由民族主義、帝國野心和僵化的聯盟體系之間的複雜相互作用所驅動，無情地導致了第一次世界大戰的爆發。

回顧歷史，這是一場沒有人想要的戰爭，但也是一場沒有人能夠阻止的戰爭。其後果是毀滅性的，重塑了世界版圖，並為更可怕的第二次世界大戰埋下伏筆。

芭芭拉．塔克曼及其《驕傲之塔》

在第一次世界大戰前的歲月裡，世界既優雅又不安。芭芭拉．塔克曼的《驕傲之塔》生動地描繪了這個時代，探索了導向全球衝突的政治、社會和文化力量。

歐洲的一八九〇年代是技術進步和工業增長空前的時代。然而，在進步的表象之下，緊張局勢正在醞釀。歐洲列強在民族主義和帝國野心的驅使下，進行了無情的軍備競賽。與此同時，女權主義的興起以及汽車和飛機的日益普及等社會和文化變革正在重塑社會。德國皇帝威廉二世、俄羅斯沙皇尼古拉二世和大英帝國首相勞合·喬治等人物，在這些複雜的事件中發揮了關鍵作用。

塔克曼巧妙地將這些歷史人物栩栩如生地展現出來，揭示他們的野心、缺點以及最終導致戰爭的決定。她的敘述還深入探討了普通人的生活，捕捉了時代精神。她用說故事的方式鋪陳出生活在這個動蕩時期的人們的希望、恐懼和夢想。第一次世界大戰的爆發，標誌著歐洲時代的結束。

塔克曼認為，戰爭並非不可避免，而是一系列誤判和錯失機會的結果。

塔克曼為何能夠寫就這樣一部名著，在首次出版的將近六十年後，還值得我們一讀再讀？塔克曼本人似乎並沒有將她的才智歸功於她的家庭背景，但她所受的教養的影響是不可否認的。

塔克曼出生於富裕的魏爾泰姆（Wertheim）家族，她的外祖父老亨利·摩根陶（Henry Morgenthau Sr.）曾擔任美國駐鄂圖曼帝國大使，她的父親莫里斯·魏爾泰姆（Maurice Wertheim）是《國家》（*The Nation*）雜誌的老闆。

塔克曼的早年生活沉浸在一個培養好奇心和熱愛學習的環境中。她就讀於私立學校，後來畢業於著名的拉德克利夫學院（Radcliffe College）。在這裡，她接受歷史和文學教育，成為其傑出智識生涯的基石。

出身於菁英階級的家庭，得以對各種傑出人物有親身接觸的機會。這種耳濡目染培養她不同凡俗的視野與感受力。大部分的學者、作家都只能從二手資料去模擬、想像重要人物的思維和行動。而塔克曼則真的知道那個世界裡的人是怎麼想、怎麼做。

這是塔克曼的歷史作品能夠呈現出一種平靜而深邃的洞見之原因。

從這個時代，眺望那個時代

在二〇二〇年代，重讀《驕傲之塔》，重新反思第一次世界大戰的意義何在？

前些年（二〇一三），青壯世代歷史作家查爾斯·埃默森（Charles Emmerson）寫了另一本書《一九一三：尋找大戰前的世界》(*1913: In Search of the World before the Great War*)，為我們提供了審視第一次世界大戰的重要理由。

埃默森在分析一九一三年的世界時，描繪了當時如德國等國家崛起並挑戰英國等既有強權的情景，這與二十一世紀初中國在全球舞臺上的崛起，挑戰美國等傳統大國的局面頗為相似。

埃默森還強調了一九一三年世界的互聯性，這與二〇一〇年代的全球化現象相呼應。中國經濟的崛起，成為現代全球化的重要組成部分，使其成為全球貿易和經濟活動的中心。

與二十世紀初期經濟和政治權力的轉移相似，二十一世紀初期也見證了中國在國際政治和經濟中的日益影響，重新塑造了全球權力的格局。

新興陸權國家對既有海權霸主之間的權力均勢改變了。在一九一〇年代是德國對英國，在二〇一〇年代是中國對美國。這就是緊張動盪的結構因素。

我們所處的二〇一〇至二〇二〇年代，就很多面向來看，與一九一〇至一九二〇年代非常相似。此時重讀《驕傲之塔》的意義是：讓我們思考我們的時代，試著讓人類未來走向和平與自由。

【導讀者簡介】

周奕成，政治運動家，社會創業家。創立世代街區等公司、發起大稻埕國際藝術節，也曾創立第三社會黨。論著有《獨特國家》（出版中）。

前言

本書探討一個時代即將結束前的最後幾年，這個時代的結束不是因為衰頹，也不是因為意外，而是因為引爆了一場終結的危機，這場危機堪稱歷史上的重大事件。儘管如此，本書接下來卻完全不會提及這場危機，因為在本書描述的時代，這場危機尚未發生，本書的人物完全不知道接下來即將爆發危機。因此，我會試著以當時已知的一切為限來進行描述。

一九一四年到一九一八年的第一次世界大戰就像一條焦土帶，將大戰之前的時代與我們的時代區隔開來。大戰奪走了大量生命，使往後幾年勞動力缺乏，大戰摧毀了信仰，改變了觀念，讓人徹底幻滅。大戰不僅實際區隔出兩個時代，也在兩個時代之間劃下一道心理的鴻溝。本書要探討的是，大戰爆發前的世界具有什麼性質。

這本書跟我一開始想寫的內容不太一樣。隨著調查的進行，我逐漸放下一些成見。我要描述的時代並不是什麼黃金時代或美好年代（*Belle Époque*），它只是外表覆蓋了一層薄薄的特權階級外衣。這個時代不是完全只有信心、純真、舒適、穩定、安全與和平，然而不可否認，這些確實都是當時的特質。與今日相比，當時的人對於價值與標準較具信心，他們也較純真地對人類懷抱較多的希望，不過他們的生活並非較為和平，除了極少數的上層階級，絕大多數人過得也並非較為舒適。我們的錯誤在於，誤以為當時並未同時存在著懷疑、恐懼、騷動、抗爭、暴力與仇恨。我們被當時的人誤導，當他們回顧戰前的時光時，覺得自己的前半生沐浴在和平與安全的美好餘暉中。然而實際上當他們身處其中時，他們卻不覺得有那麼美好。他們的記憶與懷舊限制了我們對戰前的看法，但我可以提供讀者一個根據適當研究後得出的規則：那些曾經經歷戰前時光的人，他們關於戰前多麼美好的說法，全都是在一九一四年後提出的。

第一次世界大戰這起影響深遠的惡性事件，不是源自於一個黃金時代。我在開始撰寫這本書時或許該看出這一點，但當時的我並未察覺。儘管如此，我確實感受到這場戰爭的起源不是伊茲沃爾斯基（Alexander Isvolsky）對艾倫塔爾（Alois Lexa von Aehrenthal）說的，或是愛德華・格雷爵士（Sir Edward Grey）對普恩加萊（Jules Henri Poincaré）說的「大政治」（*Grosse Politik*），也不是再保障條約（Reinsurance treaties）、兩國同盟（Dual Alliance）、三國同盟（Triple Alliance）、摩洛哥危機（Moroccan crises）與巴爾幹半島錯綜複雜的困境這一連串迂迴波折的事件。對於這些事件，歷史學家已經費盡心力想從中找出第一次世界大戰的根源。而這些事件與衝突也必然受過檢視，我們這些後人應該感謝前人所做的努力，而他們的工作也該到此為止。謝爾蓋・薩佐諾夫（Sergei Sazonov）在第一次大戰爆發時擔任俄羅斯的外交大臣，在經過一連串調查之後，他最終大聲說道：「這些年代排序的工作已經做得夠多了！」我同意他的說法。大政治的取向已經了無新意。此外，大政治的取向也會造成誤導，因為這個取向會讓我們輕易地把問題歸咎於「他們」，認為這一切都是那些糟糕的政治家的錯，他們必須為這場大戰負責，而「我們」，也就是無辜的民眾，則是只是被政治家引領著捲入這場戰爭。這種印象完全是錯的。

第一次世界大戰所謂的外交起源，其實不過是對病人發燒的描述，卻未告訴我們是什麼導致發燒。

要探究其中根本的原因與更深層的因素，我們必須深入整個社會框架之中，試圖探索是什麼影響了社會框架中的民眾。因此，我探索的重點放在社會而非國家。權力政治與經濟競爭無論多麼重要，都不是我研究的主題。

十九世紀是人類有史以來變化最快的時期，而本書描述的時代又是這個時期變化臻至巔峰的時刻。自從戰火蔓延全歐的拿破崙戰爭（Napoleonic wars）結束以來，工業與科學革命便轉變了整個世界。人類進入十九世紀時，使用的只有自己與動物的力量，以風力與水力做為補充，在此之前，當人類進入十三世紀時，使用的力量也大致相同，甚至早在一世紀時就已經是如此。人類進入二十世紀之後，在機器能量的幫助下，運輸、通訊、生產、製造與武器能力提升了上千倍。工業社會給予人類新的力量與新的發展機會，也為人類帶來新的壓力，例如繁榮與貧困、人口成長與城市擁擠、階級與群體的對立、與自然的隔絕，以及個人對工作的不滿。科學一方面給予人類新的福祉與新的視野，另一方面卻也動搖了人類對上帝的信仰，使人類對所知世界的確定性產生懷疑。等到人類告別十九世紀的時候，人類在感到舒適的同時，內心也湧現新的不安。雖然「世紀末」（*fin de siècle*）經常意謂著衰頹，但事實上，十九、二十世紀之交的社會與其說是衰頹，不如說充滿了新的緊張與累積的能量。一九一四年，史蒂芬．褚威格（Stefan Zweig）三十三歲，當時的他相信，戰爭的爆發「與觀念無關，甚至也不是為了疆界問題。戰爭的爆發只能以力量過剩來加以解釋，這是內在動力造成的悲劇，力量在歷經四十年和平的累積之後，於此時一口氣宣洩出來。」

為了描繪第一次世界大戰之前的世界樣貌，我必須承認我的做法具有高度的選擇性。我知道，在完成這本書之後，如果依照同樣的書名再寫一遍，內容可能會完全不同，就算是寫第三遍，內容也依然不會重複。書中可能有幾章討論當時的文學、當時發生的戰爭（中日甲午戰爭、美西戰爭、波耳戰爭、日俄戰爭、巴爾幹戰爭）、帝國主義、科學與科技、商業與貿易、女性、王室、醫學、繪畫，可以說我感興趣的主題有多少，書中可能出現的主題就有多少。書中原本可能有幾章討論比利時國王利奧波德二世（Leopold II）、契訶夫（Anton Chekhov）、薩金特（John Singer Sargent）、馬或美國鋼鐵公司（U.S. Steel），這些都曾是最初計畫的主題。書中原本應該要有一章討論平日隨處可見的某個商店老闆或店員，用來代表沉默、平凡而沒沒無聞的中產階級，然而我卻找不到這樣的對象。

我想我應該向讀者交代我是如何選擇我的主題。一開始，我把主題局限在英、美與西歐世界，因為這個世界與我們的經驗與文化有最直接的關係，東歐雖然重要，但畢竟屬於不同的傳統。在主題的選擇上，我的標準是這些主題必須能真正代表本書探討的時代，而且對一九一四年之前而非之後的文明有著深遠的影響。根據這個標準，汽車與飛機將不在討論之列，佛洛伊德與愛因斯坦及兩人所代表的運動也無法成為本書的主題。一些特立獨行的人士雖然吸引人，但我還是將他們排除在外。

我知道自己接下來的描述無法提供一個全面性的結論，但要從這個時代的紛雜中推論出簡潔的通則，恐怕難以成功。我也知道接下來的描述並非完整的歷史圖像。我這麼說並不是故作謙遜，而是我清楚知道自己遺漏了許多東西。當本書接近尾聲之時，我可以感受到在我的四周充斥著我未能寫入書中的臉孔與聲音。

芭芭拉．塔克曼

第一章 貴族：英國，一八九五年到一九〇二年

一八九五年六月，英國新政府就職，這是西方世界最後一個仍具有完整貴族特徵的政府。英國保守黨在這一年贏得大選，此時正值大英帝國的巔峰時期，保守黨組成的內閣充分展現了帝國雄偉輝煌的形象。保守黨是英國大地主的代表，這些大地主世世代代統治英國，對於自己的地位早已習以為常。身為上層公民，大地主認為自己有責任保衛國家的利益與管理國家事務。他們基於責任、傳統與習慣來治理這個國家，他們也認為統治國家是他們的權利。

新任首相是一名侯爵，他的直系祖先中曾有一對父子先後擔任伊莉莎白女王（Queen Elizabeth）與詹姆士一世（James I）的重臣。戰爭大臣也是一名侯爵，他曾追溯家族受封的歷史，他發現家族一開始被封為男爵的時間是一一八一年。戰爭大臣的曾祖父曾在喬治三世（George III）時期擔任首相，祖父則是三朝老臣，曾經六度入閣。樞密院議長（Lord President of the Council）是一名公爵，他在十一個郡擁有十八萬六千英畝的土地，祖先從十四世紀開始就在政府任職，這名公爵擔任下議院（House of Commons）議員已有三十四年的時間，曾三度與首相一職擦身而過。印度大臣是另一名公爵的兒子，這名公爵的家族於一三一五年獲得羅伯特一世（Robert the Bruce）分封土地，公爵有四個兒子同時在國會擔任議員。地方政府委員會主席（President of the Local Government Board）是一名聲譽卓

著的鄉紳，他的姊夫是公爵，女婿是侯爵，祖先曾在查理二世（Charles II）時期擔任倫敦市長（Lord Mayor of London），而他自己則擔任了二十七年的國會議員。大法官（Lord Chancellor）的祖先是諾曼人（Norman），追隨征服者威廉（William the Conqueror）來到英格蘭，但往後的八百年間，家族並未取得任何頭銜。愛爾蘭總督（Lord Lieutenant of Ireland）是一名伯爵，他是威靈頓公爵（Duke of Wellington）的侄外孫與大英博物館（British Museum）的世襲受託人。內閣裡還包括一名子爵、三名男爵與兩名從男爵（baronet）。另外，內閣有六名沒有貴族頭銜的平民，包括一名英格蘭銀行（Bank of England）董事，一名鄉紳（他的家族從十六世紀開始，就一直擔任同一個郡的國會議員），一名鉅額財產的繼承者，他取得價值四百萬英鎊的蘇格蘭財產，擔任下議院領袖，而且是首相的外甥，以及一名伯明罕（Birmingham）的工廠主，許多人認為他是英國最成功的人物，他雖然是社會賢達，在內閣中卻是令人頭疼的對象。

新政府的成員不僅擁有財富、身分、廣大的地產與源遠流長的家系，更令在野的自由黨（Liberal Opposition）沮喪的是，如一名自由黨員所言，他們還擁有「讓人看了自慚形穢的天賦與能力」。保守黨牢牢掌握權威，在下議院輕鬆取得多數，在上議院更是擁有永久多數，掌握了五分之四的席次，自由黨坦承，保守黨有著「牢不可破」的地位。

一八八六年，一群自由黨貴族因為不同意格萊斯頓（Mr. Gladstone）的愛爾蘭自治法案（Home Rule for Ireland）而離開自由黨，之後加入保守黨陣營。這些自由黨貴族絕大多數是大地主，與其親生兄弟保守黨一樣，他們認為與愛爾蘭維持統一乃神聖不可侵犯的原則。在德文郡公爵（Duke of

Devonshire）、蘭斯敦侯爵（Marquess of Lansdowne）與約瑟夫・張伯倫（Joseph Chamberlain）的領導下，這些自由黨貴族一直維持獨立的黨派地位，直到一八九五年才加入保守黨，這兩派人馬因為同樣反對愛爾蘭自治而合併為統一黨（Unionist party）。除了張伯倫不是貴族外，這兩派的同盟基本上代表了貴族階級，這個階級的血統、教養與習慣經過數百年的傳承，在他們眼中，擁有土地與治理人民是同一件事。自從撒克遜（Saxon）各族酋長首次在全國會議上向國王提出建言之後，英格蘭地主就開始派人參加國會，而且在自己所在的郡擔負起高級治安官（High Sheriff）、治安法官（Justice of the Peace）與民兵長官（Lord Lieutenant of the Militia）的職責。他們從管理廣大地產中學到如何治理國家，而且認為管理國家事務就像河狸建造水壩一樣必然且理所當然。這是他們命中注定的使命，是他們天生要背負的任務。

然而這項治國的使命卻受到威脅。底層民眾怨聲載道，反對黨的激進分子要求對土地的自然增值徵稅，愛爾蘭自治運動人士想將愛爾蘭從英國分離出去，而英國有相當多的收入來自愛爾蘭，工會分子要求勞工應在國會擁有代表權，而且勞工應擁有罷工權與其他可以干預經濟力量自由運作的權利，社會主義分子想將財產國有化，而無政府主義者想廢除財產制，此外還有新興國家與來自海外的陌生挑戰。這些呼聲雖然遙遠，卻一致要求改變，這一群以治國為己任的貴族別無他法，只能傾聽。

有個人堅定地橫阻在這條改變之路上，他小心翼翼地操作，精明而熱情地相信必須捍衛既有秩序，這個人是一名貴族，他是牛津大學的終身名譽校長，兩度擔任印度大臣，兩度擔任外交大臣，現在則第三度出任首相。他是羅伯特・亞瑟・塔爾博特・蓋斯科因—塞西爾（Robert Arthur Talbot Gascoyne-

Cecil），索爾茲伯里勳爵（Lord Salisbury），是家系中的第九代伯爵與第三代侯爵。

索爾茲伯里勳爵既有代表他的階級的部分，也有與其階級格格不入的地方，然而這種特立獨行的自由也是他的階級的一項特徵。索爾茲伯里勳爵身高六呎四吋，年輕時身形削瘦、行動笨拙、駝背而且近視，有著一頭英國人少見的黑髮。當時他已六十五歲，瘦長的身軀已變得龐大肥碩，他的肩膀更為厚實，卻也駝得更為嚴重，他的頭頂已然光禿，臉上長滿蜷曲斑白的鬍鬚，整顆腦袋宛如重物般沉甸甸地壓在肩膀上。他憂鬱、耽於思索、有夢遊與沮喪的症狀（他稱之為「神經風暴」〔nerve storms〕）、尖酸刻薄、不夠圓滑、健忘、對社交感到厭煩、喜歡獨處，同時又有著洞穿人心、多疑與喜歡質問的心靈，他因此被稱為英國政壇的哈姆雷特。索爾茲伯里勳爵未依循慣例，拒絕搬進唐寧街（Downing Street）首相官邸。他虔誠信仰宗教，但對科學也有濃厚的興趣。在他的家裡有一個私人的禮拜堂，他每天早上都會先到禮拜堂禱告，然後才吃早餐，另外他也有自己的化學實驗室，他總是獨自一人在裡面做實驗。他利用哈特菲爾德（Hatfield）的河川發電，為自己的莊園提供電力，並且在自家的古老梁柱上架設了英國最早的電力照明系統。某天夜裡，當塞西爾一家跟以往一樣在家中高談闊論之時，電線突然發出劈哩啪啦的響聲然後冒出火光，眾人情急之下只能用軟墊撲滅火勢。

索爾茲伯里勳爵對體育競技毫無興趣，對人也漠不關心。嚴重近視更讓他看起來冷漠高傲，他曾一度未能認出自己的一名內閣成員，甚至還有一次未能認出自己的管家。波耳戰爭結束時，他拿著一張英國國王愛德華七世（King Edward）的簽名照片，他看著照片若有所思地說：「可憐的布勒（Buller，波耳戰爭剛開始時的總司令），他搞砸了這場戰爭。」還有一次，人們看到他與一名小貴族暢談軍事，但他

圖一 索爾茲伯里勳爵，Elliott & Fry攝，1886年

似乎把對方誤認成羅伯茲元帥（Field Marshal Lord Roberts）。

英國上層階級把馬視為最信任與最親密的夥伴，對馬投入了大量心血，但索爾茲伯里勳爵對馬卻完全不在意。對他來說，騎馬只是一種移動方式，馬只是「必要但極度不便的輔助工具」。他對打獵也沒有熱情。國會休會時，索爾茲伯里勳爵不到北方去獵捕沼澤的松雞或蘇格蘭森林的鹿，而當依照禮節他必須前往巴摩拉城堡（Balmoral）覲見女王時，維多利亞女王（Queen Victoria）的私人秘書亨利．龐森比爵士（Sir Henry Ponsonby）寫道，索爾茲伯里勳爵不願外出散步，「也不想欣賞此地的景色與鹿」。索爾茲伯里勳爵吩咐龐森比務必在這個陰冷的城堡中讓他的房間保持「溫暖」，房裡至少要達到華氏六十度（攝氏十六度）。否則的話，他寧可到法國度假。他在蔚藍海岸的博略（Beaulieu）有一棟別墅，在那裡他可以練習他流利的法語，而且可以專心地閱讀《基督山恩仇記》（*The Count of Monte Cristo*）。他曾經對大仲馬的兒子說，只有在閱讀《基督山恩仇記》時才能讓他拋開政壇的紛紛擾擾。

索爾茲伯里勳爵唯一從事的運動是網球。隨著年紀漸長，他開始有了自己專屬的運動方式，例如一大早在聖詹姆士公園（St James's Park）或者在他的哈特菲爾德莊園鋪設的小路上騎三輪車。他騎車時，頭上戴著闊邊帽，身上披著無袖短斗篷，斗篷當中有一個洞，使他看起來像個僧侶，騎到上坡路時，一旁陪伴的馬車伕會幫他推車。下坡時，索爾茲伯里勳爵讓馬車伕「跳上三輪車後頭的平臺」，馬車伕的雙手搭在他的肩膀上，任由三輪車向下滑行，只見他的斗篷隨風翻揚，三輪車的踏板也急速打轉，呼呼作響。

哈特菲爾德莊園位於倫敦以北二十英里的哈特福郡（Hertfordshire），一六〇七年，英王詹姆士一世由於喜愛塞西爾家宅邸，因此將哈特菲爾德莊園賜給第一代索爾茲伯里伯爵羅伯特．塞西爾（Robert Cecil），以此來換取塞西爾家宅邸，從那時起，塞西爾家族便一直居住在哈特菲爾德莊園，前後將近三百年的時間。哈特菲爾德莊園原本是王室住所，伊莉莎白女王曾經在此度過童年，當她得知自己即將繼任女王時，她在此處召開她的第一次御前會議，在會議中，伯里勳爵（Lord Burghley）威廉．塞西爾（William Cecil）宣誓擔任女王的國務大臣。哈特菲爾德莊園的長廊（Long Gallery），長度有一百八十英尺，牆壁上是精雕細琢的鑲板，天花板貼著金箔。大理石廳（Marble Hall）因地板鋪設了黑色與白色大理石而得名，它就像一只閃耀的珠寶盒，天花板有彩繪與金箔，牆壁則掛了布魯塞爾壁毯。紅色的英王詹姆士一世會客廳懸掛著喬治．羅姆尼（George Romney）、約書亞．雷諾茲（Joshua Reynolds）與湯瑪斯．勞倫斯（Thomas Lawrence）繪製的塞西爾家族成員們的全身像。書房從地板、走廊到天花板擺滿了一萬冊以皮革與羊皮紙裝訂的書籍。其他的房間則收藏了瑪麗一世（Mary Queen of Scots）的首飾盒信件（Casket Letters）、從西班牙無敵艦隊（Spanish Armada）擄獲的盔甲、被斬首的英王查理一世在襁褓時期使用的搖籃，以及詹姆士一世與喬治三世的肖像。外面是修剪成城垛狀的紫杉樹籬與花園，皮普斯（Samuel Pepys）形容這座花園時表示，他從未見過「如此美麗的花朵，也從未見過長得這麼好的醋栗，它們的大小跟肉豆蔻一樣」。入口大廳懸掛著威靈頓公爵在滑鐵盧俘獲的旗幟，威靈頓公爵是哈特菲爾德莊園的常客，也是索爾茲伯里勳爵的母親第二代侯爵夫人的仰慕者，他將這些旗幟獻給了哈特菲爾德莊園。為了表示對侯爵夫人的敬意，威靈頓在戰場上穿著哈特菲爾德莊園的獵裝外套。第一代侯爵夫人曾讓約書亞．雷諾茲爵士為她繪製肖像，直到去世那天為止，她從未停止狩獵，她死時享壽八十五歲。她最後一次狩獵時，已經半盲的她把自己綑綁在馬鞍上，當她的馬接近柵欄時，一旁跟隨的馬伕趕緊大喊：「跳啊，該死的，夫人，跳啊！」

塞西爾家族從伯里勳爵與他的兒子之後，就再也沒出現出色的人物，直到第一代侯爵夫人才為這個家族重新注入活力。事實上，一名塞西爾家族後代提到，他們家族的每一代都十分平庸，毫無特殊之處，真正能引人注目的地方，反而是某些成員表現出「相當罕見的愚蠢」。但第二代侯爵卻是個精力充沛且能幹的人，他對公共事務有強烈的責任感，曾在十九世紀中葉多次進入保守黨內閣任職。他的次子就是在一八九五年出任英國首相的羅伯特．塞西爾（也就是索爾茲伯里勳爵）。羅伯特．塞西爾生了五個兒子，每一個都卓然有成。他們分別當上將軍、主教、國務大臣、牛津大學選區的國會議員，還有一位因為擔任公職表現傑出而被封爵。伯肯黑德勳爵（Lord Birkenhead）看到塞西爾家族的表現，有感而發地說：「不管是人還是馬，血統還是很重要的。」

一八五〇年，年輕的羅伯特．塞西爾就讀牛津大學，他的同學都同意，羅伯特．塞西爾是個堅持己見的人，他們也認為，無論這個特質是好是壞，羅伯特．塞西爾最終都將當上首相。羅伯特．塞西爾終其一生從未嘗試修飾自己的言詞。年輕時的他以出言惡毒與無禮著稱，迪斯雷利（Benjamin Disraeli）說他「說話不知衡量輕重」。「索爾茲伯里」因此成了政治上輕率魯莽的同義詞。索爾茲伯里勳爵曾經將愛爾蘭人比擬成南非的霍騰托特人（Hottentots），認為他們沒有自治的能力，而在提到一名競選國會議員的印度候選人時，居然用「那個黑人」來稱呼對方。莫萊勳爵（Lord Morley）提到，索爾茲伯里勳爵的演說總能博君一笑，「他總會在某個地方明顯失言，讓人留下深刻的印象」。這些失言是否真的出於偶然，我們不得而知，因為索爾茲伯里勳爵雖然演說時不看稿子，但他事前都會想好演說的內容，他說的每一句話都清楚而完美。在那個時代，演講被視為政治家應有的技能，只能照本宣科的政治人物，會讓人覺得可悲。一名國會議員說道，索爾茲伯里勳爵演說時，「每一句話聽起來都與他的論點息息相關，不僅清晰而且不可或缺，就像運動員絕不能失去四肢一樣」。

在公共場合，索爾茲伯里勳爵面對他完全不關心的民眾，往往顯得緊繃而侷促，但在上議院，當他在貴族面前演說時，反而顯得輕鬆而泰然自若。他的聲音宏亮，偶爾話鋒一轉，會無情地嘲弄或尖刻地諷刺。有一次，一名剛被封爵的自由黨議員在上議院發表演說，慷慨激昂地揭示其主張時，索爾茲伯里勳爵向身旁的議員詢問說話的人是誰，對方小聲地告訴他名字，結果索爾茲伯里勳爵居然用在場的人都能聽到的音量說道：「我還以為他已經死了。」索爾茲伯里勳爵很容易對別人的演說感到不耐，旁人可以清楚地看到他的腳不斷地晃動著，彷彿在說：「到底什麼時候才會結束？」有時候，他會抬起腳跟，然後持續抖動著膝蓋與腿，往往一次可以持續半個小時。當他在家中被絡繹不絕的訪客打擾時，他抖腳的動作經常讓地板與家具咯咯作響，而在上議院時，坐在前座的同僚則是抱怨他的抖腳讓他們頭暈想吐。就算不抖腳，他細長的手指也不安分，要不是不斷地轉動拆信刀，就是持續有節奏地敲著膝蓋或椅子扶手。

索爾茲伯里勳爵從不在外用餐，他在阿靈頓街（Arlington Street）的宅邸只進行過一兩次政治會面，在哈特菲爾德莊園舉辦花園派對也是偶一為之。卡爾頓俱樂部（Carlton）是保守黨的官方俱樂部，但索爾茲伯里勳爵不去這個俱樂部，他比較喜歡小卡爾頓俱樂部（Junior Carlton）。小卡爾頓俱樂部為他預留了一張午餐餐桌，讓他一個人獨自用餐，俱樂部的圖書館則懸掛了巨型的保持肅靜的告示。他從早餐開始工作，直到凌晨一點，晚餐後，他又回到書桌前，彷彿又是新的一天的開始。他穿的衣服單調乏味，看起來凌亂不整。他穿著毫無生氣的灰色褲子與背心，外面罩著一件磨損的密紋平織大衣。索爾茲伯里勳爵雖然在穿著上漫不經心，對鬍鬚的修剪卻特別講究，他小心翼翼地囑咐理髮師，「理髮師與他仔細端詳鏡子」，由他指示「哪個地方還要多修剪一些」。

索爾茲伯里勳爵雖然言語毒辣刻薄，但對於與他親近的同事與貴族來說，他全身散發的個人魅力乃是「主持國務不可或缺的資產」。他極為關注黨內事務，甚至可以為了黨務而犧牲自己的一些堅持。有一次他出人意表地接受邀請，參加下議院領袖主辦的保守黨支持者的傳統晚宴。事前他要求拿到每個出席賓客詳細的生平資料。在晚宴上，身為首相的他與鄰座的著名農學家相談甚歡，展現出他在輪作與育種方面的專門知識，晚宴後，他又輪番與每個賓客親切交談，在離開前，他對自己的私人秘書說道：「我想我表現得不錯，只有一位製作芥末的人我不知道他叫什麼名字。」

格萊斯頓的政治哲學觀點與索爾茲伯里勳爵大相逕庭，儘管如此，他仍認為索爾茲伯里勳爵「私底下是個極具紳士風範的人」。在私人生活上，索爾茲伯里勳爵是個容易相處且和善的人，與公眾面前的他有著天壤之別。即使民眾對他大加讚揚，索爾茲伯里勳爵也完全不放在心上，在他眼中，民眾毫無知識可言，因此他們的意見並無任何價值。除了不在意民眾的看法，索爾茲伯里勳爵也不具有而且也不營造能讓一般民眾輕易辨識的政治領袖風格，民眾因此給他取了例如「梅花J」、「大人物」或「傲慢的老頭」等綽號。沒有任何報章雜誌為索爾茲伯里勳爵取過任何暱稱，即便是《潘趣》（*Punch*）雜誌，也依然稱呼他索爾茲伯里勳爵。他毫不掩飾對社會各階層民眾的厭惡，「即使是下議院議員他也看不上眼」。進入上議院之後，索爾茲伯里勳爵只在上議院議員走廊（Peers' Gallery）活動，從未回到下議院聆聽下議院議員的辯論，也不在會客廳與下議院議員談話，就算在上議院因為某種緣故不得不提到下議院議員時，他的語氣也帶著輕蔑，這種狀況逗樂了到上議院旁聽的下議院議員。然而索爾茲伯里勳爵的這些動作只是虛張聲勢，為的是強化他內心深處對貴族身分的認同。索爾茲伯里勳爵其實不強調階級，也不在乎外在的榮譽或任何形式的認可。他之所以這麼做只是因為他是塞西爾家族的成員，而且還是家族裡的大家長，他抱持的觀念是與生俱來的，認為自己生來就具有統治的能力，他絕不能把這份特權讓渡給任何人。

二十三歲那年，索爾茲伯里勳爵與其他貴族子弟一樣，在毫無競爭對手的狀況下，在家族控制的選區輕鬆當選下議院議員，往後十五年間，他在同一個選區五次連任，之後進入上議院，又連續擔任了二十七年的上議院議員，因此索爾茲伯里勳爵幾乎沒有競選拜票的經驗。他認為自己必須為選民做事，但不需要向選民負責。他的責任是照顧選民。他對底下的人不帶有崇敬之情，他只尊敬上位者，也就是他的君主。他尊敬比他年長十歲的維多利亞女王，不僅因為他是她的臣民，也因為身為男性，他要向女性展現騎士風度。即使在巴摩拉城堡這個讓他無法掩飾厭煩之情的地方，索爾茲伯里勳爵在面對女王時依然能修飾自己的言詞，避免過於唐突。

女王也曾到哈特菲爾德莊園拜訪索爾茲伯里勳爵，她非常信賴勳爵，她曾對卡本特主教（Bishop Carpenter）說道，對她來說，「索爾茲伯里勳爵就算不是最重要的大臣，至少也是最重要的幾個大臣之一」，足以與迪斯雷利相提並論。因「足疾不良於行」的索爾茲伯里也是唯一獲得維多利亞女王賜座的人。年邁而身材嬌小的女王與年老、高大而肥胖的首相對於自身的統治地位有著深刻的體認，因此兩人雖然在各方面意見相左，卻能彼此尊重與相互包容。

在處理不重要的政務時，索爾茲伯里的態度就像他的穿著一樣隨便。有一次，兩個姓名類似的教士應徵懸缺的主教職位，但他任命的卻不是坎特伯里大主教（Archbishop of Canterbury）推薦的那名教士，等到他發現時，他只是遺憾地說：「喔，我想大主教也會犯一樣的錯誤。」他只將精力投入於最重要的事情上，對他來說，最重要的事情就是維持貴族的影響力與統治權力。他這麼做不是為了貴族本身，而是他認為這是維持國家統一與對抗崛起的民主力量的唯一方式，他相信「民主將使國家淪為一盤散沙，使人民彼此敵對與不信任」。

索爾茲伯里認為階級戰爭與反宗教是最大的邪惡，基於這個原因，他厭惡社會主義。對他而言，社會主義的威脅與其說是破壞財產權，不如說是鼓吹階級戰爭與以唯物主義為根據，後者意謂著否定精神價值。索爾茲伯里不否認有進行社會改革的需要，但他相信社會改革必須透過各黨派之間的互動與相互施壓才能達成。舉例來說，工人賠償法（Workmen's Compensation Act）要求雇主要為工作造成的傷害負責，這項法令雖然受到部分保守黨人的反對，認為此舉不利於民營企業，但在索爾茲伯里的支持下，工人賠償法還是在一八九七年立法通過。

索爾茲伯里反對可以擴大群眾政治權力的所有提案。索爾茲伯里不是長子，因此一開始並未預期自己將繼承爵位，一八六〇年代初，三十出頭的索爾茲伯里發表了三十幾篇文章陳述自己的政治哲學，這些文章全刊載於《評論季刊》（*Quarterly Review*）。當時，索爾茲伯里還被稱為羅伯特．塞西爾勳爵，他反對通過改革法案來擴大選舉權，而且主張保守黨必須致力維護有產階級的權利與特權，認為這是抵禦群眾的「唯一堡壘」。索爾茲伯里相信，擴大選舉權不僅讓工人階級在國會有發聲的機會，也會使工人階級「僅憑數量就能獲得他們不該獲得的權力」，從而在國會取得壓倒性的優勢。索爾茲伯里哀嘆說，自由黨百般迎合工人階級，「彷彿他們不同於其他英國人」，事實上，工人階級與其他英國人不同的地方在於，他們的教育程度較低，財產也較少，「財產較少的人，相應地，濫用選舉權的危險性也較高」。索爾茲伯里認為，民主制度對自由構成危險，在民主制度下，「激情將成為原則而非例外」，要讓「這些平日不常思考而且無法潛心研究學習的人」制定出深謀遠慮且不受情感左右的政策，「簡直是緣木求魚」。索爾茲伯里寫道，讓窮人取得選舉權的同時，又要求富人繳更多的稅，最終會使權責不符，「稅全由富人負擔，法律卻由窮人制定」。

索爾茲伯里不相信政治平等。他認為，有群眾，就「自然」會有領袖。依照正常的情感，群體總是會把統治責任交給擁有財富的人，在一些國家則是以血統為依歸，而所有的國家則往往將這項責任交給具有思考能力與有文化的人。這些人有閒暇進行統治，而且擁有財富，「如此，想一展長才的雄心才不至於被貪念玷汙……這些人是一國之中最純粹與最優秀的貴族……重要的是，一國的統治者必須從這些人當中產生」，貴族階級理應維持「政治上的優越地位，他們的優秀能力使他們有充分的權利主張這項地位」。

索爾茲伯里由衷相信貴族擁有「較優秀的能力」，因此，當一八六七年保守黨政府支持第二次改革法案，將選民的數量擴增一倍，讓城鎮工人取得選舉權時，三十七歲的索爾茲伯里決定離開加入未滿一年的內閣，不願支持已經背離與拋棄保守黨原則的政府。在迪斯雷利主導下，保守黨反轉了過去的原則，他的巧妙操作不僅「挫敗了輝格黨」，也符合政治現實，但卻遭到克蘭伯恩勳爵（Lord Cranborne，這裡的克蘭伯恩勳爵指索爾茲伯里勳爵。索爾茲伯里的兄長於一八六五年去世，在此之前索爾茲伯里是羅伯特．塞西爾勳爵，兄長死後他成為克蘭伯恩勳爵）的憎惡。雖然辭去印度大臣可能毀掉自己的前程，但索爾茲伯里還是這麼做，他在下議院發表苦澀而嚴正的演說，公然反對保守黨領袖德比勳爵（Lord Derby）與迪斯雷利的政策。索爾茲伯里懇求議員不要為了政治利益而通過這項法案，否則終將摧毀他們所屬的階級。「整個社群的財富、智力與精力曾經賦予你們權力，使你們以自己的國家為榮，使下議院的審慎立法如此重要，然而這些特質終將抵擋不住工人階級在數量上的優勢。」雇主與受雇者的利益彼此衝突，一旦衝突產生，只能仰賴政治力量來解決，「而在政治力量的衝突中，你們卻讓擁有壓倒性多數的受雇者對付人數少得可憐的雇主」。這麼做將使「迄今為止為這個國家做出重大貢獻，使這個國家變得偉大繁榮的階級，在政治上淪為無關緊要，最終招致滅絕」。

一年後，索爾茲伯里的父親去世，他繼承父親的爵位，成為第三代索爾茲伯里侯爵，並且進入上議院。將近三十年後，一八九五年，索爾茲伯里的立場依然沒有鬆動。他既不相信改變是一種改良，也不相信未來會比現在更為重要，因此他不惜「各種尖酸刻薄的言語」，也要維護既有的秩序。索爾茲伯里認為，「貴族身分原本就是一種象徵，一旦沒了權力，就只剩下虛假的外觀」，他下定決心，只要他活著與統治英國一天，貴族依然是明確的象徵，他會奮力抵抗任何對貴族權力的攻擊。索爾茲伯里提防迫近的敵人，挺身抵擋即將來臨的時代風潮。民主的壓力已成合圍之勢，但尚未近至眼前，寇松勳爵（Lord Curzon）形容索爾茲伯里「身居首位，是奇怪、強大、高深莫測、傑出與寸步不讓的重量級人物」。

索爾茲伯里勳爵的苦口婆心與對未來的擔憂，並未打動一般的統治階級成員，這些人並不擔心未來，依然愉快地過著眼前的生活。貴族享有特權的時代，雖然在許多方面遭受抨擊，而且在某些方面也開始出現裂痕，但在十九世紀即將結束之前與維多利亞女王在位期間，大體看來依然十分穩固，毫無崩解的跡象。在特權階級眼中，日子「既安穩又舒適……舉目所及，一片太平景象」。然而不可否認，威廉．哈寇特爵士（Sir William Harcourt）在一八九四年提出的預算案確實讓許多貴族感到震驚，這個預算案是在自由黨主政期間提出的，當時自由黨的首相是羅斯伯里勳爵（Lord Rosebery），一般認為他並非格萊斯頓之後適合的首相人選。預算案不僅引進了遺產稅，更糟的是還引進了累進稅率，財產五百英鎊課徵百分之一的稅率，超過一百萬英鎊則課徵百分之八的稅率。此外也提高了所得稅，每英鎊課徵從一便士到八便士不等的稅額。為了減緩衝擊與彰顯平等，政府也對啤酒與烈酒徵稅，如此毋須繳納所得稅的工人階級也能對國庫有所貢獻，儘管如此，還是無法緩和遺產稅帶來的震撼。第八代德文郡公爵預期，「恐怕在他有生之年，就會看到這樣的景象」，他位於查茨沃斯（Chatsworth）的莊園將因為「民主體制財政上勢不可擋的必要」而遭到查封。

但一八九四年發生了另一起更重大的事件，從保守黨的立場來看，甚至可以說是令他們更為高興的事件，這起事件彌補了預算案帶來的打擊。格萊斯頓不僅離開國會，也退出政壇。年過八旬的他想在上議院強行通過愛爾蘭自治法案，但憤怒的貴族集結起來，以史無前例的多數否決這項法案。在此之前，格萊斯頓提出愛爾蘭自治法案已經使自由黨陷入難以回復的分裂，而此時的格萊斯頓已經八十五歲，他的政治生涯已然到了盡頭。隔年，保守黨在大選中獲勝，《泰晤士報》(*The Times*) 提到，人們普遍有一種感受，愛爾蘭自治法案「這個被格萊斯頓栽種在我們政治生活裡的細菌，毒害了我們整個有機體」，現在終於移除了，至少暫時是如此，英國終於可以恢復以往的安寧與繁榮。「支配者」(dominant influences) 的統治地位依然牢不可破。

不僅傾向於保守黨的《泰晤士報》使用了「支配者」一詞，奇怪的是，就連格萊斯頓自己也使用這個詞彙，格萊斯頓是地主士紳，他深信財產象徵著責任，這是他與生俱來的觀念，他不會忘記也不會違反這項原則。格萊斯頓在哈沃爾登 (Hawarden) 擁有七千英畝的地產，有二千五百名佃農為他耕作，每年的地租收入在一萬到一萬二千英鎊之間。格萊斯頓寫信給即將繼承地產的孫子，這名大激進派在信中對孫子耳提面命，囑咐他必須收回家族在過去幾個世代因債務而賣掉的土地，必須讓哈沃爾登莊園重新回到郡裡的「領導地位」，因為「社會不能沒有支配者」。沒有任何一名公爵可以比他說得更好。格萊斯頓表達的正是保守黨地主的感受，儘管這些地主極力反對格萊斯頓，但說到底，格萊斯頓卻跟這些地主一樣，他們都相信世襲地主擁有「優秀的能力」，也相信國家需要世襲地主。他們的信念與立國時間不長的美國的主流觀念完全相反，後者認為出身卑微的人反而具有特出的美德，相信唯有白手起家的人才真正具備優秀的能力，而養尊處優的人則更可能變得愚蠢且易於為惡。英國人在有產階級長期統治下，觀念的演變是緩慢的，英國人認為受過教育、過著舒適生活與富有社會責任感的世家大族長期掌握權力，會自然而然培養出「優秀的能力」。

沒有任何國家像英國一樣，把進入政府擔任公職視為士紳專有與最高級的職業。在擔任大臣的親戚身邊擔任私人秘書，是進入內閣任職的一個難得的見習經驗，即使無法順利進入內閣，那麼在像索爾茲伯里勳爵的私人秘書熊伯格．麥克唐納爵士（Sir Schomberg McDonnell，安特里姆伯爵［Earl of Antrim］的弟弟）這樣的紳士身邊工作也不失為一份好差事。外交工作也是有前景的職業，但通常僅限於極為優秀的人才。達費林與阿瓦侯爵（Marquess of Dufferin and Ava）一八九五年時擔任英國駐巴黎大使，他自學波斯文，而且在日記裡記錄，在一八九五年那年，他除了讀了十一本阿里斯托芬（Aristophanes）的希臘文劇作，也從波斯文字典背下了二萬四千個單字，「八千個字背得滾瓜爛熟，一萬二千個字記得很清楚，四千個字印象有點模糊」。對於擁有財富與身分地位的男性來說，加入衛兵、驃騎兵或槍騎兵這些菁英部隊也是可接受的工作，只是這些職位吸引的主要是能力較差的人士。比較不富裕的男性會選擇加入教會與海軍，此外，司法界與新聞界也能提供具有前景的職涯，但前提是你必須擁有賺錢的本領。

對於「擁有最優越能力」的人來說，國會無疑是他們最想追求的領域，成為國會議員是進入內閣的唯一方式，進入內閣不僅可以獲得權力與影響力，還有機會成為樞密院（Privy Council）成員，退休後也能取得貴族頭銜。樞密院由各領域的領導人物共二百三十五人組成，雖然只具有形式與儀式功能，但仍象徵一定的重要性。貴族頭銜仍代表著較高的身分地位。內閣職位是眾人垂涎的對象，是檯面下努力運作爭取的目標。當政府更迭時，沒有任何一件事比繁複的組閣小步舞曲更能吸引英國社會的目光。俱樂部與會客廳充斥著流言蜚語，派系與同盟分分合合，贏家將戴著幸運女神的桂冠自豪地出現在眾人面前。要想入閣需要付出龐大的時間與心血，然而卻不一定需要了解部會的工作內容。就像管理莊園一樣，大臣的職責不在於親自從事各項工作，而是監督各項工作是否順利執行。倫道夫．邱吉爾勳爵（Lord Randolph Churchill）擔任財政大臣時根本不在意小數點這類細節，他只是聳聳肩說，「那些該死的小數點」。

索爾茲伯里勳爵的內閣成員雖然不是全部如此，但絕大多數擁有世襲的土地、財富與頭銜，他們進入政府不是為了獲得物質上的好處。事實上，這些內閣成員也跟索爾茲伯里勳爵一樣，認為公共事務必須交給未「被貪念玷汙」的人來管理。國會工作不支薪，它給予的不是利益，而是名聲。下議院是首都、帝國與社會的中心，下議院議員是大英帝國最優秀的菁英。人們不僅因為野心的驅使，也在責任感的帶領下來到此地，此外，他們這麼做也是為了符合眾人的期待。兒子跟隨父親的腳步進入國會，通常的狀況是父子二人同時成為國會議員。詹姆斯．羅瑟（James Lowther）在一八九五年到一九〇五年間擔任下議院副議長，之後又擔任議長，六百年來他的家族一直是威斯摩蘭（Westmorland）選區的議員。他的曾祖父與祖父各當了五十年的議員，他的父親則當了二十五年。國會裡的郡代表，他們的居住之地通常會被方圓七十英里內的人稱為「議員宅邸」，家族在地方上的名聲也已經流傳數百年，家族中想競選議員的人往往一出生就成為地方民眾關注的焦點。取得候選資格、競選與之後的選民服務都需要成本，因此在國會裡代表民眾成了一種奢侈品，只有能負擔這筆龐大費用的階級才有辦法成為議員。一八九五年下議院有六百七十名議員，其中四百二十名是有錢有閒的士紳，以及鄉紳、官員與律師。這些人當中有二十三名是貴族的長子，其他更多則是長子以外的其他兒子與其他親戚，包括第十六代德比伯爵（Earl of Derby）的繼承人斯坦利勳爵（Lord Stanley），他排在公爵之後，是英國最富有的貴族。身為小黨鞭，斯坦利必須站在會客廳門口，以脅迫或勸誘的方式要求進入議場的議員進行分立表決，但是負責這項任務的他卻不許進入議場。看起來彷彿是「上層階級的僕人」，一名觀察者寫道。看到「這名偉大歷史頭銜與廣大財富的繼承者從事類似奴僕的工作」，除了讓人感受到強烈的政治責任感，也體會到政治事業的魅力。

統治階級在產生統治者的同時，也跟其他階級一樣產生一定比例的不適任者、壞分子或單純的愚蠢之人。除了首相與帝國建立者，統治階級也有無賴與討厭鬼，如成天只知討論該穿何種背心與領飾，而遭《潘趣》諷刺的軟弱無能之輩，因身材修長而獲選成為衛兵，但對話僅限於「向左轉」，以及一些沉溺於喝酒、賽馬與牌局的敗家子，最後則是一定數量的平庸之人，這些人無法做出任何引人注目之事，無論是好事還是壞事。即使是伊頓公學（Eton）也有「資質低下的學生」，一名伊頓畢業生說道，這些人「體格極差……就算本性不壞，卻智能低下，很可能一輩子庸庸碌碌」。雖然伊頓公學資質欠佳的學生——不能與埋首苦讀的學生混為一談——三十年後也有機會成為樞密院的成員，不過有些確實一輩子無法成材。索爾茲伯里勳爵有個外甥名叫塞西爾．貝爾福（Cecil Balfour），他因偽造票據而在澳洲失去消息，據說他是因為酗酒而死於當地。

儘管有這類意外存在，統治家族從未懷疑自己固有的統治權利，而且整體而言，國內的其他階級也從未懷疑這一點。一八九五年，在提到里伯斯戴爾勳爵（Lord Ribblesdale）這個極其生動的範例時可以看出，成為貴族「依然是一件受歡迎的事」。里伯斯戴爾因為攝政時期（Regency）的裝扮而被稱為貴族的「原型」，而他本人也因為相貌堂堂，而被認為是貴族的具體象徵。擅長展現貴族榮耀與典型的約翰·辛格·薩金特（John Singer Sargent）因此向他提出繪製肖像的請求。薩金特繪製的是站立的全身像，里伯斯戴爾的裝扮看起來像是女王的獵犬官（Master of the Queen's Buckhounds），他穿著長騎士服，頭戴大禮帽，腳踩著閃閃發亮的長筒馬靴，手上拿著纏繞的獵鞭，他目光炯炯注視著前方，自然流露出一股高傲、優雅與自信的氣質，在他之後再也沒有人能展現出相同的風采。當這幅畫在巴黎沙龍展出時，里伯斯戴爾前去觀賞，他穿梭於展覽室之間，後頭跟著仰慕他的法國民眾，他們認出他是畫中的人物，彼此交頭接耳地說：「他就是那位高個子英國貴族。」（*ce grand diable de milord anglais*）

在雅士谷賽馬週（Ascot Race Week）開幕典禮上，里伯斯戴爾勳爵擔任皇家遊行隊伍前導，率隊通過綠色的草地，他騎在淺栗色的馬背上，頭頂著六月蔚藍的天空，身上穿著深綠色外套，金色皮帶懸掛著獵犬形狀的掛勾，他意氣風發的樣子，任何人看過一眼就永遠不會忘記。里伯斯戴爾身為上議院自由黨黨鞭、倫敦郡議會（London County Council）成員與國家美術館（National Gallery）的主受託人，也在政府占有一席之地。與絕大多數貴族相同，里伯斯戴爾對於靠土地維生的工人階級相當親切，他能與這些為士紳的競技活動與莊園地產服務的人輕鬆交談。當女王頒發勳章給獵犬官的馬伕J．邁爾斯（J. Miles）以表彰他五十年的辛勞時，里伯斯戴爾親自從溫莎（Windsor）騎馬到邁爾斯家祝賀，他還「待在邁爾斯家與邁爾斯太太喝茶聊天」。里伯斯戴爾自己曾提到一般貴族的狀況，「貴族從小就過著舒適的

圖二 里伯斯戴爾勳爵，John Singer Sargent繪，1902年

生活，因此容易養成較好的脾氣……對自己感到滿意也許聽起來有點自私或甚至愚蠢，但貴族很少有難相處的，而且恰恰相反，貴族通常很平易近人」。儘管自由黨的報章雜誌令人沮喪地將貴族描繪成「雙腿內八與高額頭」，但里伯斯戴爾認為，貴族在自己的郡裡依然受到尊敬。貴族關心郡的利益與事務，與佃農、農民及集鎮裡的商人互利互惠，在這種狀況下，除非貴族做出嚴重的不當行為，否則他完全可以維持「家族的傳統威望與既有的社會關係」。然而，雖然一切看起來安適自在，里伯斯戴爾還是隱約感受到周遭的怨言，三十年後，他在回憶錄裡引用夏多布里昂（Chateaubriand）的話來慰勉自己：「直到我嚥下最後一口氣之前，我都會捍衛貴族獨有的對自由的熱愛。」

——

仲夏是倫敦氣候最好的時節，也是上流社會外出遊憩與盡情展露的時候。一名訪問倫敦的巴黎貴族提到，「五、六月時，這些人就像奧林帕斯眾神般競相降臨英國」。他們彷彿「生活在金色雲端，揮霍財富就像樹葉變綠一樣毫不費力而自然」。威爾斯親王（Prince of Wales）身後跟著「幾位如同白天鵝般優雅的名媛，細長的脖子支撐著戴了珍貴珠寶的頭部」，她們是格倫康納男爵夫人（Lady Glenconner）、蘭斯特公爵夫人（Duchess of Leinster）與沃里克伯爵夫人（Lady Warwick）。公爵夫人在一八八〇年代去世，死的時候還非常年輕，歐尼斯特．漢米爾頓勳爵（Lord Ernest Hamilton）提到，公爵夫人「身材高挑……總是吸引人們的目光，你無法相信世上居然有這麼美麗的女子」。公爵夫人身後的沃里克伯爵夫人是「倫敦最美麗的已婚女性」，也是威爾斯親王的情婦，沃里克伯爵夫人成為查爾斯・貝雷斯福德勳爵（Lord Charles Beresford）與威爾斯親王發生紛爭的導火線，威爾斯親王差點因此丟了王位繼承權。在上流雜誌的描述裡，沃里克伯爵夫人是個閃閃發亮的「女神，她的身材圓潤，穿著輕薄透光的衣裳，容光煥發，帶著高不可攀的神情，為英國這個平靜國家注入生氣與活力」。她是個「美人」，當時這個神奇稱號使她成為公眾矚目的人物。有一回，沃里克伯爵夫人與母親搭船經過顛簸的愛爾蘭海峽，沃里克伯爵夫人因暈船而臥床，當船隻即將靠岸時，她的母親急忙叫她，「黛西，快起來，民眾全等著看妳呢！」

這條持續不斷的貴族行列通過伯克利廣場（Berkeley Square）與貝爾格雷夫廣場（Belgrave Square）周圍由羅伯特・亞當斯（Robert Adams）設計的建築群。民眾除非病到下不了床，否則全擠上街頭觀看。早上十點，貴族們在海德公園（Hyde Park）騎馬疾馳，由此揭開一天的序幕，然後持續玩樂，直到凌晨三點舞會結束才曲終人散。有些上流人士選擇在海德公園的阿爾伯特門（Albert Gate）與格羅夫納門（Grosvenor Gate）之間的某處碰面，他們早上騎馬，下午利用下午茶與晚餐之間的時間駕車出遊。此時的倫敦仍帶有喬治時代（約從十八世紀初到十九世紀中葉）的風情。因世家大族居住而得名的宅邸與廣場，其周邊建築物的窗臺栽種著五顏六色的花卉，如德文郡宅邸（Devonshire House）與蘭斯敦宅邸（Lansdowne House）、格羅夫納廣場（Grosvenor Square）與卡多根街（Cadogan Place）。此地的街邊停滿等候的馬車與侍從。貴婦們自行坐上馬車的駕駛座，「穿著制服的馬伕」只能戰戰兢兢地坐在車廂裡，當她們輕甩馬鞭，讓趾高氣揚的馬兒拉車前進時，俱樂部裡的男子也透過窗戶投以欽佩的眼神。男士們在嘆息之餘，也交頭接耳地說道：「能在倫敦看到可愛的女士駕駛一對毛色整齊的馬兒拉的馬車，真是一件賞心悅目的事。」在另一條街上，皇家騎兵衛隊（Royal Horse Guards）騎馬小跑前進，他們穿著緋紅色短上衣與白色馬褲，騎乘黑色馬匹，閃亮的馬轡發出叮噹的響聲。高大華麗的馬車載著知名的政治家與俱樂部會員在城裡四處巡行，最後來到位於帕摩爾（Pall Mall）與皮卡迪利街（Piccadilly）的豪華宅邸與俱樂部，這裡有保守黨的卡爾頓俱樂部，自由黨的改革俱樂部，追求卓越的阿西尼姆俱樂部（Athenaeum），喜愛運動的人聚集的賽馬場俱樂部（Turf），可以與其他士紳交際應酬的旅行者俱樂部（Travellers'）、懷特俱樂部（White's）、布魯克斯俱樂部（Brooks's）與布德斯俱樂部（Boodle's）。政府與帝國事務則在「倫敦最好的俱樂部」進行，也就是下議院，下議院的會期持續整個夏季。下議院的圖書館、吸菸室與餐廳，其僕役、侍者與酒窖足以符合士紳的品味。頭戴寬邊帽、身穿拖地長裙的貴婦與國會議員和大臣在面臨泰晤士河（Thames）的露臺上喝茶，他們一邊眺望對岸莊嚴的大主教寓所蘭貝斯宮（Lambeth Palace），一邊大談政壇的起起落落。

在私人用餐的地方，餐桌上方垂掛著菝葜，每張椅子後方各站著一名男僕，男士們身穿正式晚禮服，與女士們談笑風生，女士們披著薄紗，微露香肩，細心打理的秀髮別著星形物或佩戴小冠冕。席間的交談並非閒話家常，而是口才的表現，「從中顯露的能力可以提高自己的名望」。格雷伯爵夫人（Lady de Grey）大力獎掖歌劇，女高音內莉．梅爾巴（Nellie Melba）曾在歌劇裡以天籟般的歌聲與俊美的歌劇偶像尚．德．瑞茲克（Jean de Reszke）合唱愛的二重唱。在皇家包廂裡，沃里克伯爵夫人一襲低胸天鵝絨裙裝，「如魔鬼般火紅的衣裳上只裝飾著幾枚鑽石」，頭髮上佩戴著一根緋紅色羽飾。此時觀眾紛紛拿出長柄眼鏡，想看看倫敦最有資格與沃里克伯爵夫人爭奇鬥豔的格雷伯爵夫人穿什麼衣服。格雷伯爵夫人之後舉辦了數次名為「戴著冠狀頭飾的波希米亞」的派對，賓客除了有梅爾巴夫人與威爾斯親王，還有奧斯卡．王爾德（Oscar Wilde），後來王爾德在一八九五年遭遇人生的打擊。每天晚上要不是有政治聚會，讓眾人討論到午夜，就是有舞會，一直狂歡到天明。德文郡公爵夫人或倫敦德里侯爵夫人（Lady Londonderry）站在迴旋樓梯的頂端，她們是上流社會的仲裁者，全身珠光寶氣，接待來自各方的貴客，另一方面，總管則以宏亮的嗓子高呼令人眼花撩亂的頭銜：「某某閣下……某某殿下……非常尊敬的某某……某某勳爵與勳爵夫人……某某大使閣下……」，而在屋外燈火通明的廣場上，男僕則高喊某位爵爺即將搭乘馬車離去。

英國上流社會分成幾個派別，各派別的疆界相互交錯，成員彼此重疊。馬爾博羅宅邸（Marlborough House）派「追求速度」、愛好冒險，這一派的領導人是長年刁著雪茄、高大肥胖的王室成員威爾斯親王，他的外表明顯帶有漢諾威王室的特徵，臉上蓄著灰色短鬚。威爾斯親王不拘一格、喜愛交際、對於守寡的母親立下的呆板單調的皇家規矩感到厭煩（凡是受這種規矩約束的人，沒有不感到厭煩的）。他打破貴族疆界，讓來自各階層令人不安的非貴族人士加入他的貴族圈子，前提是他們必須長得漂亮、有錢或有趣：美國人、猶太人、銀行家與證券經紀人，有時甚至還包括製造業者、探險家或一夕成名的人士。威爾斯親王會見各式各樣的人物，他的私人好友涵蓋英國最有能力的人物，例如海軍上將約翰．費雪爵士（Sir John Fisher）。有人說威爾斯親王完全不讀書，這完全是惡意造謠，雖然眾多在世的作家中親王最喜歡瑪麗．科雷利（Marie Corelli）的著作，但他也讀了當時陸軍中尉溫斯頓．邱吉爾（Winston Churchill）的第一部作品《馬拉坎德野戰軍紀實》（*The Malakand Field Force*）。這本書他讀得「津津有味」，還寫信給作者稱讚「這本書寫得非常好」。但整體來說，威爾斯親王的小圈子並不歡迎知識分子與藝文人士，也不推崇聰慧之人，箇中原因，根據沃里克伯爵夫人的說法，上流社會，或者說是威爾斯親王的小圈子，「本來就不是需要動腦子的地方」。這裡的人追求享樂、肆無忌憚、魯莽輕率而且揮金如土。新加入的人，尤其是猶太人，絕大多數都會遭到憎惡，「我們不是針對個人，因為他們當中有些人非常有魅力而且十分傑出，我們討厭他們是因為他們腦筋很好而且了解財務金融」。後者尤其令人不悅，因為上流社會特別不喜歡談怎麼賺錢，他們只關心怎麼花錢。

除了愛好冒險派外，還有一派稱為「潔身自愛派」（Incorruptibles），其成員來自於嚴謹、保守、具有強烈階級意識與歷史悠久的大家族，他們認為威爾斯親王的圈子非常「庸俗」，認為自己才是支撐上流社會的柱石。這些家族在鄉下通常有一群窮親戚，這些窮親戚每隔一兩個世代就會帶著女兒到倫敦攀附富貴，但十八世紀之後，這種狀況越來越少。第三個派別是「知識分子派」或「靈魂派」，他們崇拜亞瑟．貝爾福（Arthur Balfour），把他當成圈子裡的太陽與中心人物。亞瑟．貝爾福是索爾茲伯里動爵的外甥，也是倫敦最耀眼與最受歡迎的人物。這個團體的成員多半學識淵博，自以為聰明過人，而且自視甚高。他們享受彼此的陪伴，就像俊男美女攬鏡自照，讚嘆自己的外貌。一八八八年，查爾斯．貝雷斯福德勳爵在一場晚宴中提到：「你們大夥圍坐著，彼此傾吐心事。我覺得應該稱呼你們『靈魂派』。」這些人因此得名。身為海軍上將與威爾斯親王圈子的重要人物，查爾斯．貝雷斯福德勳爵自己並不屬於靈魂派的成員，不過他卻娶了一個非比尋常的妻子，她在穿上茶會長裙（tea gown）的同時，卻又在頭上戴了冠狀頭飾。薩金特在為她繪製肖像時，居然為她畫了兩對眉毛，根據他的解釋，這是因為她「原本」就有兩對眉毛，她在自己的眉毛上面又用鉛筆畫了一道眉毛。

靈魂派成員追求政治事業，幾乎所有人年紀輕輕就成為索爾茲伯里勳爵政府裡的大臣。喬治・溫德姆（George Wyndham）是靈魂派的領導成員，他曾寫過一本介紹法國詩人的作品，也曾為諾斯（North）的《普魯塔克》（*Plutarch*）撰寫導論。溫德姆擔任貝爾福的國會私人秘書，之後，儘管索爾茲伯里勳爵曾說，「我不喜歡詩人」，但他還是在一八九八年勉為其難地任命溫德姆擔任副戰爭大臣。喬治・寇松（George Curzon）是靈魂派成員，他擔任副外交大臣，不久就轉任印度總督，另一名靈魂派成員聖約翰・布羅德里克（St. John Brodrick）後來成為戰爭大臣。寇松與布羅德里克都承襲了爵位，他們極力抗拒自己即將被迫離開下議院前往上議院的命運，但終歸徒勞。靈魂派的其他成員則與田南特（Tennant）家族有著親屬關係：阿爾弗雷德・利特爾頓（Alfred Lyttelton）是一名優秀的板球球員，曾擔任殖民地大臣，娶蘿拉・田南特為妻，但蘿拉不久去世；里伯斯戴爾勳爵娶夏洛特・田南特為妻；排行第三、個性奔放的瑪歌・田南特嫁給了外向的自由黨內政大臣阿斯奎斯（Herbert Henry Asquith），兩人的婚禮有兩名卸任的首相格萊斯頓與羅斯伯里勳爵及兩名未來的首相貝爾福與阿斯奎斯（也就是新郎本人）參加。哈利・克斯特（Harry Cust）是靈魂派廣受讚譽的成員，他是布朗洛（Brownlow）男爵的繼承人，也是一名學者與體育健將，他機智過人，毫無經驗的他光憑名聲就在晚宴上獲得《帕摩爾公報》（*Pall Mall Gazette*）的主編職位；他當場接受邀約，而且擔任了四年主編。他在女性關係上「犯了自我放縱的毛病」，在女性面前，他有著「無可抗拒的吸引力」，他的公眾事業因此受創，無法兌現他一開始的承諾。

上流社會的圈子很小，同質性很高，參加這個圈子的必要條件是擁有地產。想加入上流社會的人，首要條件就是擁有地產，然後居住在地產之上，當然，並不是滿足這個條件就一定能打進這個圈子。約翰．莫萊（John Morley）擔任內閣大臣時曾經造訪斯基博城堡（Skibo），安德魯．卡內基（Andrew Carnegie）在城堡裡興建了一座游泳池，莫萊讓陪同前來的探長觀看這座泳池並且詢問他的意見。探長審慎地說：「稟告爵爺，對我來說，這簡直是暴發戶的行為。」

邱吉爾把上流社會稱為「傑出而強大的組織」，這個組織由兩百個世家大族組成，他們世代統治英國，成員之間彼此認識也彼此通婚。優越的條件與舒適的環境讓這些貴族與士紳負有繁衍後代的責任，因此自然而然形成了大家族，五到六名子女相當平常，七到八名子女並不罕見，九名或更多子女時有聽聞。喬治．漢米爾頓勳爵（Lord George Hamilton）在索爾茲伯里勳爵的政府任職，他的父親阿博康公爵（Duke of Abercorn）生了六個兒子與七個女兒；第四代利特爾頓男爵（Baron Lyttelton）是格萊斯頓的連襟與阿爾弗雷德．利特爾頓的父親，他生了八個兒子與四個女兒；阿蓋爾公爵（Duke of Argyll）在格萊斯頓執政時期擔任印度大臣，生有十二名子女。每一次婚姻就能產生許多子女，更不用說無數次的再婚，因此每個人的親戚可能多達十幾個家族。這些人每天在彼此的家中，在賽馬場與狩獵場，在考斯（Cowes）帆船賽上，在皇家藝術研究院（Royal Academy），在宮廷與國會看到的人，往往是自己關係稍微疏遠的堂表親、姻親的長輩、繼父的姊妹，或姑姨的外甥。當首相組織政府時，如果有人發現他的內閣成員要不是跟他有親戚關係，就是彼此之間有親戚關係，這絕不是他用人唯親，而是幾乎不可能避免。在一八九五年的內閣中，戰爭大臣蘭斯敦勳爵娶了印度大臣喬治·漢米爾頓勳爵的姊妹為妻，而蘭斯敦勳爵的女兒則嫁給了樞密院議長德文郡公爵的外甥與繼承人。

英國的統治階級「早在來到西敏（Westminster）之前就已彼此熟識」。他們一起上學，而且在兩個英國統治階級最喜歡就讀的學院學習，牛津大學的基督堂學院（Christ Church）與劍橋大學的三一學院（Trinity College）。這兩間學院培育出好幾任首相，羅斯伯里勳爵與索爾茲伯里勳爵出自基督堂學院，他們的繼任者貝爾福與亨利·坎貝爾—班納曼爵士（Sir Henry Campbell-Bannerman）則出自三一學院。然而，真正算得上政治家溫床的其實是貝里歐學院（Balliol），能力超群的院長班傑明·喬維特（Benjamin Jowett）對於聰明的學生傾囊相授，「他們的社會地位已足以讓他們取得政府高層的職位」。基督堂學院，又稱「堂屋」，是擁有土地的富裕貴族聚集之處。一八九〇年代的英國統治階層，他們年輕時就讀基督堂學院時的院長是李德爾（Liddell）。李德爾相貌堂堂，在社交圈以優雅與風度翩翩著稱，他的女兒愛麗絲受到一名並不特別知名的數學講師查爾斯·道奇森（Charles Dodgson）的仰慕。「堂屋」的主要活動是獵狐、賽馬、輕鬆的板球比賽，以及「無止盡的豪華晚宴，與世上最優秀的人士共進晚餐」。

這些人晚年撰寫回憶錄時，一開始總是在註記裡提到，他們讀大學時認識的查爾斯、亞瑟、威廉與法蘭西斯，「後來成為陸軍總參謀長」或「南安普敦（Southampton）主教」或「國會議長」或「駐雅典大使」。這些人長年熟識，深知彼此的性格，也經常相互提攜。一八九八年，當二十三歲的溫斯頓·邱吉爾想加入蘇丹遠征軍時，卻遭遇統帥赫伯特·基琴納爵士（Sir Herbert Kitchener）的強烈反對，儘管如此，事情並非毫無轉圜的餘地。溫斯頓的祖父是第七代馬爾博羅公爵，曾在迪斯雷利主政時期與索爾茲伯里勳爵是同僚，此時，擔任首相的索爾茲伯里勳爵友善地聆聽這名年輕人的請求，並且承諾給予協助。然而，這件事需要盡快加以處理，溫斯頓於是又向索爾茲伯里勳爵的私人秘書熊伯格·麥克唐納爵士求助，「我從小就在社交圈裡見過他」。溫斯頓上門時，發現爵士正盛裝準備參加晚宴，於是趕緊告訴他事情原委，「這名打扮時髦的男士說道，『我馬上處理』，然後隨即出門，但他並非前往晚宴現場」，而是幫溫斯頓解決了問題。

這些人接受的是完全相同的教育模式，而這個教育模式培育的不盡然是科學的精神或嚴謹的心智，而是「優雅的尊嚴」，這種尊嚴使他們得以成為英國士紳，也使他們深信成為英國士紳是一名男性所能擁有的最好事物。因此，這種尊嚴也使這些人努力達成符合英國士紳身分的一切要求。伊頓公學每一個學生的房間裡都掛著一幅著名的畫，這是巴特勒爵士夫人（Lady Butler）畫的馬朱巴山（Majuba Hill）的災難，畫中一名軍官高舉軍刀無懼死亡地騎馬向前衝鋒，口中高喊：「願伊頓輝煌！」（*Floreat Etona!*）這幅畫灌輸的精神充分顯示英國軍官重視武勇更甚於謀略。儘管如此，身為伊頓公學人，意謂著「認為自己理所當然比別人優秀，相信自己居於無可置疑的優越地位」。覆蓋在這種光環下，伊頓公學人以一種沉著冷靜的心境看待自己的世界，相信自己的世界高枕無憂，並且憐憫那些不屬於這個世界的人。當查爾斯·田南特爵士（Sir Charles Tennant）與他的高爾夫球友準備擊球，一個陌生人突然粗魯地搶在他們前面，把自己的球放在球座上。爵士的球友十分生氣，正要發作，爵士勸解說：「別跟他一般見識，這個人一看就不是個士紳的樣，他不過是個可憐的傢伙。」

這種神奇的狀況受到歐陸各國貴族的欽羨與認真仿效（俄國或許是唯一的例外，俄國貴族說法文，而且不模仿任何人）。德國貴族堅持娶英國女人為妻，而且穿著粗花呢與插肩袖外套這類典型的英國士紳服飾，法國上流社會的生活重心是賽馬會，賽馬會成員打馬球、喝威士忌，而且聘請埃勒（Helleu，他在法國的地位有如英國的薩金特）為他們繪製身穿緋紅色獵裝的肖像。

歐陸欽羨的英國士紳是一種騎馬者的形象，這點並不令人意外。我們無法想像沒有馬的英國士紳會是什麼樣子。自從第一個騎馬的人獲得額外的高度與速度（馬鐙的發明，使人獲得額外的戰鬥衝刺力）之後，馬就成了區分統治者與被統治者的一項標準。騎馬的男性象徵著支配，世界上沒有任何一個階級像英國貴族一樣如此重視馬。馬是英國貴族權力的一環。當時的作家試圖描述一個郡的寡頭統治狀態時，他使用了各種與騎馬有關的詞彙。他寫道，整個社會是由「一小撮生來穿著馬靴與馬刺鞭策群眾的貴族，與一大群生來被裝上馬鞍與馬轡供貴族驅策的群眾」所組成。

一八九五年時，馬依然與貴族密不可分，無論是上層階級還是僕役都需要馬，而且相較之下，馬甚至比過去更受到珍視。馬是交通工具，是消遣，也是談話的主題；馬激發愛、勇氣、詩歌與強健的體魄。馬是速度競技（國王的消遣）與騎兵（戰時的菁英）的要角。當英國貴族回想自己的年輕時光，總是會說：「那段馬鞍上的日子，宛如身處天堂一般。」

星期日晚上，上流社會紛紛聚集在賽馬拍賣商塔特薩爾（Tattersall's）的會場上，仔細端詳即將在星期一拍賣的馬，對他們來說，這類活動就跟聆聽歌劇一樣時尚。人們不需要前往紐馬克特（Newmarket）觀看賽馬，他們在紐馬克特附近擁有住所，賽馬期間，他們就直接住在當地。賽馬賽事由賽馬會三名高層全權決定。索爾茲伯里勳爵內閣裡的三名大臣，亨利．查普林（Henry Chaplin）、卡多根伯爵（Earl of

Cadogan）與德文郡公爵曾先後擔任賽馬會的主管職位。擁有優秀的賽馬種馬所費不貲。一八九四年，時任首相的羅斯伯里勳爵（他的妻子來自羅斯柴爾德家族）贏得德比（Derby）賽馬大賽，他收到美國人瓊西・德普（Chauncey Depew）的電報，「沒有什麼能比這件事更令人開心的了」。但德普的電報顯然低估了，因為羅斯伯里勳爵之後又贏得兩次德比大賽，分別是在一八九五年與一九〇五年。一八九六年，威爾斯親王靠著自己育種的棗紅色賽馬「柿子」（Persimmon），在遙遙領先之下贏得比賽。一九〇〇年，「柿子」的弟弟「鑽禧」（Diamond Jubilee）贏得了大賽。威爾斯親王登基之後，一九〇九年，他的另一匹馬米諾魯（Minoru）為他贏得第三個德比大賽。由於這是第一次有現任國王贏得如此輝煌的勝利，因此這一天也成為埃普瑟姆（Epsom）德比大賽最值得紀念的一日。當紫色、緋紅色與金色這些皇家顏色出現在塔騰南姆轉角（Tattenham Corner）前面時，群眾紛紛歡呼吶喊；當米諾魯與對手在賽道上齊頭並進、難分軒輊之時，群眾興奮的情緒幾近瘋狂，而最終米諾魯以一個頭的距離率先抵達終點，群眾也喜極而泣。他們越過欄索，拍著國王的背，拉扯國王的手，「就連警察也揮舞他們的帽盔，歡呼直到喊啞嗓子為止」。

著名的「駕車者」也可能獲得類似的殊榮，如四馬馬車俱樂部（Four-in-Hand Club）會長倫德斯博羅勳爵（Lord Londesborough）就是這方面的「風雲人物」，他的舉止高雅、風度翩翩，穿著十分時髦，他用來拉車的馬匹，「毛色充滿光澤、善於奔馳而且外型美麗」。拉車的馬匹不只是裝飾品，牠們也是運輸工具，而恰恰就在這一點上，這些馬匹充分展現出牠們的專橫。一九〇〇年，當達爾文（Charles Darwin）的姪女搭車到港口為前往南非的羅伯茲勳爵（Lord Roberts）送行時，她最終只看到出航的船隻，卻沒能見到羅伯茲勳爵，「因為為了不讓馬兒太累，馬車只能中途返家」。當她的堂嫂，莎拉．威廉．達爾文太太到劍橋購物時，她總是要跟在自己的馬車後面徒步越過最平緩的山丘，如果她的旅程超過十英里，那麼馬車與馬會先行返家，她自己則必須搭乘出租馬車完成後半段的旅途。

實際上，騎馬者真正的熱情主要表現在騎馬與獵犬外出狩獵上。威爾弗里德．斯科恩．布朗特（Wilfrid Scawen Blunt）在一首十四行詩中寫道，與獵犬和其他騎士一同奔馳翻山越嶺，「我的馬宛如雙翼，我彷彿天神」。獵狐的人不停地追逐狩獵帶來的興奮感、危險與美；他們喜愛獵人吹響號角的長嘯聲，獵犬的吠叫聲，他們喜歡看著穿著紅色外套的騎士與穿著黑衣採側鞍騎乘的女士川流不息地向前奔馳，躍過河岸、籬笆、石牆與土溝，他們甚至不在意墜馬、跌斷骨頭，以及在冬日裡頂著刺骨寒風騎馬返家。對於這群有錢有閒的階級來說，能夠活著已經是至福，能夠狩獵則值得興高采烈。這些獵狐運動的熱愛者，無論男性或女性，一個星期會有五天、有時六天帶著獵犬外出狩獵。據說拉特蘭公爵（Duke of Rutland）的私人牧師諾克斯（Knox）在他的黑色與白色法衣底下穿著馬靴與馬刺，「即使站在講道壇上，腦子裡仍想著騎馬的事」。公爵全家從諾克斯進行晨禱的速度就能推斷他當天是否要外出打獵。

亨利．查普林是索爾茲伯里勳爵內閣裡頗受歡迎的「鄉紳」，人們認為他是英國鄉紳的原型，而他一方面非常嚴肅地認為自己必須在國會裡為農業發聲，另一方面又是布蘭克尼（Blankney）獵犬的管理人，兩者的職責孰輕孰重，有時讓他難以取捨。在國會辯論或內閣開會期間，查普林會在官方用紙上畫起馬的素描。當他身為大臣必須在國會裡接受質詢時，只要隔天早上有狩獵活動，他一定會特別安排專車，等質詢一完畢就立即趕赴現場。查普林的列車會在站與站之間的某處停下，此時的他會穿著白褲及緋紅色外套現身，他會爬上鐵路的路堤，與等候多時的馬伕與馬會合。查普林重達二百五十磅，因此他不斷尋找能支撐他的體重的高大強健的馬匹，而且經常「一天要換乘好幾匹馬」。「看著他騎著巨大的馬匹，發出轟隆巨響地朝著籬笆而來，實在令人印象深刻。」有一回，通往原野的唯一一條路是一排高聳灌木叢中的一道缺口，然而這道缺口卻種了一株樹苗，樹苗周圍還用四英尺六英寸高的鐵架固定住。「當查普林以每小時四十英里的速度奔馳而來，大家紛紛叫喊著趕快用斧頭或刀子把樹苗砍掉，然而帶著眼鏡的查普林卻什麼也沒看見，直直朝灌木叢的缺口衝過去。沒有任何東西能阻擋他，那棵小樹也一樣，他與那匹馬的重量輕而易舉地清除了樹苗，就像我們折斷細樹枝一樣，他甚至沒察覺到自己撞倒了那棵樹。」

身為管理人，除了維護馬廄，還要負責馬群的育種與繁殖，這些事絕不輕鬆。查普林對於這類事務充滿熱情，他曾同時擁有兩個馬群，參與兩場狩獵，他一邊培養賽馬的種馬，一邊在蘇格蘭維護森林，作為鹿群的棲地，此外還要款待一些花天酒地的朋友，例如威爾斯親王。最後，查普林終於因此散盡家財。一九一一年，查普林最後一次狩獵，當時他已年過七旬，他意外墜馬，跌斷了兩根肋骨而且刺傷肺部。但在被運送返家之前，查普林堅持在最近的村莊停留，為的是拍發電報給下議院的保守黨黨鞭，告訴對方他當晚無法出席投票。

喬治．溫德姆於一九〇二年進入內閣擔任愛爾蘭大臣（Chief Secretary for Ireland），他與查普林一樣，也在狩獵的熱情與政治的職責之間左右為難。以溫德姆來說，他對政治並非沒有野心，畢竟他有爭取成為首相的念頭。然而考慮到溫德姆還喜歡寫詩，同時也愛好藝術與文學，他的生活因此充滿了困難的選擇。一個愛好運動的朋友勸告溫德姆，「沒有必要將生命浪費在政治上，亨利．查普林就是個好例子，年輕時應該及時行樂才對」。當這群士紳穿著粉紅色外套下樓吃早餐，他們繫上圍裙以免弄髒他們白淨的馬褲時，或者如溫德姆描述的，在耶誕夜，「我們一共三十九人入座共進晚餐」，隔天還有三十人要去打獵，這些都讓人不得不承認，無憂無慮的生活才是較佳的選擇。「今天，所有的人再度外出打獵……有三個人跑在前頭（離最近的跟隨者足足有五十個馬身），其餘的人則遠遠落在後頭。我們在原野上分散開來。馬匹的速度極快，我們一時間難以選擇前往何處，只能朝著獵犬吠叫的聲音而去。我們沒有喘息的機會。這種緊迫的感覺……就是打獵的樂趣所在，沒有任何事比得上。」

騎馬者還有一個角色比獵狐的歷史更為悠久，那就是作戰。騎兵軍官自認為是陸軍的菁英，事實上，騎兵之所以受人矚目，不是出自人們的想像，而是來自於他們的社會聲望。一名騎兵軍官日後回憶說，他們「充滿自信，這種自信來自於他們年輕氣盛，也來自於他們的階級與國家」。騎兵剛下部隊的時候，必須每日進行操練，墜馬撞到腦袋是稀鬆平常之事，每個騎兵軍官的「目標就是設法讓自己習慣這種長期麻木混亂的狀態」。駐紮在印度的騎兵部隊在當地學會打馬球，馬球因此成了他們的最愛，而騎兵衝鋒也成為騎兵最重要的戰鬥方式。英國的軍事領袖多半是騎兵出身。他們對騎兵衝鋒的信仰不亞於他們對英格蘭教會（Church of England）的信仰。第十驃騎兵團（10th Hussars）的布拉巴宗上校（Colonel Brabazon）是騎兵軍官的經典原型，這個高尚而和藹的人物是威爾斯親王的好友，「無論在宮廷、俱樂部、賽馬場還是狩獵場，他都表現得出類拔萃……他是倫敦上流社會最閃亮的軍事明星」。他身高六英尺，五官清秀端正，有著淡灰色的眼珠子與稜角分明的下巴，他蓄了連德國皇帝都會嫉妒的八字翦，對於一切都不服輸。一九〇二年，已經晉升為將軍的布拉巴宗前往帝國國防委員會（Committee of Imperial Defence）作證，總結波耳戰爭帶來的教訓。布拉巴宗曾在這場戰爭指揮帝國義勇騎兵隊（Imperial Yeomanry），他在委員會面前發表了激動人心的演說，「他提到自己在第一線進行肉搏戰的經驗，並且提出將騎兵運用於戰場的理論」。埃舍爾勳爵向國王報告時提到，布拉巴宗「對於配發給騎兵的各項武器非常不信任，他傾向於使用震懾戰術，也就是讓騎兵手持戰斧進行衝鋒」。「布拉巴宗這名深具騎士風範的軍官說明得極其生動，在場的委員們聽得目瞪口呆，完全沉浸在想像之中。」下一個作證的是道格拉斯・黑格上校（Colonel Douglas Haig），他曾在南非戰爭中擔任騎兵師參謀長，黑格上校對於騎兵停止使用騎槍感到惋惜，他依然堅持使用「冷兵器」，認為騎兵的軍刀才是最有效的武器。

在鄉間自宅裡，英國貴族的周圍滿是佃農與農場雇工、農作物與動物。在英國貴族的地產上，「議員宅邸」是他們的生活重心，旁邊則是小村落，英國貴族擁有而且經營大片土地，他們出租農地，世世代代藉由這種方式獲取收入，在這樣的自然條件下，家族得以繁衍興旺。英國貴族從小就生活在大自然中，有藍天與綠樹為伴，以原野、鳥兒與森林中的鹿群為友。法蘭西絲・貝爾福夫人（Lady Frances Balfour）提到：「我們成長的地方，充滿了自然之美。」貴族們的豪華宅邸，如馬爾博羅公爵的布蘭尼姆宮（Blenheim）、德文郡公爵的查茨沃斯莊園、彭布羅克伯爵（Earl of Pembroke）的威爾頓莊園

（Wilton）、沃里克伯爵的沃里克城堡、薩克維爾男爵（Sackville）的諾爾莊園（Knole）與索爾茲伯里勳爵的哈特菲爾德莊園，有三百到四百個房間，上百個煙囪，屋頂覆蓋的面積有數英畝。其他沒那麼豪華的宅邸則以歷史悠久見長，如雷尼紹莊園（Renishaw），西特維爾家族（the Sitwells）在此至少居住了七百年。這些莊園無論或大或小，其擁有者從來不曾停止增建或修繕他們的宅邸，也不曾停止改善自然景觀。他們剷平或堆起山丘，挖掘湖泊，改變溪流流向，砍伐樹林創造出深邃的遠景，並且在遠景的末端修建大理石涼亭來聚焦目光。

英國貴族擁有的宅邸越來越多。聯排別墅、家族地產、第二間鄉村宅邸、北方郡的狩獵小屋，另外在蘇格蘭還有一間狩獵小屋，這種在各地擁有房產的現象其實不足為奇。索爾茲伯里勳爵除了擁有哈特菲爾德莊園與倫敦阿靈頓街的宅邸，他還擁有迪爾（Deal）的沃爾默城堡（Walmer Castle）、多塞特郡（Dorsetshire）克蘭伯恩（Cranborne）的莊園大宅與法國的別墅，如果索爾茲伯里勳爵是個喜歡運動競技的人，那麼他也可能在蘇格蘭有住所，或者在埃普瑟姆或紐馬克特飼養成群的賽馬種馬。在大不列顛，有一百一十五人的地產超過五萬英畝，在這當中，有四十五人的地產超過十萬英畝，不過這些土地絕大多數是位於蘇格蘭的不可耕地，可以產生的收入很少。其中擁有貴族身分的大約六十到六十五人，他們不僅擁有超過五萬英畝的土地，收入也超過五萬英鎊，在這裡面，又有十五人——七名公爵、三名侯爵、三名伯爵、一名男爵與一名從男爵——的土地收入超過十萬英鎊。整個大不列顛有四千四百五十萬人口，其中有二千五百名地主擁有超過三千英畝的土地，土地收入超過三千英鎊。

年收入不到一百六十英鎊的民眾不用繳納所得稅，根據這個標準，全英國大約有一千八百萬到兩千萬的民眾不用繳稅。在這些人當中，大約有三百萬人是白領階級或服務業，如職員、店員、小酒館老闆、農場經營者、老師，他們平均年收入是七十五英鎊。其餘一千五百五十萬人是體力勞動者，包括軍人、船員、郵差、警察、農夫與傭人，他們的年收入不到五十英鎊。五口之家如果年收入不到五十五英鎊，也就是一週收入不到二十一先令八便士，那麼他們便落在「貧窮線」下。家中的僕人睡在頂樓或沒有窗戶的地下室裡。農場工人住宿的租金是每週一先令，從清晨五點鳴笛開始，直到太陽下山為止，他們必須在田裡使用大鐮刀、犁與鐮刀揮汗工作。當工人的房子出現裂縫或破損時，他們只能仰賴雇主修繕，而當工人年老體衰無法工作時，除非雇主願意照顧他們，否則他們的餘生將在救濟所度過。在莊園工作的僕役，例如馬伕、園丁、木匠、鐵匠、酪農與農場雇工，他們的家人也住在莊園裡，時間就跟莊園的主人一樣長，因此他們往往「全心全意充滿熱情地在莊園工作……而且以在莊園工作為榮」。

從八月份松雞狩獵季開始，到隔年一月國會開議為止，這段時間大地主會持續在自己的宅邸舉行派對，這些宴會往往持續一個星期，邀請的賓客則會達到二十到五十個人。然而每個賓客都會帶自己的僕人前往，因此宴會主人實際要負擔的是一百多人的食宿。有一次在查茨沃斯莊園舉行的宴會，東道主需要招待的人數居然達到四百人之多。打獵是受人喜愛的消遣活動，需要有足夠的耐力與優秀的射擊技術，狩獵者旁邊要有一個負責裝填子彈的人，而且要有三到四把槍輪番更換，此外還有一群負責驚嚇獵物的人，他們讓無數小動物從樹林中驚嚇逃出，再由狩獵者加以射擊。從這個郡到下一個郡，這些士紳持續移動來回，最後進入蘇格蘭，他們所到之處留下了數千隻死亡的禽鳥與野兔：在桑德靈厄姆莊園（Sandringam）與威爾斯親王一起射擊；在威爾特郡（Wiltshire）與博福特公爵（Duke of Beaufort）的獵犬一起打獵（穿著藍色與淺黃色外套，而非緋紅色外套）；在蘇格蘭狹長的海灣與絕壁，以及在杳無人跡的森林中追蹤鹿群（「放低身子，老爺，放低身子」——僕人低聲對查普林說道，查普林只好在開闊的地面匍匐前進，直到雄鹿進入他的射程範圍為止——「您的體型太大，恐怕那頭鹿會看見您」）；在洪堡（Homburg）與瑪麗安巴德（Marienbad）舉行耶誕節派對與成年禮派對，或者是狩獵之後在此稍作休息，使人從耗費體力的狩獵活動中恢復元氣，然後重新開始。

早上這段時間，士紳們通常待在荒野；女士們戴著帽子下樓吃早餐，到了下午茶時間則換上華美的茶會長裙，這些連身長裙「是用淡綠色的綢緞做的，上面用金色絲線繡著波紋，衣服的領邊與沿邊環繞著貂皮」。正式的晚宴需要穿著正式的晚禮服。一整天，大批僕人輕聲走路，送上早茶與《泰晤士報》，準備好洗澡水與為火爐添煤，每日為花瓶補充新鮮花朵，低聲地說，「爵爺在書房裡」，敲鑼提醒晚餐時間已到，熬夜等候為夫人解開束腹，服侍她們就寢。

在宅邸派對上，每個賓客的房門都有一個黃銅框，裡面放著他的名牌，而在管家的食品儲藏室的指示鈴旁也放了賓客的聯絡卡。分配房間時，必須考慮哪些人之間存在著私通關係（即使雙方都未承認）。只要這類對婚姻不忠的行為不至於激怒妻子或丈夫而成為公開的醜聞，那麼當事人想怎麼做都沒關係。重點是，絕不能讓下層階級知道這類傷風敗俗的事。為此，上層階級定下了嚴格規定。在統治階級的封閉圈子裡，將群體內部成員的消息洩漏出去是不可饒恕的，一旦向法院提出離婚而將醜事外揚，將使上層階級成員蒙受恥辱。如果很遺憾地，一名丈夫堅決不接受妻子出軌的事實，而且威脅向法院提出離婚，那麼上流社會所有的仲裁者，必要的時候包括威爾斯親王本人（儘管他自己對婚姻也不忠實），都會出面來阻止他。他們會提醒他，不得提出離婚讓整個階級受害。他有責任在平民面前維持完美無瑕的外觀。在來自各方的壓力之下，這名丈夫屈服了，但往後二十年，除了在公開場合，他從未對自己的妻子說過話。

在貴族紙醉金迷的世界裡，放浪形骸是極其平常的事。一些出名的行為古怪之人，例如總是過著夜生活的波特蘭公爵（Duke of Portland），以及脾氣暴躁獨斷獨行的喬治．西特維爾爵士（Sir George Sitwell）與威廉．伊登爵士（Sir William Eden），他們是上層階級任性胡為的代表。然而對絕大多數人來說，盡可能讓這些貴族過著舒適的生活與愜意的日子，並不是一件不可接受的事。

結果，這些人養成了高傲的態度。口齒不清的布拉巴宗上校抵達火車站時，得知火車才剛開走，居然要求站長：「那麼，再……給我開一列車過來。」不願在鄉村車站久候或不願忍受緩慢車程的貴族，往往出錢包下專用列車，每趟旅程平均要二十五英鎊。這樣的人其實不在少數，例如維多利亞女王就從未看過火車票。貴婦身上穿著獨一無二由沃斯（Worth）或杜塞（Doucet）專為她們設計的服裝，這些設計師費盡心血為她們製作，彷彿為她們個人繪製肖像一樣。「唯有如此才能與眾不同」，英國出生的美女普萊絲公主（Princess Pless）黛西的宮廷禮服下襬縫了「真正的紫羅蘭流蘇」，透明的蕾絲飾以藍色的花邊而且撒上金色亮片。

在特權滋養下，貴族不僅魁梧而且長壽。在索爾茲伯里勳爵政府中，至少有五名大臣身高超過六英尺，遠高於當時的平均身高。在內閣十九名成員中，只有兩位未活過七十歲，有七位活過八十歲，有兩位活過九十歲，而當時的男性一般預期壽命是四十四歲，若活過二十一歲，則預期壽命是六十二歲。貴族因為特權而能擁有較好的生活品質，如沃里克伯爵夫人所言，「他們擁有新鮮的空氣！」

偶爾從遠處傳來的窸窣怨言也讓貴族產生隱憂，他們擔心各項改變可能影響自己當下所能享受的種種樂趣。晚餐後，士紳們一邊啜飲波特酒，一邊談論民主的成長與社會主義的威脅。報紙的諷刺漫畫畫著約翰牛（John Bull）隔著柵欄檢視一頭名叫勞工的公牛。絕大多數人都察覺到問題所在，但並不認為這對既有的秩序會造成重大影響，然而少數人卻對此深感憂心。亞瑟·彭森比（Arthur Ponsonby）年輕時每晚都會看到從西敏到滑鐵盧橋（Waterloo Bridge）的堤岸，「大批衣衫襤褸的流浪漢、無家可歸之人睡在長椅上」，他因此不再追隨父親與兄長的腳步成為一名大臣，而是投身社會主義的行列。沃里克伯爵夫人試圖拋開內心對於追求逸樂的懷疑，然而她的腦中卻「不斷浮現從事慈善事業的念頭」，而正是「這股強大的渴望驅使她致力於改正她所認為一切不正確的事」。一八九五年，社會主義者羅伯特·布萊奇福德（Robert Blatchford）在他的報紙《號角》(*Clarion*) 撰文，抨擊為了慶祝沃里克伯爵夫人的丈夫晉爵而在沃里克城堡舉辦的盛大舞會，沃里克伯爵夫人在讀了這篇文章之後，竟丟下滿屋子的賓客，怒氣沖沖地前往倫敦當面質問布萊奇福德。她解釋說，在如此艱困的冬天裡，在許多人失業的狀況下，沃里克城堡的慶祝活動可以提供許多工作機會。布萊奇福德向這位美麗的拜訪者解釋生產勞動的本質與社會主義理論的原則。沃里克伯爵夫人在新觀念的震撼下返回沃里克，隨後她開始投入精力、財力與影響力

於宣傳社會主義觀念，令她的圈子惴惴不安。

沃里克伯爵夫人只是一根稻草，不是趨勢。一八九五年，作為一個國家，英國以強者自居而對他國事務冷眼旁觀的態度，早已令鄰邦深感不滿。這種態度又稱「光榮孤立」，它既是一種心態，也是一項事實。英國不擔心任何潛在的敵人，它既不需要盟邦，也不需要朋友。然而，一旦其他國家也努力衝破既有的限制時，英國的快樂時光終將告一段落。七月二十日，索爾茲伯里勳爵政府成立還未滿一個月，就突然面臨某個意想不到的國家的挑戰，這個國家就是美國。這起事件與英屬蓋亞那（British Guiana）與委內瑞拉（Venezuela）之間一段長期有爭議的疆界有關。委內瑞拉主張英國為了擴張而侵占委內瑞拉的領土，違反了門羅主義（Monroe Doctrine），並且要求美國打開保護傘與進行仲裁。雖然美國總統格羅弗．克里夫蘭（Grover Cleveland）是個有著明智判斷力與符合常識的人，但當時的美國民眾瀰漫著一股自我優越的情緒，如魯德亞德．吉卜林（Rudyard Kipling）指出的，就像法國針對德國，英國針對俄國一樣，美國輿論界想將這股沙文主義情緒宣洩在英國身上。七月二十日，美國國務卿理查．奧爾尼（Richard Olney）向英國提出外交照會，表示任何國家若無視門羅主義的存在，將「構成對美國的不友善行為」，奧爾尼毫不隱諱美國對抗的決心，他稱美國是「這個地區的主人，對於任何外來者絕不會示弱」。

就外交辭令來說，這的確是令人震驚的語言，但這不表示奧爾尼的挑釁沒有經過精心考量，如奧爾尼所言，「在英國眼裡，美國完全是一個可以忽視的對象」，因此他覺得「只有說出重話，才能產生效果」。然而，對於同時兼任外交大臣的索爾茲伯里勳爵來說，這些話完全不起作用。他不會對這種挑釁做出回應，一如他不會理會他的裁縫突然要求跟他決鬥。他從事外交工作已有二十年。他曾與迪斯雷利一同出席一八七八年的柏林會議（Congress of Berlin），而且巧妙地處理長年未解的東方問題（Eastern Question）。索爾茲伯里勳爵的做法與帕默斯頓勳爵（Lord Palmerston）不同，威爾斯親王推崇帕默斯頓勳爵，因為「他一旦做出決定，就必定貫徹實行」。索爾茲伯里勳爵時代的外交事務已不像帕默斯頓勳爵時代那樣簡單明瞭，因此索爾茲伯里勳爵並不尋求重大的外交勝利。索爾茲伯里勳爵表示，外交勝利是透過「一連串細微的進展達成的；也許在這裡出現明智的建議，也許在那裡適時出現了禮讓，也許在某個時刻願意明智的讓步，也許在另一個時刻提出具有遠見而得以長期維持的政策；努力思索，永遠保持冷靜與耐心，總是能勝過愚蠢、挑釁與笨拙」。但索爾茲伯里勳爵認為這些細緻的外交手段對於美國這種民主國家來說是白費工夫，正如他認為工人階級不配擁有選舉這種好東西一樣。他在接到奧爾尼的照會之後，有四個月的時間完全置之不理。

十一月二十六日，索爾茲伯里勳爵終於做出回應，他冷淡地表示，「委內瑞拉的邊界爭議與門羅總統處理的問題完全無關」，他也斷然拒絕接受仲裁，認為「英國君主擁有的英國屬地早在委內瑞拉共和國成立之前就已經存在」。索爾茲伯里勳爵甚至不考慮遵守外交上的基本原則：預留協商空間。索爾茲伯里勳爵的斷然拒絕就連克里夫蘭也無法接受。十二月十七日，克里夫蘭向國會表示，美國調查委員會在考察與勘定邊界之後，認定只要英國有任何越界的舉動，都會視為「單方面侵害」美國的權利與利益。克里夫蘭成了英雄，強硬外交主義席捲美國全境，紐約《太陽報》（*Sun*）頭條標題寫著：「如果有必要就開戰」（WAR IF NECESSARY）。「戰爭」一詞很快就被輕率地使用，彷彿美國要對抗的是易洛魁人

（Iroquois）或巴巴里海盜（Barbary pirates）。

英國對此大為震驚，各黨派的反應不一。自由黨對於索爾茲伯里勳爵的高傲態度感到羞愧，保守黨則對美國的出言不遜感到憤怒。保守黨記者與小說家莫里．羅伯茲（Morley Roberts）在給《泰晤士報》的定期投書中表示：「帶有帝國天性的英國人莫不對門羅主義感到輕蔑。支配南北美洲的霸主是英國人而不是美國人，這些共和國走狗只有在我們離開後才敢張嘴吠叫。」如果這些算是過激的言論，那麼產生的憤怒卻是再真實不過。雖然大西洋兩岸都認為邊界爭議極為荒謬，但敵對的氣氛卻急速高漲，民眾也熱血澎湃。力量與繁榮產生的自信，使人們更容易傾向於強硬。正當這場爭論越來越難以善了之際，慶幸的是，第三股力量的出現分散了人們的注意力。

在當時，沒有人能像德皇威廉二世（Wilhelm II）那樣能夠引起其他國家的憎恨。威廉二世一心強調自己與德國的重要性，致力於扮演主要角色，動不動就虛張聲勢，努力想改變歷史進程，從不放過每次表現的機會。他渴望具有影響力，而且通常能如他所願。

一八九五年十二月二十九日，川斯瓦波耳共和國（Boer Republic of the Transvaal）與開普殖民地（Cape Colony）的英國人之間的長期衝突，因為詹姆森襲擊行動（Jameson Raid）而浮上檯面。波耳共和國名義上以英國為宗主國，實際上卻是個獨立國家，它構成英國連通非洲南北領土的阻礙，也對境內的外國人（Uitlanders）進行壓迫。這些外國人包括了英國人與其他國家民眾，他們為了淘金而蜂擁進入川斯瓦並且定居當地，逐漸地，他們的人數超過當地的波耳人，但波耳人不讓他們有投票權，也不給予他們其他公民權利，這些人因此怨聲載道。在躍躍欲試的帝國主義分子塞西爾．羅茲（Cecil Rhodes）鼓動下，詹姆森醫生率領六百名騎手越過邊境，企圖煽動波耳共和國境內的外國人進行暴動，一舉推翻波耳政府，讓南非共和國重新回到英國的控制之下。詹姆森的部隊遭到圍困，並且在三天內被俘，但他的行動卻導致一連串事件，最終在四年後引發戰爭。

這起事件讓一直尋找機會的德皇找到可乘之機。威廉二世致電波耳共和國總統克留格爾（President Kruger），祝賀他在「毋需友邦協助下」就能獨力擊退進犯者取得勝利。言外之意是指未來克留格爾若有需要，隨時可以向他尋求援助。一時間，每個英國人的目光，就像網球場上不斷看著球來回拍擊，頭也跟著來回轉動的觀眾一樣，將焦點從美國轉到德國，英國人的憤怒針對的對象也從克里夫蘭總統這個原本看起來就不具威脅性的人物，轉移到更適合扮演惡人的德皇威廉身上。英國最擔心的就是陷於被圍困的態勢，德皇威廉的克留格爾電報讓這場惡夢成真。電報中顯露的敵意讓英國感到吃驚。此後，孤立更有可能帶來危險而非光榮的現實，開始困擾英國的決策者。

一八九五年出現數起震撼英國社會的事件，其中一起令人不快的案子發生在保守黨政府就職前的兩個月。奧斯卡．王爾德因犯下刑法修正案第十一條「男性之間妨害風化的行為」而遭到審判與定罪，這起案件不僅毀滅了一個傑出的文人，也毀滅了他所象徵的頹廢風格。

早在兩年前，馬克斯．諾爾道（Max Nordau）已經針對頹廢提出強烈的看法，而且寫下廣受討論的作品《墮落》(*Degeneration*)。在長達六百頁近乎歇斯底里的描述中，諾爾道認為墮落最初潛伏在左拉(Emile Zola)的寫實主義、馬拉美(Stéphane Mallarmé)的象徵主義、梅特林克(Maurice Maeterlinck)的神祕主義、華格納(Richard Wagner)的音樂、易卜生(Henrik Ibsen)的戲劇、馬奈(Edouard Manet)的繪畫、托爾斯泰的小說、尼采的哲學、耶格博士(Dr. Jaeger)的羊毛衣物、無政府主義、社會主義、女性的服飾、瘋狂、自殺、神經疾病、藥物成癮、舞蹈、性泛濫，所有這一切結合起來產生了一個缺乏自制力、紀律或羞恥心的社會，而這樣的社會「必將走向毀滅，因為它已被消耗一空，無力承擔偉大的責任」。

王爾德盡到了一名頹廢派作家的責任，毀滅了自己。身為一名美學家，他沉溺酒色而又機智風趣，在案件發生之前，他一直受到成功光環的保護。他無可匹敵的言談吸引了眾多的朋友，他的劇作也讓大眾如癡如醉。但他身為藝術家的高傲逐漸淪為傲慢，他的慾望也失去控制，於是他變得鬆垮肥胖，下巴也變得臃腫，一個朋友說道，「他所有的惡劣品格全顯現在他的臉上」。成功也無法滿足他，為了尋求饜足，他必須追求毀滅這種極限的體驗。王爾德哀傷地自我認識到：「我自己就是個問題，而這個問題找不到解方。」他控告昆斯貝里侯爵(Marquess of Queensberry)誹謗，結果反而讓自己遭到逮捕。隨後的審判揭開了上流社會極力掩蓋的真相，民眾這才驚訝地發現到其中散發的邪惡寒光：皮條客、男妓、在旅館房間與男僕或馬伕幽會、在海灘隨意找人上船作陪、各種黑函。昆斯貝里侯爵的兒子，阿爾弗雷德．道格拉斯勳爵(Lord Alfred Douglas)，這名正值青春歲月充滿誘惑力的青年，他與王爾德交往相戀，而且也幹下這些不可告人之事，但他卻沒有遭到起訴。一八八九年，警方破獲一間同性戀妓院，亞瑟．索美塞特勳爵（Lord Arthur Somerset）當場被捕，但他是博福特公爵的兒子，也是威爾斯親王的友人，因此也未遭到起訴。索美塞特勳爵獲准離開，可以在歐陸舒服過著自己想過的日子，威爾斯親王還要求索爾茲伯里勳爵允許他偶爾可以低調返國探望自己的父母，「完全不用擔心會因為這些可怕的指控而遭到逮捕」。

當時擔任《隔週評論》（*Fortnightly Review*）主編的弗蘭克．哈里斯（Frank Harris）認為，統治階級是團結的，他們一定會全力迴護他們的朋友王爾德。哈里斯相信貴族總是偏愛卓越的人物，而對平庸之輩不屑一顧，因此應該會對貴族、百萬富翁與「才學之士」一視同仁。哈里斯錯了。王爾德犯下的是不可饒恕的行為，他迫使公眾注意到他犯下的罪行。身為一名藝術家與知識分子，王爾德捲進這場淫蕩墮落的事件，惹惱了平日從未涉獵藝術文化的人士，也讓英國民眾陷入一場最猛烈的周而復始的道德浪潮之中。法官充滿惡意，民眾破口大罵，社會對他的態度有了一百八十度的轉變，出租馬車伕與送報童紛紛用王爾德的名字來開粗俗不堪的玩笑，報章雜誌辱罵他，他的作品遭到下架，他的名字甚至從他廣受歡迎的名劇作《不可兒戲》（*The Importance of Being Earnest*）的節目單上被塗去。既是士紳又是社會主義者的海德門（H. M. Hyndman）說道，王爾德的身敗名裂是「我平生僅見文學界最可悲的一件事」。隨著王爾德的消逝，世紀末頹廢的黃色薄霧也跟著煙消雲散，即使在歐陸不是如此，但至少在英國已宣告終結。

一八九五年年底，索爾茲伯里勳爵任命了桂冠詩人（Poet Laureate），此舉在文人圈產生極大的對比，同時也顯示了重新樹立典範的決心。自從一八九二年丁尼生（Alfred Tennyson）去世之後，桂冠詩人一直懸缺，因為重視文學的格萊斯頓與羅斯伯里勳爵都找不到符合資格的後繼者。斯溫伯恩（Algernon Charles Swinburne）的習性與觀點令人無法放心，很遺憾地，他「絕無可能成為桂冠詩人」（儘管格萊斯頓非常「推崇他的文學造詣」）。威廉．莫里斯（William Morris）是社會主義者。哈代（Thomas Hardy）在這個時期仍只以小說知名。年輕一輩的詩人則受到《黃皮書》（*Yellow Book*）與淡紫年代（Mauve Decade）的影響。在印度出生的英國年輕作家魯德亞德．吉卜林，他在一八九二年的作品《營房民謠》（*Barrack Room Ballads*）帶有強烈的陽剛與帝國風格，但欠缺細膩的描述，無論是吉卜林、威廉．亨里（W. E. Henley）還是羅伯特．布里吉斯（Robert Bridges）都不在考慮之列。剩下的則是一些平庸之輩，例如劉易斯．莫里斯爵士（Sir Lewis Morris），他某部作品的開頭曾被當時的人評為「英國文學史上最機智詼諧的文字」。莫里斯是《黑帝斯的史詩》（*The Epic of Hades*）這部情感洋溢之作的作者，他非常希望得到桂冠詩人的頭銜，在王爾德出事之前，他曾向王爾德抱怨：「周圍的人都聯合起來對抗我，他們不讓我出頭。奧斯卡，我該怎麼做？」王爾德回道：「加入他們！」

索爾茲伯里勳爵認為，桂冠詩人就像主教一樣，一旦任命就能扮演好他們的角色，於是他決定任命阿爾弗雷德．奧斯汀（Alfred Austin）為桂冠詩人。奧斯汀是親保守黨的記者，也是《國家評論》（*National Review*）的創辦者與主編，曾為眾所矚目的重大場合或事件寫詩，例如迪斯雷利的去世。有一回，某個朋友指出奧斯汀詩中的文法錯誤，奧斯汀說道：「我不敢修改，因為這是上天給我的靈感。」奧斯汀個子矮小，只有五英尺高，他有一張圓臉，留著修剪整齊的白色八字鬍，他撰文為保守黨外交政策辯護時，會為文章署名「Diplomaticus」。奧斯汀與索爾茲伯里勳爵有私交，是哈特菲爾德莊園的常客。奧斯汀的職業生涯從在一八七〇年普法戰爭中擔任通訊記者時開始，他曾在凡爾賽（Versailles）訪問俾斯麥。三十年後，他被迫得出一個痛苦的結論，德國在一八五九年到一八七〇年的戰爭「採取的一連串策略，無論是阿爾弗烈德大帝（Alfred the Great）還是當今任何英國大臣都望塵莫及」。奧斯汀在成為桂冠詩人之前最知名的作品是談論英國花園的散文著作，但成為桂冠詩人之後不到兩個星期，他出乎意料地在《泰晤士報》上發表了一首讚揚詹姆森醫生功蹟的詩作：

淘金城有女孩，
也有母親與孩子！
她們大聲呼喊，快點，快來救我們！
所以勇敢的男人還能做什麼？……
於是我們涉水而過向前奔馳，
我們的野獸使盡全力狂奔，
一開始向東，然後轉而向北，
越過起伏的草原……

這首詩引發的歡笑聲傳到女王耳裡，她問索爾茲伯里是怎麼一回事，索爾茲伯里只好坦承，女王的桂冠詩人的第一首詩「不巧正對了戲院裡下層階級的胃口，他們全熱情地高唱這首詩歌」。索爾茲伯里在解釋自己為什麼選擇奧斯汀擔任桂冠詩人時，總是不假思索地說，「我就是要他擔任桂冠詩人」；就算他的選擇未能光耀英國的詩歌，至少能巧妙匹配英國人的心情。

一名美國觀察家提到，奧斯汀認為自己是世界上統治方式最好的國家的公民，即使保守黨淪為在野黨，即使奧斯汀相信執政的政府正在毀滅英國，他也未改變這樣的看法。英國的政府形式「是世界上最好的政府形式，他對此引以為傲……他堅定相信英國政治家的個人操守」。而奧斯汀本人也反映出這種優遊自得的自豪。一八九七年是英國女王登基的六十周年，在炎熱夏日裡，有人看到奧斯汀身穿亞麻西裝，頭戴巴拿馬帽，坐在高背柳條椅上，在鄉間自宅草地上與佩吉特夫人（Lady Paget）和溫莎夫人聊天。他們決定各自說說自己心目中的天堂。奧斯汀的願望是高尚的。他希望坐在花園裡，接到源源不斷的電報，輪番通知他英國在海上與陸上獲得勝利。

人們很喜歡取笑奧斯汀的個子矮小、裝腔作勢與詩文陳腐，而且有許多人確實這麼做。儘管如此，從奧斯汀在女王登基六十周年許下的願望中，可以看到一個簡單而誠摯的想法，一種信心，一種毫無保留且滿懷幸福的對國家的熱愛與推崇，這樣的態度無可非議，就像里伯斯戴爾勳爵的外表一樣，它顯示出當時英國人的心境與狀況，而這樣的心境與狀況將一去不復返。

在保守黨取代自由黨成為多數之後，上議院終於可以鬆一口氣，重新回到原本的路線，也就是盡可能不做任何干預。在自由黨控制國會的最後幾年，上議院必須不斷出面，「防止激進立法造成事態惡化」，並因此駁回了多項法案，例如雇主責任法案、讓地方議會更民主的堂區議會法案與愛爾蘭自治法案。一八九四年三月一日，格萊斯頓在首相任內最後一次演說中提出嚴正警告，他認為過去一年上下議院在「基本傾向」上的差異已經到了不得不加以解決的地步，必須想辦法化解兩院在「根本原則與重大事件上的巨大矛盾與持續衝突」。許多人提案，希望改革上議院來解決自由黨執政時產生的權力失衡問題，並且排除各種招受批評的弊病。但現在快樂和諧的局面取代了衝突，緊張的狀態解除，格萊斯頓的警告已無人理會，上議院又能回到過去的平靜狀態。

上議院有五百六十名議員，其中許多人被稱為「偏遠地區」（backwoods）的貴族，這些人實際上從未出席開會。其他議員只有在出現危機時才出席，固定參加會期的議員幾乎不超過五十人。紐頓勳爵（Lord Newton）在下議院聽到發言的議員話說不到五分鐘就被其他議員插話，與此相比，他覺得上議院是「最溫和的集會機構」。在上議院，辯論「總是彬彬有禮」，而且十分節制，「有時超然到彷彿事不關己」。「表面上的謙恭有禮」掩蓋了黨派間的敵對。在場的議員看起來都沒什麼精神，對自由黨議員來說尤其是如此，自由黨領袖羅斯伯里勳爵曾經抱怨說，「每個議員看起來都滿臉倦容，一副毫無興趣的樣子」。

雖然上議院的官方領袖是大法官，職權形同議長，但實際上首相索爾茲伯里勳爵才是真正的支配者。當時的大法官是豪斯布里勳爵（Lord Halsbury），他原本是平民，名叫哈定．吉法德（Hardinge Giffard），來自英國一個最古老的家族。吉法德家族的創立者曾參與黑斯廷斯（Hastings）戰役，之後被威廉．魯弗斯（William Rufus）封為白金漢伯爵（Earl of Buckingham）。雖然爵位才過一代就遭到廢除，但吉法德家族即便不富裕，卻仍維持活力，大法官豪斯布里勳爵當時七十二歲，精力旺盛的他一直活到九十八歲。豪斯布里勳爵是個類似匹克威克（Pickwickian）的人物，身材矮胖，臉色紅潤，幾簇白髮遮蓋了他的耳朵，表情帶著些許詼諧。儘管他一向和藹可親，卻是個強硬的反對者，在法庭上毫不妥協，而且有著過目不忘的記憶力。上議院一名年輕議員表示，豪斯布里勳爵總是一身大禮服，戴著方形的德比帽，打著純藍的保守黨領結，並且「依照原則一貫地反對任何的改變」。由於家境不好，豪斯布里勳爵小時候並未上學，而是在家中由擔任訴訟律師與親保守黨《旗幟報》（*Standard*）主編的父親教導他希臘文、拉丁文與希伯來文，每天都要熬夜到清晨四點才去睡覺。紐卡索公爵（Duke of Newcastle）很讚賞《旗幟報》，他曾向豪斯布里勳爵的父親提議資助他的三個兒子到牛津念書，但豪斯布里勳爵的父親為人正直，拒絕了這項提議。儘管如此，排行老么的豪斯布里勳爵最終還是到牛津大學的墨頓學院（Merton College）就讀，而且很快晉升到法律專業的頂端，他一方面結交了許多朋友與賺取了大量財富，另一方面也有人指控他成天只會「在他的大辦公室裡以譏嘲別人為樂」，而且忝不知恥地利用法律職權尋求政治恩庇。不過，豪斯布里勳爵還是從眾多競爭者中脫穎而出，被提名為大法官，使他成為地位僅次於皇室與坎特伯里大主教的人物，「卡爾頓俱樂部支持他」，身為自由黨員的首席法官（Lord

Chief Justice）柯勒律治勳爵（Lord Coleridge）寫道：「你的政治立場我顯然不認同，但在其他事情上面，不管是身為學者、士紳還是律師，沒有人比你更適合擔任我們的長官。」

索爾茲伯里勳爵內閣裡有兩名地位崇高的貴族，他們是第五代蘭斯敦侯爵與第八代德文郡公爵，這兩個人原本屬於自由黨，之後轉而加入保守黨。蘭斯敦侯爵擔任戰爭大臣，他是徹頭徹尾的貴族。他就像打磨過的石頭一樣光滑而冰冷，舉止優雅、端正而謙恭，他是重要儀式性職位的最佳人選，三十八歲就擔任加拿大總督，到了四十三歲則轉任印度總督。他的家族姓氏是菲茨莫里斯（Fitzmaurice）。十二世紀，菲茨莫里斯家族第一代定居愛爾蘭凱里郡（Kerry），蘭斯敦侯爵因此也是第二十八代男性直系的凱里勳爵。《旁觀者》（*Spectator*）在評論索爾茲伯里勳爵政府時表示，現任的蘭斯敦侯爵是盎格魯—愛爾蘭人，「具有天生的統治本能」。這種本能源自於他的曾祖父第一代蘭斯敦侯爵，他在喬治三世時期的頭銜是謝爾本伯爵（Earl of Shelburne），曾經擔任內閣大臣，並且在與美洲殖民地交戰的最後一段時間短暫擔任首相。蘭斯敦侯爵的祖父也擁有同樣統治本能，他是第三代蘭斯敦侯爵，從一八二七年到一八五七年，參與過六屆政府，曾經擔任內政大臣與其他職位，之後他拒絕了首相職位與公爵頭銜。現任的蘭斯敦侯爵在他的小舅子歐尼斯特・漢米爾頓勳爵眼中是「當時最棒的士紳」，如果舉辦國際士紳比賽，他一定會被提名為英國代表。

比蘭斯敦侯爵更為年長、地位更高且更具貴族光環的是第八代德文郡公爵斯賓塞・康普頓・卡文迪許（Spencer Compton Cavendish），他或許是英國唯一能粗心到忘了與國王有約卻又能全身而退的男人。愛德華七世告訴公爵，他會在某天前往德文郡宅邸與公爵共進晚餐，國王於當日依約抵達，管家大吃一驚，因為公爵已經外出，當下連忙派人到賽馬場俱樂部把公爵帶回來。

一八九五年時，德文郡公爵六十二歲，高個子，留著鬍子，有一張哈布斯堡家族的長臉，眼皮厚重，長著貴族般的高挺鼻子。他擔任下議院議員長達三十四年，這段期間他的頭銜是哈廷頓勳爵（Lord Hartington），之後他進入索爾茲伯里的內閣，成為樞密院議長。德文郡公爵擁有十八萬六千英畝的地產，光是土地收入一年就有十八萬英鎊，這還不包括他的投資收入。儘管德文郡公爵是出了名的精神不濟，但他卻是當時參與政府次數與擔任內閣職務最多的人：在帕默斯頓勳爵政府擔任第一海軍大臣，在約翰．羅素勳爵（Lord John Russell）政府擔任戰爭大臣，在格萊斯頓數屆政府中擔任郵政大臣、愛爾蘭大臣、印度大臣與再度擔任戰爭大臣。在白廳（Whitehall），經常可以看到一個熟悉的景象，哈廷頓勳爵自己駕著輕型馬車前往下議院，他隨意拉著韁繩，嘴裡叼著一根粗雪茄，身旁還坐著一隻柯利犬。

在一八八〇年代的兩次危機中，哈廷頓勳爵掀起了對格萊斯頓的反對聲浪，造成自由黨的分裂。這兩次危機分別是戈登將軍（General Gordon）遠征蘇丹引發的帝國爭議，以及愛爾蘭自治法案引發的爭議。哈廷頓勳爵雖然不是一個言詞優美與慷慨激昂的演說家，但他在一八八六年宣示他將與格萊斯頓決裂的演說卻造成深遠的影響。他明確表示，一個人無法違背自己的原則，繼續虛偽地支持政府，即使這是自己的黨組織的政府。一名黨員表示，哈廷頓勳爵「在全國數百名議員面前為責任立下新的定義，也為行動賦予新的力量」。亨利．查普林認為，這場演說應該「可以讓你當上首相」。之前幾年，格萊斯頓擔任首相已成定局，但女王依然頑固地想改變這個局面，當時她曾要求哈廷頓勳爵出面組閣，但哈廷頓勳爵拒絕了，他把機會讓給格萊斯頓，因為他知道格萊斯頓絕對不肯屈居人下。

老練的貝爾福表示，哈廷頓勳爵「是我認識的政治家當中……最具說服力的演說者」，他的說服力不是來自於他的言詞，而是來自於他的人格。他讓每個聽眾感受到，站在他們面前的這個人，「已經盡一切努力了解問題的各個面向，他完全依照邏輯推論來得出結論，他毫不隱藏各種方式的利弊得失……我們大概找不到比他還要誠實的指引了」。貝爾福又說，「沒有人像哈廷頓勳爵一樣擁有如此強烈的特質」，他因此對民眾有著很大的影響力，他是政府必不可少的人物，無論在內閣、國會還是公共論壇，「他在任何集會中都居於主導的角色」。

公爵其實寧可不碰政治，他之所以辛勤工作，把大量時間投入在政府職務上，主要不是基於慾望，而是責任感。但令他欣慰的是，從女王與國民的情感可以看出自己是國家仰賴的支柱。一八九二年，維多利亞女王在寫給他的信上表示：「女王必須在這封信裡向公爵表達……她有多仰賴公爵協助她維持這個廣大帝國的安全與榮譽。」女王在信的最後簡單說明了自己的信念：「所有人都必須參與這項艱鉅而必要的工作。」

公爵參與了這項工作，但從未流露出任何熱情。根據某個朋友的說法，「公爵雖然經常感到厭倦，但從未動怒」，另一個朋友則說，「他總是輕鬆看待所有的事」。有人說，公爵喜歡打瞌睡是因為懶惰，還有人說，這是公爵故意放慢步調；無論原因是什麼，可以確定的是，公爵總是習慣事情做到一半就跑去睡覺。就連他自己的演說也讓他覺得無聊，有一回，當他談起印度預算時，說到一半，他便傾著身子，忍住呵欠，對著坐在長椅上離他最近的議員低聲說：「這真是無聊透頂。」

公爵唯一的熱情是培育他的賽馬種馬，然而另一方面，不知是出於熱情、習慣還是懶惰，他居然與「某位歐洲最美麗的女子」私通了三十年（這場不倫的戀情開始時，女方確實有著美麗的容貌），這名女子就是出生於德國，盛氣凌人且充滿野心的曼徹斯特公爵夫人（Duchess of Manchester）露易絲（Louise）。露易絲的第一任公爵丈夫因為經濟拮据而讓她感到失望，但她的丈夫遵照上流社會的原則，避免或被勸說家醜不要外揚，因此任由妻子與哈廷頓勳爵偷情，讓他們依然擁有穩固的道德與社會地位。曼徹斯特公爵去世之後，露易絲於一八九二年與繼承爵位的德文郡公爵結婚。露易絲因此被稱為雙份公爵夫人，此後她開始發揮她的過人才能，致力於實現她的主要目標——讓她的丈夫當上首相。

德文郡公爵並未給予她必要的協助，他不是那種不顧一切追求最高職位的人。德文郡公爵率領自由統一黨（Liberal Unionist Party）黨員離開自由黨之後，索爾茲伯里勳爵曾兩度邀請他組閣，但他尚未準備好與保守黨合作，因此加以婉拒。然而，到了一八九五年，溫和派自由黨員與激進派自由黨員的嫌隙擴大，自由統一黨也已經建立起與保守黨合作的默契，德文郡公爵於是與四名自由統一黨黨員一起加入索爾茲伯里勳爵的內閣。

這就是一八九五年六月成立的保守黨（當時改稱為統一黨）政府。女王預料當德文郡公爵與其他前自由黨人以索爾茲伯里勳爵內閣大臣的身分前來交接官印時，屆時很可能與他們先前的同事直接碰面，場面也許會有些難堪。為了避免尷尬，女王的私人秘書巧妙地安排自由黨人士於早上十一點交出官印，而新任的大臣則在另一間會客廳等候，直到卸任的大臣離開為止。原本一切都照計畫進行，但公爵卻一如往常地遲到，他並未進到安排好的會客廳，因此與交出官印魚貫而出的前同事碰個正著，這些自由黨人毫不客氣地揶揄他交了新朋友。目睹這一幕的人士說道，「德文郡公爵當場做了個令人難忘的表情」，他一副鎮定的樣子，「張大嘴巴，半掩著眼皮，從他們身旁走過」。

卡文迪許家族的創立者曾在一三八一年農民暴動（Peasants' Revolt）期間擔任王座法院首席法官（Chief Justice of the Court of King's Bench）。他的兒子約翰殺死了農民領袖瓦特．泰勒（Wat Tyler），當場被理查二世（Richard II）封為騎士，但暴民為了報復，於是俘虜了首席法官並予以斬首。往後數百年，卡文迪許家族即使不能算是全心全意，但至少盡忠職守地協助統治整個國家。一七五六年到一七五七年間，皮特（Pitt）與紐卡索陷入爭執，第四代德文郡公爵短暫擔任首相，等到政局一穩定，他便立刻辭職。他的弟弟約翰．卡文迪許勳爵曾兩度擔任財政大臣，埃德蒙．伯克（Edmund Burke）讚賞他「正直廉潔……大公無私」，但希望他「多放一點心思在國事上」，「在獵狐上能有所節制」，這樣就完美無缺了。第五代德文郡公爵的過人之處，在於他娶了國色天香的喬治安娜（Georgiana）為妻，根斯博羅（Gainsborough）為她繪製的肖像畫，對照著後方即將下起暴雨的烏雲，突顯出她的容光煥發，在雷諾茲的筆下，她把穿著連身長裙的孩子抱在膝上，臉上帶著笑容。喬治安娜的美貌與令人難以抗拒的魅力，就像她積欠的賭債一樣驚人，她的丈夫因此損失了一百萬英鎊。幸好，卡文迪許家族是英國數一數二有錢的家族。當管家忐忑不安地告訴第五代公爵，他的繼承人，也就是當時的哈廷頓勳爵「平日花錢如流水」時，公爵回道：「那很好，哈廷頓勳爵有的是錢。」

一八九五年，對於當時的第八代德文郡公爵來說，無論是財富、長子的地位、低調的個性，還是對於賽馬的喜愛，都無法壓抑「家族傳承下來的統治本能」。他覺得「自己虧欠國家甚多，必須加以回報」。認識公爵的人都知道，公爵背負的這種責任感不僅源自於他的家族地產，也源自於他意識到自己有著優於常人的能力。公爵的父親在數學與古典文學的造詣甚高，人稱「學者」公爵，他曾在家中親自教育公爵。往後，哈廷頓勳爵上了劍橋的三一學院，儘管他懶散、愛好運動、喜歡「賽馬場」上的社交活動，但他卻是他那個階層唯一一位在數學榮譽學位考試獲得第二等而成功獲得榮譽學位的學生。哈廷頓勳爵於二十四歲進入國會，三十歲第一次進入內閣。他的弟弟弗雷德里克・卡文迪許勳爵（Lord Frederick Cavendish）也進入政壇，一八八二年，卡文迪許勳爵擔任愛爾蘭大臣的第一天，就在都柏林（Dublin）的鳳凰公園（Phoenix Park）遇刺身亡。英國大臣遭心懷不滿的愛爾蘭人殺害，這件事引起的震撼，不下於戈登將軍在卡士穆（Khartoum）戰死。可能是因為弟弟的死，又或者是因為其他較不明顯的原因，德文郡公爵養成了隨身攜帶裝了子彈的左輪手槍的習慣，而這也造成家人的困擾。他的外甥提到：「他總是弄丟手槍，然後又買新槍，等到他去世的時候，在德文郡宅邸前前後後找到的手槍不下二十把。」

隨著公爵夫人的到來，這位精力旺盛的女主人使德文郡宅邸成為上流社會款待賓客最隆重的地方。每年到了國會開議這一天，公爵與公爵夫人都會舉辦盛大宴會。在每年的德比日（Derby Day），德文郡宅邸四處可見從公爵花園裡摘來的玫瑰與六月花朵，整座莊園被布置成閃閃發亮的舞會場地。舞會開始之前，國王在白金漢宮宴請賽馬會成員，而王后則與公爵夫人共進晚餐。一八九七年，女王登基六十周年，德文郡宅邸舉辦的化裝舞會成為當時最著名、最奢侈的一場宴會。卡文迪許家族位於德比郡（Derbyshire）查茨沃斯的莊園已有四百年的歷史，威爾斯親王夫婦來此參加派對成為莊園一年一度的盛事，威爾斯親王登基之後，依然維持過去的習慣，每年造訪此地。王室應有的接待與照顧，在此一應俱全，包括國王的情婦，珠光寶氣的克普爾夫人（Mrs. Keppel）也應邀來此。根據普萊絲公主黛西的說法：「國王會跟克普爾夫人在單獨的房間裡打橋牌，其他人則聚集在其他的房間。」

查茨沃斯宅邸以當地出產的金色石頭建成，四周圍繞著能幹的布朗（Capability Brown）設計的十八世紀庭園。舉目所見全是奢華的造景。瀑布沿著長六百英尺的石階而下，完全仿造了文藝復興時期的義大利水景。銅製的柳樹，經過精巧的機械設計，每片葉子都能滲出水來。牆面裝飾著精巧的木雕花環與水果。這裡收藏了大量的書籍、繪畫與雕塑品，規模足以媲美美第奇（Medici）家族，而且採取類似公益信託的方式管理。公爵雇用了管理人員，讓這些收藏品能開放給學者與鑑賞家，此外也持續添購，並且接受外借展出。查茨沃斯收藏的梅姆林（Hans Memling）作品在布魯日（Bruges）展出，范戴克（Van Dycks）作品在安特衛普（Antwerp）展出，至於宅邸本身則全年向民眾開放，每年有數千人來此參觀。公爵喜歡觀看前來參觀的民眾，他以為就像自己不認識這些民眾一樣，這些民眾一定也不認識他，當他站在大家面前，「看著擔任解說的女僕與她引領的民眾突然在他面前停住，瞪大了眼睛看著他，他心裡感到困惑」，渾然不知大家早已認出他來。雖然公爵熱愛賽馬更甚於書籍，但有一回他卻讓圖書管理員嚇了一跳。當圖書管理員向公爵展示宅邸收藏的第一版《失樂園》(*Paradise Lost*)時，公爵坐了下來，愉快而高聲地吟詠書中的第一句，此時公爵夫人走了進來，用陽傘戳了公爵一下說：「如果他開始吟詩，就表示今天不會出門散步。」

公爵不喜歡排場，也討厭鋪張炫耀。當國王決定頒給公爵新創立的維多利亞大指揮官勳章（Grand Commander of the new Victorian Order）時，「昏昏欲睡」的公爵詢問國王的私人秘書弗雷德里克·龐森比爵士（Sir Frederick Ponsonby）該如何處理「這件東西」。「我從沒見過有人不把這枚動章當一回事，他似乎只在乎這枚動章會讓他更難穿衣服。」一九〇二年，在國王愛德華七世的加冕儀式預演上，貴族們頭戴小冠冕，身穿晨禮服，產生了一種滑稽的效果，公爵還是照樣遲到，他的右手插在長褲口袋裡，臉上露出難以形容的厭煩神情，他依照掌禮大臣的指示，在舞臺上走著。公爵喜歡老舊的寬鬆衣物與非正式的穿著，他不喜歡接待賓客，而且還刻意避開那些讓他感到厭煩的人，有一次，上議院有一名議員發言，當他激動地提到「人生最棒的時刻」時，公爵突然張開眼睛，沉思了一會兒，然後對坐在隔壁的議員說：「我人生最棒的時刻是我養的豬在斯基普頓市集（Skipton Fair）贏得首獎。」公爵最喜愛的俱樂部是賽馬場俱樂部，其次則是旅行者俱樂部。旅行者俱樂部除了會員資格極為嚴格，最著名的地方就是「絕對靜默」的氣氛，在俱樂部裡，閱讀、打瞌睡或沉思都好，就是不可以交談。有一次，公爵與年輕的溫斯頓．邱吉爾一起出席曼徹斯特的自由貿易會議，他向邱吉爾透露，他非常討厭在公眾面前演說，但他想到一個解決的辦法。公爵問道，「溫斯頓，你會緊張嗎？」邱吉爾說會，公爵告訴邱吉爾：「我以前也會，但現在，只要我走上演講臺，我會環顧所有的人，然後我坐下來，我對自己說：『我這輩子從未見過這麼多該死的笨蛋』，然後我就不緊張了。」

只要公爵願意，他可以成為「最好的陪伴者……一個令人愉快的交談者」，但這必須有一定條件配合。一八八五年的一次晚宴，當時還是哈廷頓動爵的公爵在委員會開了一整天的會之後，疲憊不堪地抵達，前幾道菜都是花俏但分量很少的法國菜，而非他喜歡的可以填飽肚子的食物，動爵氣得說不出話來。當烤牛肉端上來時，動爵大聲叫道，「太好了！終於有東西可以吃了」，之後才開始跟眾人交談。作家威爾弗里德．沃德（Wilfred Ward）是在座賓客之一，他注意到哈廷頓勳爵在各方面都與格萊斯頓不同，格萊斯頓很容易相處，「不會直接指正別人的錯誤，但哈廷頓勳爵則是有話直說」。十八年後，沃德在英國駐羅馬大使館再次遇見公爵，他看到公爵茫然的表情，於是提醒公爵上次見面的地點。公爵恍然大悟地叫道：「我想起來了，那一次幾乎沒有什麼東西可吃的。」沃德說，那幾道小分量的法國菜，「讓公爵惦記了快二十年」。

與索爾茲伯里勳爵不同，哈廷頓勳爵於一八九一年繼承公爵爵位之後，還是會回到下議院探視，在舉行重要辯論的晚上，「人們總是看到他在上議院議員走廊的前排位置打呵欠」。成為公爵之後，他的工作變多了。他在德比郡、約克郡（Yorkshire）、蘭開夏（Lancashire）、林肯郡（Lincolnshire）、坎伯蘭（Cumberland）、薩塞克斯郡（Sussex）、米德爾塞克斯郡（Middlesex）與愛爾蘭擁有地產，而且親自與地產經紀人一起打理所有的財產帳目與解決重要問題。他擔任德比郡民兵長官、劍橋大學名譽校長、大英帝國同盟（British Empire League）主席，對於自己任命的神職人員的生活也加以照顧。他投資了幾家公司，同時擔任這些公司的董事或主席，包括兩家鐵路公司、一家鋼鐵公司、一家自來水公司與一家海軍造船廠。雖然公爵認為自己對於經商一竅不通，但一名員工提到：「只要公爵開始研究一項課題，往往比其他人更能看出問題與真正的核心。」公爵總是慢慢思索，如果他無法立刻了解，他會堅持討論直到清楚為止。公爵在處理公事之餘，也未放棄他最喜愛的活動，那就是他在紐馬克特培育的賽馬種馬。有一次在艾克斯萊班（Aix-les-Bains），公爵遇見當時的下議院保守黨領袖威廉．史密斯（W. H. Smith），他立刻坐下來跟對方談了半小時的政治，之後說道：「很高興在這樣的地方還有工作可做。」對公爵來說，有些事可能比工作還要無聊。

德文郡公爵為一八九五年保守黨政府帶來的，除了他的豐富歷練，以及他的名字與地位所帶來的聲望，也包括他過去四十年的職涯在民眾心中深植的巨大信心。他的公正毋庸置疑。《旁觀者》主編寫道，公爵幾乎沒有私心，「從來沒有人說他懷有不純正的動機，或暗示他為自己謀取利益。如果有人敢這麼做，那麼全國民眾一定覺得這個指控的人瘋了」。當公爵提出自己的立場時，民眾也會隨之採取相同的立場。《泰晤士報》表示，公爵從未當過首相，也從未贏過德比大賽，但「沒有人比他更能凝聚全國民眾的政治信念」。公爵搞不懂自己為什麼會有影響力。他不以為然地表示：「我不知道為什麼我要告訴民眾我要投票支持誰。民眾會做他們認為對的事情，而我會做我認為對的事情。他們不會希望我干涉他們的決定。」威爾斯親王對公爵的仰賴不下於一般民眾，他信任公爵對人事物的判斷，經常請他仲裁棘手的社交事件。公爵抱怨說：「我不知道為什麼會這樣，只要有人被抓到打牌作弊，就會交給我處理。」公爵承襲的傳統與他的性格，使他成為國家良知的守護者。當一個神聖或儀式性的場合需要一個適當的人物出席時，嚴肅略帶憂鬱且具有威嚴的公爵是最佳人選。羅斯伯里勳爵說，他是「英國偉大的後備軍」。

一八九五年，坐在下議院政府前座的索爾茲伯里勳爵內閣大臣中，有兩位從男爵，他們在自身家

系裡分別排名第九代與第六代，一位是財政大臣邁可．希克斯—畢奇爵士（Sir Michael Hicks-Beach），另一位是內政大臣馬修．懷特．里德利爵士（Sir Matthew White Ridley）。邁可．希克斯—畢奇爵士身材高瘦，外表看起來相當樸實，他是堅定的保守黨人，擁護英格蘭教會與地主階級，人稱「黑邁可」。邁可．希克斯—畢奇爵士說話刻薄，有一次，他在讀了一名自由黨議員對他的預算的評論之後，便尖酸地對秘書說：「告訴他，他是一頭豬。」在這兩位從男爵身旁坐著兩位鄉紳，他們是亨利．查普林與沃特．隆恩（Walter Long）。這兩個人是地主士紳的代表，家族擁有悠久的歷史傳統，雖然沒有頭銜，但地位勘比貴族。這兩位鄉紳「輕視貴族頭銜，把參與普選爭取成為郡代表視為一種榮譽」。隆恩擔任農業委員會主席（President of the Board of Agriculture），四十一歲的他是政府最年輕的成員，「他這輩子說的話幾乎沒讓人留下任何印象」。有人看到隆恩在議場上「微微打盹，雙臂抱胸，頭往後靠著軟墊，紅潤的臉孔為議場增加了一絲色彩」，相較之下，年紀較大的查普林則「時時保持清醒，警戒著不讓帝國墮入反對黨狡詐的詭計之中」。

查普林此時五十四歲，外型挺拔，頭臉巨大而英俊，鼻子高聳，下巴稜角分明，連鬢的鬍子，帶著單片眼鏡，是個吸引目光的人物，也是那個世代最受歡迎的男人，「容易辨識，民眾普遍感到熟悉。只要一看到就能認出他來」。他是英國鄉村士紳的典型象徵。查普林擔任地方政府委員會主席，他管理的事務包括濟貧法、住房、城市計畫、公共衛生與地方政府。溫斯頓．邱吉爾曾對這項職務做了最好的描述，他在一九〇八年曾受邀擔任這個職位，但邱吉爾說：「我不想跟西德尼．韋布（Sidney Webb）夫人一起被關在施粥所裡。」查普林非常認真地履行身為地方政府委員會主席與國會議員的職務。他認為自己維護了英國的本色，而他的選民也這麼想，他經常躲在樹籬後面練習演說，認為這麼做更能讓他扮演好自己的角色。一名目擊者提到，當查普林在政府前座說話時，他的聲音強而有力，他的手臂優雅地揮動著，他表現出來的不是一種自負，而是「統治階級的冷靜與難以動搖的信念」。查普林勇敢面對政府最大的難題，與蜷伏在獵場環境惡劣的壕溝裡一樣，查普林也以同樣的堅忍處理關稅或教育法案，他甚至大力支持以金銀複本位制來解決經濟問題。有一次，在針對這個難解的問題進行了兩個小時的討論之後，查普林擦擦額頭的汗水，傾身向貝爾福問道：「亞瑟，我處理得怎麼樣？」

「太棒了，哈利，你說得太棒了。」

「亞瑟，你聽得懂我在說什麼嗎？」

「說真的，哈利，我一個字也聽不懂。」

亞瑟．貝爾福是塞西爾家族的貴冑，也是首相的外甥與政治繼承人，他是辯論的藝術家與上流社會的偶像，也是保守黨的典範與該黨在下議院的官方領袖。一八九五年，貝爾福四十七歲，當他的舅舅於一九〇二年退休時，就由他繼任成為首相。貝爾福身高超過六英尺，藍色的眼睛，棕色的捲髮與八字鬍，他的臉龐看起來溫柔和藹，如果不是他對外展現出沉著冷靜的樣子，他有可能被認為是個軟弱的人。他的表情溫和，身材高挑，總是表現出漠不關心的樣子，儘管如此，他的臉上仍帶有一絲神秘。沒

有人可以看出他的內心是否正燃燒著烈火，也沒有人能看出這把烈火是否已經點燃或根本不存在。

貝爾福很少有坐得直挺挺的時候，他經常慵懶地斜倚在椅子上，看起來整個人幾乎要躺下了，《潘趣》的國會記者寫道：「他似乎想嘗試自己是不是能靠肩胛骨坐著。」貝爾福集所有特權於一身。他擁有財富、貴族血統、好看的外表、強大的魅力，以及「當時政壇最聰明的腦袋」。貝爾福是個貨真價實的哲學家，他的第二部重要作品《信仰的基礎》（*The Foundations of Belief*）於一八九五年出版，美國哲學家威廉．詹姆斯（William James）對這本書也「深感興趣」。詹姆斯在給弟弟亨利的信上表示：「這本書探討的哲學要比五十名鑽研細節的德國哲學家真實得多。」

雖然貝爾福帶有一種高高在上難以親近的特質，但他迷人的舉止依然為他贏得讚美。他的魅力總能讓與他交談的人感到開心。約翰．布肯（John Buchan）說道：「雖然他是我所見過最能言善道的人，但他從來不會主導談話，而是讓整個討論更加熱烈，讓每個交談的人都能暢所欲言。」奧斯汀．張伯倫（Austen Chamberlain）寫道，某天晚上，大家跟貝爾福一起聊天之後，「離開時都有一種飄飄然的感覺，大家都覺得自己發表了真知灼見」。貝爾福在政治上的反對者，對他的感受就跟他在政治上的盟友一樣。格萊斯頓一向只把「我尊敬的朋友」這句話送給他的同黨成員，但貝爾福這個曾經跟他辯論的保守黨員是唯一例外。女性也同樣拜倒在他的魅力之下。貝特西男爵夫人康絲坦絲（Constance Lady Battersea）曾於一八九五年造訪貝爾福的宅邸，她讚歎說：「他與其他男人有著天壤之別。」當貝爾福與瑪歌．阿斯奎斯（Margot Asquith）交談時，瑪歌覺得他「專注而微微偏著頭的可愛樣子令人難以抗拒」，傑布夫人（Lady Jebb）提到瑪歌還未出嫁的時候已經是廣受歡迎的社會名媛，但當時她卻「想盡辦法」要嫁給貝爾福。當被問起與瑪歌結婚的傳聞時，貝爾福回道：「不，並非如此，我想我寧可一個人。」

貝爾福是索爾茲伯里勳爵的姊姊布蘭奇．貝爾福夫人（Lady Blanche Balfour）的長子，他的名字亞瑟取自他的教父威靈頓公爵。貝爾福家族來自蘇格蘭，擁有悠久的歷史，十八世紀晚期，亞瑟的祖父詹姆斯．貝爾福（James Balfour）在東印度公司工作，為家族建立財富基礎。詹姆斯在蘇格蘭惠廷厄姆（Whittinghame）買下一萬英畝能夠俯瞰福斯灣（Firth of Forth）的地產作為家族莊園，此外也購入鹿群森林、產鮭的河流與狩獵別墅，並且當上了國會議員與娶了第八代羅德岱爾伯爵（Earl of Lauderdale）之女為妻。詹姆斯的女兒，也就是貝爾福的姑姑，嫁給葛拉夫頓公爵（Duke of Grafton），再加上與索爾茲伯里勳爵的關係，貝爾福家族「可以說與英國一半的貴族結成了親戚關係」。貝爾福的弟弟尤斯提斯（Eustace）後來娶了法蘭西斯．坎貝爾夫人（Lady Frances Campbell），她是阿蓋爾公爵的女兒，薩瑟蘭公爵（Duke of Sutherland）的外孫女，西敏公爵（Duke of Westminster）的外甥女，維多利亞女王的女兒路易絲公主（Princess Louise）的小姑。

貝爾福的父親也是國會議員，他在三十五歲去世時，貝爾福才七歲，布蘭奇夫人帶有塞西爾家族獨特的宗教情感，在丈夫死後承擔起養育五個兒子與三個女兒的責任。布蘭奇夫人除了鼓勵貝爾福閱讀珍．奧斯丁（Jane Austen）與她的哥哥喜愛的《基督山恩仇記》，也灌輸他塞西爾家族的責任感。貝爾福就讀劍橋大學時傾心於哲學，他想把爵位讓給弟弟，好讓自己能全心投入學術研究，布蘭奇夫人斥責他軟弱，只想逃避自己應負的責任。

貝爾福在三一學院攻讀道德科學，沒能拿到第一等的榮譽並未讓他喪失沉著或愉快的心情。傑布夫人說，貝爾福是劍橋的名人，「他旁若無人，宛如年輕的王子，幾乎受到所有人的愛護」。貝爾福有四個弟弟，弗蘭克是胚胎學教授，達爾文說，如果弗蘭克在三十一歲那年未在瑞士攀登阿爾卑斯山時身亡，他很可能成為「英國一流的生物學家」；傑拉爾德非常英俊，傑布夫人說他是「我所見過最傑出的男人」，不過傑布夫人的姪女卻嫌棄他「自命不凡」；尤斯提斯資質平庸，塞西爾則是家中的老鼠屎，他最後不名譽地死於澳洲。傑布夫人認為：「貝爾福全家都很優秀，但亞瑟是其中最出類拔萃的……幾乎每個人都愛他。」她覺得貝爾福「在情感上本來就比較冷淡」，而他僅有的一段戀情，對象是他在劍橋的朋友的妹妹梅·利特爾頓（May Lyttelton），同時也是格萊斯頓的外甥女，她在二十五歲時去世，當時貝爾福才二十七歲，貝爾福似乎因此「完全耗盡了他的情感」。一般也認為這是貝爾福終身未婚的原因。事實上，與其說貝爾福在情感上比較冷淡，不如說他更希望過著完全自由隨心所欲的生活。

貝爾福有兩個朋友是三一學院的優秀學者：一個是他的家教老師亨利·西季威克（Henry Sidgwick），後來成為道德哲學教授；一個是物理學家約翰·斯特拉特（John Strutt），後來成為第三代瑞利男爵（Baron Rayleigh），而且獲得諾貝爾獎與成為劍橋大學名譽校長，這兩個人都娶了貝爾福的妹妹為妻。當時，知識分子多半是不可知論者，但貝爾福卻傳承了家族的宗教感，這使他的劍橋朋友把他視為「老一輩的古怪遺跡」。一八七九年，貝爾福出版他的第一部作品《為哲學懷疑辯護》（*A Defence of Philosophic Doubt*），作品的名稱使他的上流社會朋友誤以為貝爾福成了不可知論的擁護者，因此在提到貝爾福的名字時，「大家都不再嘻皮笑臉了」。然而事實上，貝爾福在這本書裡表達了對物質現實的懷疑，從而主張精神信仰的權利，這個立場在貝爾福之後的作品《信仰的基礎》有更清楚的闡釋。在惠廷厄姆，未婚的妹妹愛麗絲為貝爾福管理莊園，貝爾福已經結婚的弟弟們與他們生育的子女全同住在這座宅邸裡，每到星期日早上，貝爾福會帶領全家一同禱告。浸淫在《舊約》的希伯來宗教中，貝爾福對於這群「有經者」（people of the Book）產生了特殊的興趣，而且開始關切猶太人在現代世界的問題。貝爾福的傳記作家同時也是他的姪女回憶說，她小的時候貝爾福曾告訴她：「基督宗教與文明深受猶太教影響，然而可惜的是，基督宗教與文明並未正視這一點。」

貝爾福是倫敦參加宴會最多的男人。他若無其事地違反下議院領袖在開會期間不得離開議場的嚴格規定，他經常在晚餐時間消失無蹤，幾個小時後居然面無愧色地穿著晚禮服再次出現在議場中。當時有許多人在日記裡提到，他們在某個宅邸的晚宴與派對上看到貝爾福。約翰．莫萊寫道：「在羅斯柴爾德宅邸，只要貝爾福出現，即使只是兩男兩女的餐會也會變得樂趣無窮。」貝爾福與其他十九名男士參加了哈利．克斯特家的晚宴，大家聊得十分開心，即使樓上失火了，晚餐也依然繼續進行，男僕們只好用浴巾包裹住波特酒，以免被消防人員噴出的水柱弄濕；貝爾福參加了馬爾博羅公爵布蘭尼姆宮的宴會，參加的人包括威爾斯親王夫婦、寇松勳爵夫婦、倫敦德里侯爵夫婦、格倫菲爾（Grenfell）夫婦與哈利．查普林；貝爾福參加了德文郡公爵查茨沃斯莊園的宴會，參加的人包括康諾特公爵（Duke of Connaught）夫婦、奧匈帝國大使門斯多夫伯爵（Count Mensdorff）、醜陋迷人但說話粗鄙的葡萄牙大使索維勒侯爵（Marquis de Soveral）、格雷伯爵夫婦、里伯斯戴爾勳爵夫婦與格倫菲爾夫婦；貝爾福參加了索爾茲伯里勳爵哈特菲爾德莊園的宴會，參加的人包括阿蓋爾公爵、下議院議長皮爾（Peel）與他的女兒、《泰晤士報》的主編巴克爾（Buckle）、喬治·寇松與將軍梅修恩勳爵（Lord Methuen）；貝爾福於倫敦氣候最好的時節快結束前的某個星期日，參加了埃塞克斯勳爵（Lord Essex）在卡西歐伯里莊園（Cassiobury）的宴會，伊迪絲·華頓（Edith Wharton）趕來喝下午茶時，「發現大家散坐在雪松樹蔭下的草地上，這些人全是倫敦上流社會的菁英：貝爾福、德斯博羅男爵夫人（Lady Desborough）、艾爾喬勳爵夫人（Lady Elcho）、約翰·薩金特、亨利·詹姆斯（Henry James）與其他許多赫赫有名的人物，他們過去幾個星期一直忙於社交應酬……臉上幾乎已經擠不出任何和善的笑容」。

貝爾福更常赴宴的地方是從男爵珀西·溫德姆爵士（Sir Percy Wyndham）的雲邸（Clouds），這裡也是靈魂派喜愛的鄉村宅邸。在這群意氣相投的朋友中，最吸引貝爾福注意的是艾爾喬勳爵夫人，她是美麗的溫德姆家三姊妹之一。雖然艾爾喬勳爵夫人是貝爾福朋友的妻子，但貝爾福仍與她暗通款曲長達十二年之久，兩人往來的書信至今依然留存。當薩金特於一八九九年為溫德姆家三姊妹繪製肖像畫時，他的畫風尚未呈現出日後描繪查爾斯·貝雷斯福德勳爵夫人（Lady Charles Beresford）眉毛的強烈寫實主義。在艾爾喬勳爵夫人、田南特夫人與艾迪恩夫人（Mrs. Adeane）的肖像畫中，三人穿著瓷白色的禮服，自在地擺出自信優雅的姿態，任由禮服垂掛在沙發上，宛如耀眼夢境中的女貴族。

靈魂派的女士們有意識地反對維多利亞時代的女性理想典型，她們決心求知，讓自己保持纖細，並且讓自己在私德上擁有更多的自由。靈魂派唯一的美國成員，美麗的黛西·懷特（Daisy White），她是美國大使館一等秘書亨利·懷特（Henry White）的妻子，有個朋友曾一度讚美她，「許多人都外遇出軌」，只有她不受影響。從靈魂派的行為來看，靈魂派與庸俗的威爾斯親王派並無區別。他們就跟上流

圖三　溫德姆家三姊妹，John Singer Sargent繪，1899年

社會一樣，外表維持體面，私底下卻毫無顧忌地破壞維多利亞時代道德。貝爾福與艾爾喬勳爵夫人私通曾讓他們的朋友感到焦慮。至於夫人的丈夫威姆斯伯爵（Earl of Wemyss）的繼承人艾爾喬勳爵雨果（Hugo）與另一名靈魂派成員（雖然較不知名）的不倫關係則鮮為人知。這類婚外情就跟德文郡公爵的情史一樣，由於這些人有著特立獨行的性格與較高的社經地位，因此他們的不貞行為能夠受到寬容而免於遭受指責。

貝爾福二十六歲時，透過家族掌控的選區首次當選國會議員，此時的他參選議員主要不是基於個人意志，而是為了履行身為長子與塞西爾家族成員應有的責任。到了一八九五年，貝爾福擔任第一財政大臣與下議院領袖，擔任首相的舅舅想住在自宅，因此貝爾福代替他搬進了唐寧街，此時的貝爾福已與過去不同，他血液中潛伏的政治熱情逐漸被他日趨嫻熟的政治技術與日趨擴大的政治權力喚醒。儘管如此，貝爾福仍保有超然的個性。在遭遇批評時，貝爾德不會憎恨這些批評，而是把它們當成像新奇甲蟲般值得探究的事物。他會這麼評論對手：「相當不錯，很有趣的觀點，不落俗套。」貝爾福的內心不僅帶有保守黨的觀點，希望將自己認為的世界上最好的制度保留下來，另一方面他也有自由黨的傾向，他的弟媳曾說，他「並不排斥所有的進步觀點」。有朋友表示，貝爾福帶有「一種青春氣息」，也有朋友說他「朝氣蓬勃、沉著冷靜而且樂觀自信」。後來，貝爾福擔任首相後，他成為第一位乘坐汽車前往白金漢宮的首相，也是第一位戴著洪堡帽進下議院的首相。

貝爾福認為自己身為保守黨最年輕的世代，必須對工人階級與日俱增的挑戰做出回應。然而保守黨員從小養尊處優，一旦面臨工人階級的挑戰，很難對工人階級的處境感同身受。貝爾福剛進國會的時候，曾經參加倫道夫・邱吉爾動爵領導的由四名「激進派」保守黨員組成的第四黨（Fourth Party）。第四黨坐在座位通道下方政府前座的位置，貝爾福跟他們坐在一起，他說，這是因為他坐在這裡才有空位擱他的腳，但這個選擇也顯示了他的立場。第四黨不斷要求推動所謂的「托利黨民主」（Tory Democracy），他們相信透過與勞工合作，可以約束勞工持續擴大的政治力量。倫道夫動爵在一八九二年提到，如果勞工可以在現有的憲法下（而這部憲法正是保守黨想維持的）「實現自身的目的與獲得自身的利益」，那麼一切都將太平無事；如果保守黨仍頑固拒絕勞工的要求，「無理而短視地維護既有的財產權利」那麼勞工必將起而反抗他們。保守黨在國內是少數，勢必要爭取「勞動群眾多數選票」的支持。

貝爾福不認為這種書面主張能經得起實際檢驗，但倫道夫動爵自己卻深信不疑。簡單地說，貝爾福相信民主，認為應該擴大普選權、改善工作條件與提升勞工權利，但反對因此推倒用來保護統治階級的特權高牆。這是「托利黨民主」面臨的根本難題。「托利黨民主」的支持者相信，在滿足工人需求的同時，也能完整保留特權的堡壘，但貝爾福基於歷史的慘痛教訓對此表示懷疑：某個群體的進步與獲得，必然會損害另一個群體的永久價值。貝爾福還表示，「如果掌握工人社群集體力量的人能顯示出他們有意願……改善每一個合理的怨言」，那麼社會主義永遠不可能獲得工人階級的支持。然而一談到具體的改善行動，人們往往興趣缺缺或不願多談。貝爾福曾經問一名自由黨朋友：「到底什麼是『工會』？」瑪歌・阿斯奎斯對他說，他跟他的舅舅一樣，有著豐富的幽默感與文學才華，同時又很關心科學與宗教。兩個人有差異嗎？「有的，」貝爾福回道。「我的舅舅是托利黨，但我卻傾向自由黨。」儘管如此，他的舅舅從未因為貝爾福早期與保守黨「激進派」過從甚密而感到憂心，兩人之間的信任並未受此事影響，充分顯示兩人的基本信念認同遠勝於兩人的立場差異。

當時的人覺得貝爾福難以捉摸，因為他的個性自相矛盾，也常提出相互對立的看法，更重要的是他經常不是以絕對的態度來看待人生與政治。結果，貝爾福經常被批評成憤世嫉俗，而自由派觀點的人士則覺得他性情乖戾。赫伯特．喬治．威爾斯（H. G. Wells）在《新馬基維利》（*The New Machiavelli*）中把貝爾福描繪成伊夫舍姆（Evesham）。「為了謀取政黨利益，伊夫舍姆的細微心思有時會顯露出邪惡無恥的一面……他真的在乎嗎？有什麼事是他在意的嗎？」溫斯頓．邱吉爾跟阿斯奎斯夫人提到貝爾福時，也曾用「邪惡」來形容他。阿斯奎斯夫人認為，貝爾福在危機中維持冷靜的秘訣，在於他「並不真的關切眼前的危機，也不相信事件的走向可以決定人類的幸福」。貝爾福其實抱持著某種基本信念，只是他會考量正反兩方的論點，對於一個深思熟慮的人來說，這成了一種麻煩。有一次，貝爾福參加某個宅邸舉辦的晚宴，入口分成兩個長得一模一樣的迴旋階梯，貝爾福在樓梯前站了二十分鐘，他向一旁感到困惑的旁觀者解釋，他在思考有沒有一個合理的理由讓他選擇其中一邊而不是從另外一邊上樓。

一八八七年，索爾茲伯里出乎意料地任命他的外甥擔任困難而危險的愛爾蘭大臣一職，一般預料貝爾福最終將以失敗收場。當時的人認為貝爾福是個手無縛雞之力的知識分子，報章雜誌取笑他是「白馬王子」或甚至叫他「貝爾福小姐」。愛爾蘭由於地主與佃農之間的衝突而長期動盪，此時更因愛爾蘭自治的提出使得爭端更加激烈。警察將無法交租的佃農趕出家園，暴民則以石塊、礬與沸水攻擊警察。五年前弗雷德里克．卡文迪許勳爵遇刺身亡與攻擊事件頻傳令人記憶猶新，「政府高層對此感到恐懼」。然而貝爾福無懼生命威脅也讓英國各界感到訝異。貝爾福說他執行法律「要像克倫威爾（Cromwell）一樣無情」，在解決土地問題上「要像改革者一樣激進」。約翰．莫萊寫道，他的鐵腕統治「讓他的敵人猝不及防，在朋友間贏得了當今政壇少見的喝采之聲」。貝爾福因此成為家喻戶曉的人物，在愛爾蘭有了「血腥」貝爾福的稱號，而且順理成章成為黨內的領導人物。

一八九一年，威廉．史密斯辭任下議院領袖職位，貝爾福在一致同意下成為新任下議院領袖。身為愛爾蘭大臣，貝爾福完全無視個人危險的作風，使當時的人深信他有過人的勇氣（或不知畏懼為何物）。當時擔任貝爾福私人秘書的喬治．溫德姆在都柏林寫信提到，愛爾蘭保皇派對貝爾福的讚美「相當可笑」，他認為：「這是因為勇氣是相當罕有的天賦，而人類的不幸有一大部分源自於恐懼，面對無所畏懼之人，每個人都難以戰勝。」溫斯頓．邱吉爾把貝爾福的無所畏懼歸因於他「冷漠的個性」，但他也承認貝爾福是「當今世上最有勇氣的人。我相信，就算你拿槍指著他的臉，也無法嚇倒他」。

同樣的特質也讓貝爾福在辯論時居於上風。他對自己的能力深具信心，因此他不畏懼對手，也不怕難堪。莫萊表示，貝爾福依照約翰遜博士（Dr. Johnson）的原則行事，「尊敬你的對手，等於讓對手得到他不該得到的優勢」。貝爾福在辯論時，「言詞巧妙而大膽，口才流暢而詼諧」。雖然他在公開場合很少講出傷人的話，但私底下諷刺起來卻很毒辣。他曾經這麼評論某個同事，「如果他有一點腦子的話，那麼至少能當個弱智」。在下議院裡，貝爾福幾乎是畢恭畢敬地向對手說話，當愛爾蘭議員用言詞攻擊他時，他只是靜靜坐著臉上帶著微笑，但當他起身回應時，他卻將他們一一駁倒，「戳破他們的幻想」。然而這麼做並非沒有壓力。貝爾福向朋友坦承，每當在下議院折磨一晚後，他都睡不好覺。「我的情緒沒有失控，但我的神經極度緊繃，需要時間冷卻。」他讚賞麥考利（Macaulay）的敘述無懈可擊，說話的風格也令人感到愉快。貝爾福自己演說完全不打草稿，他即席發表，並且做出完美的結尾。威勒比·德·布洛克勳爵（Lord Willoughby de Broke）是一名年輕活躍的上議院議員，他喜歡到下議院聆聽貝爾福演說，「他的觀念與論點事前完全沒有擬稿，卻條理分明、井然有序，他憑藉高超的技巧，不疾不徐地呈現出精湛的思想、論證與修辭，能親身目睹這種宛如藝術的表現，實在令人開心」。

貝爾福不在意事實，對數字也漫不經心，記憶力更非他的強項，但他卻憑藉演說的技巧克服這些弱點，讓下議院議員心服口服。貝爾福在處理複雜的法案時，身邊會跟著一個了解實際狀況的大臣，例如內政大臣或檢察總長，一旦他講錯某個細節，大臣便會低聲糾正他。《潘趣》的國會記者亨利·露西爵士（Sir Henry Lucy）描述說，此時貝爾福會停下來，友善地看一下大臣，帶點告誡意味地說：「你說的沒錯。」等到下一次貝爾福又說錯，大臣又低聲糾正時，貝爾福重複之前的做法，但說「你說的沒錯」時，語氣變得嚴厲一些，似乎表示他的容忍是有限的，你可以糾正一次，但最好不要再糾正下去。

貝爾福不是一個精力充沛的人，當質詢快結束的時候，他會懶洋洋但優雅地倚靠在椅子上。他曾將星期三的下議院短期開會時間改到星期五，目的是為了配合他在週末打高爾夫球。一名對高爾夫球相當嫌惡的運動員說道，「這種令人討厭的蘇格蘭槌球」之所以受歡迎，完全是受到貝爾福的影響。貝爾福完全不在意他人的目光，也違反所有的習尚，不在蘇格蘭的時候，他甚至每個星期日都打高爾夫球，而在他的魅力吸引下，上流社會也跟著開始打高爾夫球，到鄉間宅邸度週末的習尚也隨之產生。貝爾福既不射擊也不打獵，除了高爾夫球之外，他也打網球與騎腳踏車，有時甚至一口氣騎上二十英里，他甚至沉溺於駕駛汽車這個令他興奮的全新體驗。貝爾福對消遣的定義與眾不同。貝爾福拜訪他的妹妹瑞利男爵夫人時，夫人問他想安排什麼娛樂活動，貝爾福回道：「只要有趣的都行，例如找一些劍橋的學者來討論科學。」貝爾福另一個愛好是音樂。他曾為《愛丁堡評論》（*Edinburgh Review*）撰寫一篇討論韓德爾（George Frideric Handel）的文章，而在德國進行音樂之旅時，他也曾讓一向難以相處的寡婦華格納夫人（Frau Wagner）笑逐顏開。

貝爾福雖然看似冷漠而倦怠，卻有很強的工作能力。他除了擔任下議院領袖，還經常在外交部代替舅舅處理政務。一九〇二年，索爾茲伯里退休，埃舍爾勳爵認為遺缺可以由「精力充沛的亞瑟加以填補」。為了保存體力，貝爾福往往在床上辦公，而且直到中午才起床。

貝爾福總是持續不斷在閱讀：他在穿衣服時，會在壁爐架上放一本科學書，在床邊桌子上則擱著一本偵探小說，私人會客室的書架上擺滿哲學與神學書籍，沒有地方擺放的書則堆在沙發上，期刊散置在桌子與椅子上，他在泡澡時，會用海綿充當書架來擺放法國小說，讓他能邊泡澡邊看書。貝爾福從不看報。在他的宅邸過夜的賓客，發現貝爾福甚至沒有訂報紙，《泰晤士報》的主編巴克爾還曾經為了這個疏失而指責他。有一回，記者威廉．斯蒂德（W. T. Stead）與威爾斯親王交談，他提到貝爾福是個好人，與人有爭執時，他是很好的靠山，但就是有點太冷漠。「嗯，」親王點點頭說道，「你知道嗎？他這個人從不看報。」

威爾斯親王一向不太理會貝爾福，他覺得貝爾福經常用一種高人一等的角度看人。然而相反地，維多利亞女王卻很欣賞貝爾福。亨利．龐森比爵士提到，貝爾福來巴摩拉城堡與女王商討，「他讓女王感受到自己與貝爾福的不同之處，也讓女王沉思良久……我想女王喜歡貝爾福這個人，但另一方面又有點怕他」。龐森比爵士的兒子也認為貝爾福相當討女王歡心，「雖然貝爾福似乎沒有把女王當一回事」。一八九六年，女王在與貝爾福討論了克里特島（Crete）、土耳其屠殺亞美尼亞人事件、蘇丹問題與教育法案之後，才形成自己的看法。她對「貝爾福極度的公平、無私與開明感到印象深刻。他從各個角度看事情，對於他人極為寬容，個性也非常溫和」。

英國在這個時期享有的至高無上地位與和平狀態未能長久持續下去，等到十九世紀逐漸進入到無法縱情享樂的年代時，貝爾福的缺點便暴露無遺。貝爾福的弱點，連同他的個性與特質，乃是英國貴族與貝爾福自身盛極而衰的展現，就像普魯斯特（Proust）的管家塞萊斯特（Celeste）談起自己雇主的死，她說，「認識普魯斯特先生之後，無論看到誰都會覺得庸俗不堪。」

——

羅馬帝國之後，沒有任何國家領土像英國一樣廣大遼闊。英國擁有全球四分之一以上的陸地，一八九七年六月二十二日是女王登基六十周年紀念日，英國聖保羅大教堂（St. Paul's）舉辦了盛大的感恩儀式。這場儀式是專為祝賀英國王室而舉行，一八八七年女王登基五十周年曾經邀請外國君主參加，但這一次完全沒有。取而代之的是十一名乘坐豪華馬車的殖民長官，他們分別來自加拿大、紐西蘭、開普殖民地、納塔爾（Natal）、紐芬蘭與澳大利亞六州。遊行隊伍中有來自世界各地的騎兵：開普的騎馬步槍兵、加拿大的驃騎兵、新南威爾斯的槍騎兵、千里達（Trinidad）的輕騎兵、卡普爾塔拉（Khapurthala）

與巴德納加爾（Badnagar）與其他印度邦頭戴華麗特本、留著鬍子的槍騎兵，以及戴著流蘇裝飾菲斯帽、騎在黑色矮種馬上的賽普勒斯（Cyprus）警察。報章雜誌以史詩般的文字描述著，深色皮膚的步兵團，「看起來既嚇人又好看」，他們穿著各色各樣的制服，雄糾糾氣昂昂地走在街上：婆羅洲達雅克族（Borneo Dyak）警察、牙買加砲兵、皇家奈及利亞警察、高大的印度錫克人（Sikhs）、黃金海岸的侯薩人（Houssas）、香港的中國人、新加坡的馬來人、西印度群島與英屬蓋亞那與獅子山（Sierra Leone）的黑人；隊伍接續不斷地走過，民眾看得目瞪口呆，雄壯的遊行隊伍讓大家驚訝連連。在遊行隊伍的末尾，當天的主角坐在一輛由八匹乳白色駿馬拉的敞篷蘭道馬車上，她的身材嬌小，一襲黑色服裝，戴著乳白色的羽飾與軟帽，頻頻向民眾點頭致意。艷陽高照，明亮的旗幟在微風中搖曳，街旁的燈柱裝飾了花朵，綿延六英里的街道，數百萬民眾夾道歡呼與揮手，內心充滿了熱愛與自豪。女王在日記裡寫道：「我相信沒有人跟我一樣獲得如此熱烈的歡迎。每個人臉上似乎充滿真正的喜悅。我深受感動，也為此感到高興。」

魯德亞德．吉卜林提到，在此之前的幾個月間，空氣中已然瀰漫著一股自我祝賀的氣氛，「一種樂觀的感受，令我感到訝異」。這股氣氛鼓舞著吉卜林提筆寫作，而在遊行結束後的早上，《泰晤士報》卻提出「衰退」的嚴正警告。這項警告造成巨大的衝擊，傑出法學家愛德華．克拉克爵士（Sir Edward Clarke）表示：「這是人類歷史上最偉大的詩作。」然而，無論人們如何嚴肅看待這項警告，看著盛大的典禮與熱烈的歡呼聲，以及達官顯貴絡繹不絕地前往白廳參加帝國會議，人們實在難以相信，眼前這一切偉大的景象，竟會是「尼尼微（Nineveh）與泰爾（Tyre）的翻版」？

一八九九年十月十一日，一場來自遠方的挑戰，從詹姆森襲擊行動以來就持續醞釀擴大，此時終於爆發成為波耳戰爭。索爾茲伯里勳爵把這場戰爭稱為「喬的戰爭」(Joe's War)，用來表示殖民地大臣約瑟夫・張伯倫這名非貴族成員在他的內閣中扮演的積極角色。張伯倫雖然一開始屬於反對帝國主義原則的激進派自由黨員，但張伯倫表示，正是在那段時期，他學會了「以帝國的角度思考」。對於張伯倫這種善於把握機會的人來說，這種心態上的變化不難理解，因為就在過去這短短十二年間，大英帝國擴充的領土已達到大不列顛島的二十四倍。張伯倫在一八九五年加入政府的時候，他選擇的職位是殖民地大臣，他相信這是掌握帝國與「昭昭天命」(manifest destiny) 的關鍵：美國最近才在天命的驅使下入侵古巴與夏威夷，同樣的天命也激勵德國人、比利時人、法國人，乃至於義大利人加入瓜分非洲的行列。

張伯倫擁有過人的精力、才能與強烈而無法饜足的野心。他雖非出身地主階級，卻努力維持一個威嚴的外表與獨特的儀態。張伯倫的五官分明，相貌堂堂，從他的眼神無法看出他的心思，烏黑的頭髮總是梳理得光滑整齊。他的臉孔像是裝飾著單片眼鏡與黑色繩子的面具，他穿的衣服完美合身，鈕孔上每天都會插著一朵蘭花。張伯倫在伯明罕 (Birmingham) 設廠生產螺絲並且獲得了大量財富，他因此在三十八歲就能早早退休，並且成為伯明罕的市長，他在教育與社會改革的建樹使他成為全國矚目的焦點。不久，四十歲的他當選了伯明罕區的國會議員，成為激進派自由黨的有力發言人，他抨擊貴族與財閥的嚴厲程度宛如一名社會主義者，而且很快在一八八〇年在格萊斯頓政府中獲得了貿易委員會主席 (President of the Board of Trade) 的職位。張伯倫有幹勁、冷靜而且能力超群，他在密德蘭 (Midlands) 大受歡迎，使他獲取許多選票，他因此成為不可忽視的政治因素，而且以格萊斯頓的接替者自居。然而年邁的格萊斯頓仍無意交棒，張伯倫不想等待，於是以愛爾蘭自治法案為由，帶領一批追隨者離開自由黨。保守黨在準備一八九五年大選時，雖然有所疑慮，但還是樂意與張伯倫建立合作關係。張伯倫不像貴族那樣漠視輿論，但在言行舉止與服裝上卻迎合貴族，這使他成為顯著的人物。在民眾眼中，他是「進取的喬」，是「推動帝國的大臣」，也是新政府最知名的明星。

唯有索爾茲伯里勳爵對他並未留下深刻的印象。一八八六年，索爾茲伯里勳爵在給貝爾福的信上提到：「我看不出張伯倫抱有任何信念，在這一點上，格萊斯頓比他強多了。」貝爾福一如以往，雖然嘴上稍微留情，但還是相當直接。他在給艾爾喬勳爵夫人的信上說道：「雖然我們都很喜歡喬，但不知何故，他就是無法融入我們，我們之間就是無法產生化學結合。」這並不令人意外。張伯倫從未上過公學或大學（也就是劍橋或牛津），埃舍爾勳爵曾說，在公學裡，「每個像張伯倫一樣有能力的人都懂得自制」，而張伯倫甚至不是英格蘭教會的一員。儘管如此，圓滑的張伯倫仍順利穿梭在他的新夥伴之間，在下議院露臺舉辦的大型下午茶會上，有三名公爵夫人出席，張伯倫的出現讓參加者都感到無比開心。張伯倫顯然不像貝爾福那樣讓人覺得過於冷漠。張伯倫隨時都能找到一個他熱情追求的目標，並且傾盡全力加以實現。然而同樣地，張伯倫也沒有一個永久堅持的觀點。雖然張伯倫只比索爾茲伯里小五歲，比貝爾福大十二歲，但他代表的卻是與索爾茲伯里政府相左的新時代力量與方法。貝爾福說：「喬與我的不同，在於年輕人與老人；我是老人。」貝爾福背後的力量是頂層貴族的長期穩定，張伯倫背後的力量則是陡然而富的實業大亨。兩者無法「水乳交融」是必然的。

一八九五年，張伯倫與其他內閣成員之間的合作確實做到了彼此忠誠。當張伯倫被懷疑是詹姆森襲擊行動的幕後黑手時，自由黨憤怒地提出指控，政府立即齊心合力支持他，國會調查委員會因此無法找出能追溯到殖民地部的明確證據。張伯倫有著用之不竭的精力，他的進取心也源源不斷。在克留格爾電報事件之後，張伯倫寫信給索爾茲伯里，他說：「我不知道在眾多的敵人當中，我們該挑戰哪一個，但讓我們先挑一個再說！」當這位殖民地大臣與波耳共和國進行的談判漸趨不利時，貝爾福向索爾茲伯里回報說，張伯倫偏愛的做法是「挑起事端」。一旦張伯倫開始實行他的做法，英國確實洗刷了過去戰敗的恥辱：一八九八年，基琴納收復卡士穆，並且在戈登將軍的墳墓上升起英國國旗。在尼羅河上游的法紹達（Fashoda），一支法國遠征軍深入蘇丹，在此地與英國軍隊碰個正著，在經過一段懸而未決的時期之後，法軍體認局勢對己不利，於是在未開一槍的情況下撤退。英國雖然變得更不受歡迎，但威望也因此提高。

接下來是波耳戰爭。英國陸軍因長年的光榮獨立而變得有些僵化，之前面對克里米亞戰爭（Crimean War）雖然已做了充分準備，但還是遭遇一連串敗績。另一方面，波耳人取得了克虜伯（Krupp）與克魯梭（Creusot）的大砲，他們的砲手多半是德國人或法國人。克留格爾總統利用詹姆森襲擊行動取得的賠償金購買大砲、馬克沁機槍（Maxim guns）與儲備大量步槍和軍火，為最終的軍事衝突做準備。一八九九年十二月的「黑色星期」（Black Week），梅修恩勳爵在馬格斯方坦（Magersfontein）被擊敗，加塔克雷將軍（General Gatacre）在斯托姆貝爾格（Stormberg）被擊敗，而總司令雷德福斯・布勒爵士（Sir Redvers Buller）則於科倫索（Colenso）被擊敗，損失十一門大砲，導致金伯利（Kimberley）與雷迪史密斯（Ladysmith）遭受圍困。在國內，民眾吃驚得無法置信。阿蓋爾公爵此時已經病倒，他未能從失敗的震撼中平復，死前還低聲吟詠丁尼生談威靈頓公爵的詩句：「他從未丟失任何英國大砲。」

黑色星期動搖了英國人以世界主人自居的信念。幾個月後，當德皇成功堅持讓德國人擔任遠征軍統帥，前往北京平定義和團之亂時，更讓英國人對此有了深刻的體認。誠然，這場行動主要是由德國發起的，而英國軍隊也已經派往當地，但索爾茲伯里原則上仍反對由德國人擔任統帥。索爾茲伯里向德國大使表示，這是英國的特質，即使看起來不合理，但英國人「無法忍受接受外國人的指揮」。儘管如此，此時的索爾茲伯里沒有本錢與德國衝突，他擔心這麼做可能刺激德國援助波耳人，因此他不得不默認德國的指揮。

新的一年到來，注入了新的活力，英國派遣新的援軍，也派了新任總司令取代造成這場災難的布勒，戰事逐漸獲得控制。一九〇〇年五月，收復馬菲京（Mafeking），英國國內一片狂歡，六月，羅伯茲勳爵進入普利托利亞（Pretoria），九月一日，在認定當地只剩殘餘勢力有待肅清之後，英國宣布併吞川斯瓦共和國。重新恢復自信與鬥志高昂的保守黨決定乘勝追擊，於十月舉行「卡其」（Khaki）大選以爭取民意的重新授權。藉著高喊「自由黨贏得一席，波耳人就贏得一席」的口號，保守黨輕鬆贏得大選。儘管愛國主義熱潮居於主流，但此時的反戰聲浪已不僅限於正統格萊斯頓傳統下的「小英國主義者」（Little Englanders），而是令人不安地來自一些並非出於高尚動機的地方，例如閃亮的蘭德（Rand）金礦、帶有掠奪性質的資本主義、商業主義與獲利。反戰也讓年輕的國會議員大衛・勞合・喬治（David Lloyd George）嶄露頭角，雖然他還不至於反對併吞川斯瓦共和國，但主張至少應以協商方式停戰。

在即將進入二十世紀之際，政府內外開始有人產生幻滅的情緒。索爾茲伯里勳爵夫人在一八九九年十一月去世前不久曾對一名年輕親戚說道：「年輕一輩經常肆無忌憚地批評我們，然而他們是否能建立如我們眼前所見一樣美好的事物？」

皇家天文學家（Astronomer Royal）在考量正反兩方的意見之後，最後決定一九〇〇年而非一八九九年，才是十九世紀的第一百年與最後一年。世紀轉換在即，人類當時已知最充滿希望、變遷最大、進步最多、最繁忙與最富足的世紀即將過去。三個星期之後，一九〇一年一月二十四日，維多利亞女王去世，更讓人深刻感受一個時代的終結。倦勤的索爾茲伯里勳爵也想離職，但他認為南非的戰情膠著，必須等到戰爭勝利才是恰當的時機。一九〇二年六月，波耳戰爭終於結束，七月十四日，索爾茲伯里勳爵辭去首相職務。索爾茲伯里勳爵的去職同樣讓人清楚感受到某種事物的逝去：一種權威、一種典型、一種傳統的消失。法國巴黎的《時報》（*Le Temps*）仍未忘記法紹達事件的屈辱，該報表示：「索爾茲伯里勳爵的離開象徵整個歷史時代的結束。諷刺的是，他交出的是一個民主化、帝國化、殖民化與庸俗化的英國——這一切都與索爾茲伯里代表的托利主義、貴族傳統與高教會派（High Church）相左。儘管接下來英國名義上的領袖是貝爾福，但實際上卻是張伯倫統治的英國。

維多利亞女王、索爾茲伯里勳爵與十九世紀已經逝去。去世前一年，維多利亞女王訪問愛爾蘭，回程時搭乘遊艇，恰好碰上海象惡劣。大浪的拍打使船隻劇烈搖晃，在風平浪靜之後，女王找來隨侍的醫生，她說的話無意間與先祖遙相呼應，「詹姆斯爵士，你現在馬上去艦橋，代替我向司令官致意，並且告訴他不要再發生同樣的事」。

然而，大浪還沒有要停止的意思。

沒有國家的社會，沒有政府，沒有法律，沒有財產所有制，腐敗的制度被一掃而空，人類可以如上帝希望的那樣過著良善的生活，這個願景如此迷人，以至於在一九一四年之前的二十年間竟有六名國家元首因此遇刺身亡。他們是一八九四年的法國總統薩迪・卡爾諾（Sadi Carnot）、一八九七年的西班牙首相安東尼奧・卡諾瓦斯・德爾・卡斯蒂略（Antonio Cánovas del Castillo）、一八九八年的奧地利皇后伊莉莎白、一九〇〇年的義大利國王翁貝托（Humbert I）、一九〇一年的美國總統威廉・麥金利（William McKinley）與一九一二年的另一位西班牙首相何塞・卡納雷哈斯（José Canalejas）。這些人沒有一位有資格稱為暴君。他們的死只是孤注一擲的偏激分子企圖吸引民眾注意無政府主義觀念的一種手段。

在這場刺殺國家元首的運動中，沒有人可以稱為主角，真正的主角是無政府主義本身。一名研究暴動的歷史學家曾將無政府主義稱為「鋌而走險的浪漫主義者做的白日夢」。無政府主義有自己的理論家與思想家，這些人擁有聰明才智、誠摯而且認真，他們熱愛人類。此外，無政府主義也有自己的工具，那些因貧困而陷入不幸、絕望、憤怒、墮落與無助的小人物，特別容易受到感召，他們會逐漸沉迷其中，最終付諸行動，並且成為刺客。這兩種人彼此並無交集。思想家在報章雜誌與小冊子上構築不可思議的無政府主義千禧年理論模式；他們長篇謾罵統治階級及其受鄙視的資產階級盟友；他們高唱行動的口號，想以「行動宣傳」推翻敵人。他們要號召誰？他們要求採取什麼行動？他們沒有明確說明。他們不知道的是，在社會最底層，一些孑然一身的人正聆聽他們的說法。這些人聽到了這些謾罵與呼籲的回音，瞥見一個閃亮的沒有飢餓也沒有壓迫的千禧年生活。突然間，在這群人當中有個人，也許是受到傷害，也許是基於使命感，他挺身而出，動手殺人——在無政府主義的祭壇上犧牲自己的生命。

這些人來自貧民窟，在這裡，飢餓與塵垢支配一切，肺病患者咳嗽，空氣中瀰漫著公廁、烹煮高麗菜與臭掉的啤酒的味道，嬰兒啼哭，夫妻因為突然的爭吵而大呼小叫，屋頂漏水，破損的窗戶在冬天時吹進颼颼的寒風，這裡的人不知隱私為何物，男人、女人、祖父母與孩子住在一起，大家擠在同一個房間裡吃、睡、通姦、排泄、生病與死亡；茶壺在非用餐時間充當洗滌用的鍋爐，舊箱子充作椅子，發出惡臭的稻草當作床鋪，把木板架在條板箱上當成桌子，有時家裡的孩子無法一起外出，因為沒有足夠的衣物讓他們穿出去，即使是正常的家庭也不得不與醉漢、打老婆的男人、竊賊、娼妓雜居；生活總是在失業與永無休止的勞動之間擺盪，雪茄工人與他的妻子一小時賺十三分錢，兩人一天工作十七小時，全年無休，如此才能養活自己與三個孩子，死亡是唯一的解脫，也是唯一的奢侈，畢生省吃儉用的積蓄最後都揮霍在靈車、鮮花與送葬隊伍上，以免自己的最後一程無聲無息埋在無名氏之墓中恥辱地結束。

無政府主義者相信財產是一切邪惡的淵藪，廢除財產，人類就不用再仰賴別人的勞動過活，人性也將獲得解脫，去尋求人與人之間的自然正義。國家的角色將被人與人之間的自願合作取代，法律的角色則被全體福祉的最高法律取代。要達成這個目的，光以投票或說服的方式來改革現有的社會邪惡是沒有用的，統治階級永遠不會放棄財產，也永遠不會放棄用來維護財產所有制的權力與法律。因此，動用暴力是必要的。只有以革命推翻整個邪惡的現有體制，才能達成無政府主義者想要的結果。一旦舊制度被毀滅，完全平等、沒有權威、人人不虞匱乏的新社會秩序就會誕生在這個世界上。這種說法聽起來相當合理，因此一旦加以宣傳，被壓迫階級不可能無動於衷。無政府主義者的任務就是藉由理論與行動宣傳以喚醒被壓迫階級，希望有一天，無政府主義的行動可以點燃暴動的信號。

無政府主義的第一階段與形成時期始於一八四八年革命，無政府主義的兩位主要倡導者是法國人皮耶．普魯東（Pierre Proudhon）與他的追隨者俄國流亡人士米哈伊爾．巴枯寧（Michael Bakunin），巴枯寧後來成為無政府主義運動的重要領袖。

普魯東宣稱，「只要有人試圖控制我，統治我，他就是奪權者，就是暴君，我將宣示他是我的敵人……人統治人是一種奴隸制度」，由此產生的法律是「富人編織的羅網與窮人身上的鐵鍊」。「最完美」的自由社會就是沒有政府，普魯東因此首次提出了「無政府」（An-archy）一詞。普魯東蔑視且撻伐政府。「被統治意謂著被既無智慧又無品德的人看管、檢視、監看、管制、灌輸、宣傳、控制、規定、審查。每個行動與交易都要被登記、蓋章、課稅、審核專利、給予執照、評估、衡量、責難、糾正與受挫。以公共財為藉口，人民遭受剝削、壟斷、侵占、搶奪，即使是最小程度的抗爭或口頭埋怨，也會遭到罰款、騷擾、誹謗、毆打、恫嚇、沒收武器、審判、判刑、囚禁、槍決、絞死、流放、出賣、背叛、詐騙、欺瞞、激怒、羞辱。這就是政府，這就是政府的正義，這就是政府的道德！想像在我們當中有民主人士，他們相信政府是良善的；有社會主義者，他們以自由、平等、博愛之名支持這個恥辱的東西；

有無產階級，他們推出了共和國總統候選人！多麼虛偽！」

普魯東相信「抽象的權利觀念」可以免除發動革命的必要，言語說服可以讓人們以理性選擇無國家的社會，但巴枯寧從尼古拉一世（Nichols I）統治下的俄羅斯感受到的卻是暴力革命有其必要。巴枯寧的對手卡爾·馬克思（Karl Marx）主張，革命只能來自於受過組織與訓練的工業無產階級，巴枯寧則認為，在義大利、西班牙或俄羅斯這些經濟較落後的國家隨時可能爆發革命，這些國家的工人雖然未受過訓練、缺乏組織且不識字，也不了解自身的需要，但他們隨時可以發動革命，因為他們沒有什麼可損失的。革命分子應該認真在群眾中傳布無政府主義，使群眾從無知與統治階級強加的偏見中解脫出來。必須讓群眾意識到自己的需要，「喚醒」他們腦子裡的暴動思想，如此才能與他們的情感衝動相輔相成。唯有做到這一點，工人才能知道他們自身的意志，然後「他們才能產生莫之能禦的力量」。然而，篤信組織的馬克思終究從巴枯寧手中奪走了第一國際（First International）的控制權。

無政府主義本身存在著阻礙進步的矛盾。無政府主義反對政黨，普魯東認為政黨不過是「一種絕對主義」，然而，發動革命卻需要權威、組織與紀律。每當無政府主義者開會商討計畫，他們就必須面對這個恐怖的現實。但無政府主義者忠於他們的理念，因此依然拒絕組織政黨。他們相信革命必須由群眾自發性地發起，因此他們提供的只有觀念與火花。

無政府主義者期盼的（同時也是資本家害怕的）罷工、麵包暴動或地方暴亂都可能成為引爆革命的火花。在左拉的《萌芽》（*Germinal*）中，經理的妻子恩內波夫人（Mme Hennebau）看著罷工的礦工在血紅的落日餘暉下行進，她想像：「在這個世紀末某個昏暗的傍晚，革命的烈焰將燒盡一切事物。是的，在那個傍晚，這群人終將掙脫束縛，他們要讓中產階級血流成河……他們的靴子將地面踩得轟隆作響，這支恐怖的軍隊有著骯髒的皮膚與混濁的氣息，他們將掃蕩整個舊世界……這把火將四處蔓延，將這個世界燒得精光，金銀財寶將被搜括一空，財產地契也分毫不留。」

然而每當左拉的礦工遭遇國家憲兵的槍口時，火花一下子就遭到撲滅。群眾覺醒並且體認自己的需求與力量，這個神奇時刻並未到來。巴黎公社（Paris Commune）於一八七一年成立，也於一八七一年覆滅，它並未引起廣泛的響應。幻滅的巴枯寧在給妻子的信上寫道：「我們沒有想到群眾不想被喚醒，他們沒有追求自由的熱情。少了這樣的熱情，我們的理論正確又有何用？我們根本沒有力量。」巴枯寧懷抱拯救世界的熱情，卻在幻滅下於一八七六年去世，亞歷山大・赫爾岑（Alexander Herzen）稱他為未能發現美洲的哥倫布。

在此同時，在巴枯寧的祖國，他的觀念卻在民粹派（Narodniki）當中紮根，或者更精確的說是一八七九年成立的人民意志黨（Party of the People's Will）。由於俄國農民特有的土地公有性質，改革者因此推崇俄國農民是天生的社會主義者，他們只需一個貌似救世主的事物就能使他們從麻木不仁中覺醒，並且激勵他們走向革命。炸彈就是他們眼中的救世主。民粹派的綱領提到：「恐怖主義活動旨在殺死政府中最有害的人物，損害政府的聲望，以此激勵民眾的革命精神，使其對革命成功深具信心。」

一八八一年，民粹派做了一件震驚世界的事：他們炸死了沙皇亞歷山大二世（Alexander II）。這是一次成功的行動，他們以為這麼做等同於攻陷巴士底監獄（Bastille）。他們的抗爭將被所有人聽到，被壓迫者將受到感召，壓迫者將感到恐懼。然而事與願違，行刺反而帶來反效果。死去的沙皇，他頭上的皇冠也許是專制統治的象徵，但他本人卻是農奴的「解放者」，農民哀悼沙皇的死，認為「鄉紳為了搶回土地才殺害沙皇」。沙皇的大臣發起殘酷的鎮壓，民眾放棄改革的念頭，默默接受現狀，革命運動「大受打擊士氣低落，最後躲進了陰謀者的地窖中」。無政府主義的第一階段結束。

無政府主義運動於一八九〇年代再次復興之前，一起恐怖事件使無政府主義再次引起公眾的注意，這起事件發生的地點不在歐洲，而在美國的芝加哥。一八八六年五月四日，芝加哥武裝警察準備驅散在乾草市場廣場（Haymarket Square）的罷工集會，一枚炸彈被丟入人群之中，造成七名警察死亡。同年八月，約瑟夫．蓋瑞法官（Judge Joseph Gary）將涉案的八名無政府主義者判處絞刑。

這起罷工事件源自於工人希望一天工作時間能限制在八小時，芝加哥的工業戰爭已經持續了十年，八小時工作制則是這場戰爭的高潮。在每一次衝突中，雇主都有法律的力量——警察、民兵與法院——充當他們的盟友。工人提出訴求，但得到回應卻是子彈與停工，而破壞罷工的人還受到平克頓偵探事務所（Pinkertons）的保護，後者擁有武裝力量，人員還被任命為副警長。在這場階級戰爭中，國家的立場並不中立。在悲慘與不公義的逼迫下，工人的憤怒日益增長，雇主的恐懼也有增無減，他們意識到與日俱增的威脅，因此決心壓制工人的不滿。就連跟這件事沒什麼關係的亨利．詹姆斯也察覺到「一個邪惡的無政府主義地下世界正在蓄積它的痛苦、力量與仇恨」。

無政府主義不是勞工運動，也不只是為了驅使下層階級暴動。但無政府主義者認為勞工鬥爭如同能點燃革命的熾熱煤塊，他們因此在一旁搧風點火，希望能助長火勢。芝加哥無政府主義德文日報《工人報》(*Die Arbeiter-Zeitung*)主編奧古斯特．斯畢思（August Spies）高喊：「一磅的炸藥等同於一蒲式耳(bushel)的子彈。警察與民兵是資本主義的走狗，隨時準備好要殺人！」斯畢思的說法並沒有錯，在工人與罷工破壞者的衝突中，警察開火，擊斃兩人。當晚，斯畢思印製並發放傳單高呼：「復仇！復仇！工人們武裝起來！」他號召隔天發起抗爭集會。集會地點選在乾草市場廣場，警察出動驅散，有人投擲了炸彈，至於是誰投擲炸彈卻一直未能查出。

被告被判刑後在法庭上發言，他們堅定提出無政府主義原則，而且做好殉難的準備，他們的發言在歐洲與美國獲得迴響，也為無政府主義提供了前所未有的響亮宣傳。在缺乏犯罪的直接證據下，他們知道而且高聲陳述，他們不是因為殺人被審判定罪，而是因為主張無政府主義。奧古斯特．斯畢思叫道：「讓全世界知道，一八八六年，伊利諾州（Illinois）八個人被判死刑是因為他們相信一個更好的未來！」他們的信念包括了使用炸藥，而社會的報復反映出社會對他們的恐懼。最後，被判刑的人當中有三人獲得減刑。路易斯．林格（Louis Lingg）是死刑犯中最年輕、最英俊，也是最狂熱的，在審判時，證據顯示炸彈是他製作的，他在行刑前一晚用一小盒炸藥炸死了自己，臨死前用自己的鮮血寫下：「無政府萬歲！」許多人認為他的自殺表示他承認了自己的罪行。剩下的四個人，包括斯畢思，都在一八八七年十一月十一日被送上絞刑臺。

四年後，絞刑臺與上頭被絞死的四具屍體成為無政府主義文學的點綴，歐洲與美國的無政府主義者每到十一月十一日都會舉行革命紀念活動。民眾的良知也被絞刑臺上不幸的果實、工人階級的抗爭與暴動所喚醒。

站在街角的人，很多是無政府主義者，而他們卻不自知。紐約社會新聞記者雅各布．里斯（Jacob Riis）於一八九〇年撰寫《另一半的人的生活》（*How the Other Half Lives*），書中提到他看到一個人站在第五大道與第十四街的轉角處。這個人突然跳上一輛馬車，馬車上載著兩名下午外出購物的時尚女士，這個人拿起刀子朝著壯健而毛色油亮的馬匹一陣亂砍。被逮捕拘禁之後，這個人說道：「她們不用為明天犯愁。她們一小時花的錢，足夠讓我還有我的小孩生活一年。」採取行動的無政府主義者多半就是這種人。

這種人絕大多數都是無聲的人，他們出聲抗議的時候，只會像被奪走土地的愛爾蘭農民，一邊痛哭，一邊耕作，哪怕這已經是最後一次。如果有人問老農要什麼，老農會揮舞著拳頭指著天空喊道：「我要什麼？我希望審判日能夠到來。」

窮人生活在一個權力、財富與揮金如土、永遠無法饜足的社會裡。富人每餐都能吃到魚、家禽與紅肉，他們住的房子有著大理石地板，牆壁上掛著錦緞，還有三十、四十，乃至於五十個房間；冬天時他們身上穿著皮草，不時有眾多的僕役在一旁侍候，僕人會把他們的靴子擦得烏黑發亮，把他們的頭髮梳得整整齊齊，為他們放洗澡水與生火。在這個世界裡，在薩伏依飯店（Savoy）為內莉．梅爾巴夫人舉辦的午餐會上，當季生產的完美桃子，「被小心翼翼地端了上來，又香又好吃」，賓客們飽餐之後，便開始玩起拿桃子丟窗戶底下來往行人的遊戲。

這就是統治者與有產階級，他們的龐大財富只可能來自被剝削階級的口袋。普魯東曾提出一個有名的問題：「什麼是財產？」他的回答是：「財產就是竊取。」埃里科．馬拉泰斯塔（Errico Malatesta）的《兩個工人的對話》（*Talk Between Two Workers*）是一八九〇年代的無政府主義經典作品，他在書中提到：「你難道不知道，他們吃的每一塊麵包都是從你孩子手中拿走的，他們送給妻子的精美禮物意謂著你將貧窮、飢餓、寒冷，甚至於賣淫？」

無政府主義者談起經濟總是語焉不詳，但對統治階級的仇恨卻清楚鮮明。他們憎恨「所有為人類帶來苦難的事物」，巴枯寧說這些事物是「教士、君主、政治人物、軍人、官員、金融家、資本家、放貸者、律師」。對於工人來說，這些富人實在太遙遠，他們真正的敵人是代表富人剝削他們的人，例如地主、工廠主、老闆與警察。

他們雖然憎恨，卻只有少數人肯起而反抗。絕大多數人要不是漠不關心，就是苦於貧窮而無法行動。有些人則完全放棄。一個育有四名子女的婦女，她製作一籮（gross）火柴盒可賺四點五分錢，一天工作十四個小時，可以製作七籮換三十一點五分錢，有一天，她從窗戶一躍而下，當場死亡。鄰居說：「她已經失去活下去的勇氣。」有個年輕人要照顧生病的母親，又失去工作，他最後因自殺未遂而被裁判法院起訴。水閘看守人投河自盡，他的妻子將他拉出河中，她說，「當她將他拉出河中時，他又爬進河裡」，直到有工人過來幫忙，才順利救起丈夫。當裁判官讚揚這位太太的力氣很大時，法庭裡的人都笑了，但一個名叫傑克．倫敦（Jack London）的旁聽者寫道：「我只看到一個處於生死關頭的年輕人一心爬進泥濘的死亡中。」

巴枯寧時代無政府主義的實際行動屢次失敗，使無政府主義理論與實踐逐漸從現實轉趨空談。一八九〇年代，無政府主義展開了新時代，原本恬靜安寧的目標變得更加烏托邦式，而其採取的行動也更加脫離現實。無政府主義者失去耐性。他們認為社會主義者與工團主義者推動八小時工作制根本微不足道。無政府主義報紙《反叛》(*La Révolte*) 宣稱：「為老闆工作八小時，是多餘的八小時。我們知道社會的問題不在於工人工作十小時、十二小時或十四小時，而是存在著老闆這種東西。」

無政府主義新領袖中，最知名的莫過於彼得．克魯泡特金親王 (Prince Peter Kropotkin)，他出身貴族，是一名地理學家，信仰上卻是個革命分子。一八七六年，克魯泡特金逃出恐怖的彼得保羅要塞 (Peter and Paul)，轟動一時，也為他贏得英雄的光環。往後他流亡於瑞士、法國與英國，從未停止宣揚叛亂，他的名聲也持續不墜。

克魯泡特金的人生經驗雖然充滿波折，但他對人性的信念卻未因此動搖。與克魯泡特金熟識的英國記者亨利．內文森 (Henry Nevinson) 表示，克魯泡特金給人的印象是：「他渴望把所有人擁入懷裡，給予他們溫暖。」他的頭頂光禿，但不失高貴，在禿頂下方環繞著濃密的棕髮，看起來如同低矮的光圈，散發出和藹的氣質。他的下巴留著大鬍子，任其自然地舒展開來。克魯泡特金十分矮小，「嬌小的身軀幾乎無法支撐他巨大的頭部」。他是斯摩倫斯克 (Smolensk) 親王的子孫，從家族傳統來看，他們的祖先來自於留里克王朝 (Rurik Dynasty)，這個王朝在羅曼諾夫王朝 (Romanovs) 之前曾經是俄羅斯的統治者。俄國貴族向來有著「良心譴責」的悠久傳統，克魯泡特金也不例外，他們對於自己所屬階級數世紀以來一直壓迫民眾感到良心不安。

圖四 彼得·克魯泡特金親王，約1900年

克魯泡特金生於一八四二年。他曾於西伯利亞服役，在當地擔任哥薩克（Cossacks）軍官，之後又研究該區地理，成為地理學會秘書，並於一八七一年探索芬蘭與瑞典的冰河。這段期間，他成為秘密革命委員會成員，事跡敗露之後遭到逮捕拘禁。一八七六年，也就是巴枯寧去世那年，克魯泡特金逃獄並且前往瑞士，之後他與法國地理學家同時也是無政府主義者的埃利澤．雷克呂斯（Elisée Reclus）合作，一起投入重要的世界地理研究。克魯泡特金完成了探索西伯利亞的作品，與雷克呂斯共同創立報紙《反叛者》（*Le Révolté*），而且擔任報紙主編三年。《反叛者》後來遭到打壓，於是他們另外在巴黎創立報紙《反叛》，該報成為最著名與出刊時間最久的無政府主義報紙。克魯泡特金寫下一連串具說服力且熱情洋溢的論戰文章，他曾經從最可怕的俄國監獄逃脫，積極與瑞士侏羅州（Jura）的無政府主義者合作，並因此而被瑞士驅逐出境，再加上他有著親王頭銜，這一切都使他成為眾人認可的巴枯寧接班人。

一八八二年，克魯泡特金來到法國，巴黎公社的傳統培養出激進的無政府主義運動，這個團體在里昂（Lyons）頗為活躍。在一場警察的搜捕中，無政府主義者為了反擊而投擲炸彈，導致一人死亡。五十二名無政府主義者遭到逮捕審判，其中包括克魯泡特金，他們被指控參與國際同盟，企圖廢除財產制、家庭、國家與宗教。克魯泡特金被判處五年徒刑，在服刑三年後，獲得格雷維總統（Presient Grévy）特赦，他與妻女定居英國，這是當時流亡的政治犯唯一能選擇的去處。

在倫敦市郊漢默史密斯（Hammersmith）一棟沉悶但還算體面的小房子裡，克魯泡特金繼續投稿《反叛》，高唱暴力的讚歌，他也為地理期刊與文學雜誌《十九世紀》（*Nineteenth Century*）撰寫學術文章，他用五種語言接待前來拜訪的激進分子，在托特納姆宮路（Tottenham Court Road）旁地下室的無政府主義俱樂部聚會發表演說，他彈奏鋼琴、畫畫，並且以他的好脾氣與親切的態度讓前來拜訪的人盡興而歸。蕭伯納（George Bernard Shaw）說道：「克魯泡特金和藹可親，幾乎可以說是個聖人，他的大鬍子與討人喜歡的表情，簡直就像《天路歷程》快樂山（Delectable Mountains）上的牧羊人。他唯一的缺點就是喜歡預言兩個星期之內就會發生戰爭。反正到最後他總會說對一次。」這個缺點恰恰反映出克魯泡特金的樂觀，因為對他來說，戰爭是預期中的災難，它會摧毀舊世界，為無政府的勝利清出一條道路。國家的「急速衰敗」，象徵無政府勝利即將到來。蕭伯納寫道：「這場勝利已在眼前，一切的演變都在促成它的降臨。」

親切友善的克魯泡特金，總是像維多利亞時代的士紳一樣，穿著傳統的黑色大禮服，卻毫不妥協地鼓吹暴力有其必要。他寫道，人類原本將走向完美的進程，「卻受到現今環境中既得利益者的惰性所阻礙」。進步需要一場暴力事件，「才能將人類拉出舊軌轍，走上新道路……革命是絕對必須採取的手段」。必須透過反覆不斷的「行動宣傳」才能喚醒群眾的反叛精神。行動宣傳一詞最早是在一八七八年由法國社會主義者保羅．布魯斯（Paul Brousse）提出，這個詞也成為無政府主義的暴力旗幟，就在一八七八年，出現了四起刺殺王室未遂的事件：兩起針對德皇威廉一世，另外兩起則分別針對西班牙與義大利國王。布魯斯寫道：「觀念正在行進，我們必須發起行動宣傳。穿過王室的胸膛，就能開啟通往革命的大道！」

第二年，在瑞士侏羅州舉辦的無政府主義者大會上，克魯泡特金明確表示支持行動宣傳，但對於該怎麼做卻未提出清楚辦法。克魯泡特金雖然從未鼓吹暗殺，但他在一八八〇年代持續提倡以「話語與文字，以刀子、槍砲與炸藥」進行宣傳。他在《反叛》上發起激勵人心的請求，他想召喚「勇於實踐，寧可遭到囚禁、流亡與死亡，也不願過著與原則矛盾的生活，體認到為了獲勝必須勇往直前之人」。這些人必須在群眾做好準備之前成為革命先鋒，他們不能只停留在「空談、抱怨與討論」，而必須「發動叛亂」。

克魯泡特金在另一個場合提到：「一場行動的宣傳效果遠勝一千本小冊子。」話語就像「教堂鐘聲一樣，一下子就會消散在空氣中」。唯有行動才能「激起對剝削者的恨意，才能奚落統治者，顯示他們的弱點，更重要的是，喚起群眾的反叛精神」。克魯泡特金透過文字大力宣揚行動的重要，然而卻不是由他來行動。

一八九〇年代，克魯泡特金已經五十餘歲，他雖然從未改變反叛的訴求，但對於個人行動的熱情卻稍微消退。一八九一年三月，他在《反叛》中寫道，雖然「革命精神可以透過個人英雄主義的行動獲得極大的激發，但這類英雄行動卻無法形成革命。革命畢竟是一種群眾運動……體制歷經數百年歷史形成，光靠幾磅炸藥無法將其摧毀。個人行動的時代已經過去，無政府主義與共產主義觀念滲透群眾的時代已經來臨」。然而，這個事後修正的說法，卻未得到太大的迴響。

一八九三年煤礦罷工期間，在倫敦霍本（Holborn）一家餐廳裡，克魯泡特金與班．蒂利特（Ben Tillett）、湯姆．曼（Tom Mann）這兩名強硬派工團主義分子爭論。湯姆．曼叫道：「我們必須摧毀！我們必須推翻！我們必須剷除暴君！」

「不，」克魯泡特金用他的外國腔調說道，在他的眼鏡後面閃爍著科學家的目光，「我們必須建設。

我們必須在人類的心靈進行建設。我們必須建立一個上帝的國度。」

克魯泡特金已經為這個國度擬好計畫。革命之後，他估計需要三到五年的時間推翻政府，摧毀監獄、要塞與貧民窟，徵收土地、產業與所有形式的財產，志工將會清點所有的糧食庫存、住宅與生產工具。得出的清單將會印製給民眾。物品充裕的話，每個人都會得到自己需要的一份，物品短缺的話，就會實行配給。財產歸整個社群所有。每個人都能依照自己的需要，從社群倉庫裡取得糧食與物品，每個人有權「決定自己需要多少東西才能讓自己過舒服的日子」。既然沒有遺產可以繼承，就無所謂貪婪的問題。所有身體健全的男性都要透過自己所屬的群體與公社及社會訂立「契約」，從二十一歲到四十五歲或五十歲，每個人一天工作五小時，每個人都可以選擇自己想從事的勞動。做為回報，社會將保證每個人都能享有「房屋、店鋪、街道、交通工具、學校、博物館等等」。社會不再需要執法、法官或刑罰，因為人們可以基於「鄰里間相互合作、支持與體諒」的需要而履行契約。這個過程十分合理，因此應該行得通，但就連克魯泡特金自己也知道，人類做事的動機，幾乎與一件事的合理與否沒什麼關係。

一八九三年，蕭伯納在費邊社期刊（Fabian Tract）發表了《無政府主義的不可能》（*The Impossibilities of Anarchism*），他在文中以無可反駁的常識觀點質疑克魯泡特金，這篇文章在往後十年重印了好幾次。蕭伯納問道，如果人類是善的，制度是惡的，如果腐敗的制度停止壓迫人類，人類就會恢復到原先的善，那麼「當初令人類感到痛苦的腐敗與壓迫又是怎麼產生的？」儘管蕭伯納提出這樣的質疑，但他撰文的動機卻是要向無政府主義觀念致敬。

無政府主義計畫最棘手的問題是如何計算商品與勞務的價值。根據普魯東與巴枯寧的理論，每個人依照自己生產的數量而獲得一定比例的商品。但要做到這點必須要有一個負責定價的組織，一個權威單位，而這對「純粹」無政府來說是不可接受的。克魯泡特金與馬拉泰斯塔提出的解決方案是認定每個人都願意為社會整體利益工作，而所有工作都是令人愉快且受尊重的，每個人都會自由地貢獻一己之長，而且自由地從社群倉庫裡取得自己所需的物品，因此沒有計算價值的必要。

為了證明自己的論點，克魯泡特金發展了一套「互助」理論，主張無政府主義有自然法則作為科學基礎。他認為達爾文的進化論被資本主義思想家曲解。事實上，自然並非充斥著暴力，也不是由優勝劣敗所驅動，相反地，每個生物都必須透過「互助」來保存自己的物種。克魯泡特金以螞蟻與蜜蜂為例，又提到野馬與牛在面對狼群攻擊時會圍成一個圈圈，然後也舉中世紀的公有地與村落生活做為證明。他特別稱讚兔子，兔子雖然無法保護自己，也未對環境做出調適，卻能存活下來大量繁殖。對克魯泡特金來說，兔子象徵柔弱者的永續不朽，如同耶穌所言，溫柔的人必承受地土。

儘管如此，克魯泡特金還是沒有完全放棄毀滅資產階級世界的念頭，但資產階級世界卻極為推崇克魯泡特金。克魯泡特金是傑出的學者，而且擁有親王頭銜。當他拒絕接受英國王室贊助的皇家地理學會的會員資格時，學會還是邀請他共進晚餐，當主席要求來賓為「英國國王」舉杯時，克魯泡特金拒絕起身，主席立刻改口說：「祝克魯泡特金親王身體健康！」與會嘉賓全部起立乾杯。當克魯泡特金於一九〇一年訪問美國而且在波士頓的洛爾研究所（Lowell Institute）發表演說時，他在芝加哥受到知識分子菁英與不想落於人後的波特．帕默夫人（Mrs. Potter Palmer）的歡迎。《大西洋月刊》（*Atlantic Monthly*）委託他撰寫回憶錄，他的書籍也由幾家最具聲望的出版社出版。當克魯泡特金的《互助論》（*Mutual Aid*）

問世時，《評論的評論》(*Review of Reviews*) 描述它是「一本有趣且值得閱讀的好書」。

除了克魯泡特金之外，無政府主義思想發展最深刻的地方就是法國。法國擁有各式各樣的無政府主義思想，有些相當嚴肅，有些則非常膚淺，他們的領袖是埃利澤．雷克呂斯與尚．格拉夫（Jean Grave）。雷克呂斯是無政府主義運動的預言者，留著深色鬍子，發愁的神情帶有一種拜占庭藝術中基督憂鬱面容的美感。他曾在巴黎公社的街壘中奮戰，也曾在通往凡爾賽塵土飛揚沾滿血跡的路上朝著監獄行進。雷克呂斯來自一個顯赫的學者家庭，他除了是地理學家，也花費數年時間寫書，曾與克魯泡特金及格拉夫一起編輯刊物解釋與宣傳無政府主義體系。雷克呂斯曾在布魯塞爾新大學（Université Nouvelle of Brussels）擔任地理學教席，他的學生表示，雷克呂斯在課堂上對學生有著「難以抗拒的吸引力」。他從研究地球形成轉而投入人類的未來，他「跟盧梭一樣，堅信人類一旦能從以武力建立的不完美社會中解放，必能顯現人性善良的一面」。

格拉夫與雷克呂斯不同，他出身工人階級家庭，曾經當過鞋匠，他跟普魯東一樣後來成為排字工人與印刷工人。一八八〇年代，他學會了製作炸彈，用來襲擊警察總局與法國國會所在地波旁宮（Palais Bourbon）。格拉夫的作品《瀕死的社會與無政府主義》(*The Dying Society and Anarchism*)，極具說服力地論證為什麼必須推翻國家，而且提出許多暗中破壞的建議，他因此被判處兩年徒刑。格拉夫在獄中完

圖五 埃利澤・雷克呂斯，Paul Nadar 攝，約1900年

成《革命後的社會》(*Society After the Revolution*)，並且在出獄後立即印製出版。這本書帶有烏托邦主義色彩，當局並不認為內容具有危險的顛覆性。在工人階級街道穆浮達路（Rue Mouffetard）的五樓閣樓裡，格拉夫編輯、寫作與用手動印刷機出版《反叛》的同時，也著手撰寫他的大部頭歷史作品《第三共和時期的無政府主義運動》(*Le Mouvement libertaire sous la troisième république*)。在只有一張桌子與兩張椅子的房間裡，格拉夫在此生活與工作，每天穿著法國工人的黑色長工作服，他的周圍堆滿小冊子與報紙，「簡樸、沉默、孜孜不倦」，他專注於自己的思想與任務，「看起來就像八百年前忘了死去的中世紀隱士」。

無政府主義運動的追隨者從未組成政黨，而是以地區性的俱樂部與小團體形式存在。同志之間以彼此知會的方式相互聯繫，舉例來說，「馬賽（Marseilles）的無政府主義者組織了一個名叫復仇者與飢餓者的團體，這個團體每個星期天都會在特定地點聚會。同志們受邀前來並且帶來可靠的朋友聆聽與參與討論」。這類團體不只存在於巴黎，也存在於絕大多數大城市與許多小城鎮，其中包括阿爾芒蒂耶爾（Armentières）的「不屈不撓者」、里耳（Lille）的「強制勞動」、布盧瓦（Blois）的「隨時行動」、南特（Nantes）的「土地與獨立」、里昂的「炸藥」與沙勒維爾的「反愛國者」。連同其他國家的類似團體，這些人偶爾舉行大會，例如一八九三年世界博覽會期間在芝加哥召開大會，但除此之外，這些人並無組織也未結盟。

埃里科．馬拉泰斯塔是義大利無政府主義煽動者，總是四處鼓吹無政府主義團體起事。馬拉泰斯塔比克魯泡特金年輕十歲，他就像小說中能與基督山伯爵結為好友的浪漫盜匪。事實上，馬拉泰斯塔來自富裕的資產階級家庭，年輕時曾是醫學系學生，但因在巴黎公社時期參加學生暴動而被那不勒斯大學開除。之後，為了謀生，他成了一名電工，並且參加了第一國際義大利支部，協助巴枯寧對抗馬克思。他曾在普利亞（Apulia）發動一起失敗的農民暴動，之後被判入獄並且流亡。馬拉泰斯塔曾試圖阻止一八九一年比利時大罷工推動成年男子普選，他認為這個目標過於渺小，因為根據他的無政府主義信條，投票不過是資產階級國家的一種愚弄民眾的詭計。他的革命行動使他被一個又一個的國家驅逐出境，他被判處五年徒刑，並且被監禁在蘭佩杜薩島（Lampedusa），而他竟趁著一場暴風雨划著小船順利逃獄。當他被監禁在義大利時，又利用機會躲進「縫紉機」的貨箱中脫逃。他躲藏的貨箱上了航向阿根廷的貨船，他希望在巴塔哥尼亞（Patogonia）淘金，作為無政府主義運動的經費，而他也確實發現了金礦，然而最後金子全被阿根廷政府沒收。

馬拉泰斯塔認為停留在理論層面是不夠的，因此他持續投入，想以實際的行動促使國家消失。人們因此懷疑他偏離了「純粹」無政府主義，甚至認為他傾向於馬克思主義。馬拉泰斯塔還曾因此遭受義大利極端反組織的無政府主義者槍擊。但馬拉泰斯塔從不沮喪，無論他發起的暴動失敗多少次，他總是將進出監獄當成家常便飯，總是隨時要進行一場戲劇性的逃脫或孤注一擲的冒險，他一直是個流亡者，沒有自己的家，甚至沒有自己的房間。克魯泡特金說，他每次出現，「就跟我們上次見到的他沒什麼兩樣，他隨時準備好要發起新的鬥爭，他還是一樣愛人類，而且還是一樣不會憎恨敵人或獄卒」。

樂觀是這些無政府主義領袖最明顯的特質。他們深信，無政府主義是正確的，因此一定會成功；資本主義體制是腐敗的，因此必定會失敗。隨著世紀末的到來，他們也感覺到一個神秘的期限逐漸逼近。

雷克呂斯寫道：「所有人都在等待新秩序的誕生。在這個世紀，我們已經目睹科學界的許多重大發現，我們應該還能看到更偉大的征服。在歷經這麼多仇恨之後，我們渴望人類彼此相愛，基於這點，我們敵視私有財產權，我們鄙視法律。」

克魯泡特金以和善的眼光注視著周遭世界，他發現每個地方都出現了令人振奮的徵兆。舉例來說，免費的博物館、圖書館與公園的數量持續增加，克魯泡特金認為這表示時代正朝著無政府主義演進，因為所有的私有財產最終都將成為公有財產。公路與橋梁的通行費難道不會廢除嗎？市政當局難道不會提供免費的飲用水與免費的街燈嗎？無政府主義者主張未來的社會將不再結合於政府之下，而是「人類自由結合成各個群體」，克魯泡特金認為這個論點成立的證據可以從一些發展看出，例如國際紅十字會、工會，乃至於船公司和鐵路公司組成的卡特爾。（但美國有一群和無政府主義者相當不同的改革者，他們反對卡特爾，並且將卡特爾稱為「托拉斯」〔Trusts〕。）

在克魯泡特金、馬拉泰斯塔、尚．格拉夫與雷克呂斯的推動下，到了十九世紀末，根據一名記錄者的說法，無政府主義已經擁有「閃亮的道德光彩」，但代價卻是越來越脫離現實。這些人不只一次為了自己的信念而入獄。克魯泡特金在獄中得了壞血病，掉光了牙齒。他們是講求實際行動的人，然而他們的腦袋卻活在象牙塔裡。他們規劃普世和諧的國家藍圖，卻忽略人類的行為經驗與歷史的教訓。他們對革命的堅持源自於他們的人性觀點，他們相信，只要一個顯眼的典範與猛烈的一擊，就能開創出黃金時代。他們大聲疾呼自己的信念，然而結果往往是致命的。

法國大革命一百周年才剛結束，無政府主義就在法國開啟了新暴力時代。往後兩年，爆炸、砍殺與槍擊事件頻傳，不僅大人物受害，一般民眾也無法倖免於難，財產遭到毀損，安全受到破壞，恐怖氣氛瀰漫，儘管如此，到最後一切還是歸於平靜。最初的信號出現於一八九二年，一個名叫拉瓦喬爾（Ravachol）的男子率先發難，他渾身「散發著反叛與仇恨的氣息」。拉瓦喬爾的行動是為了曾經遭到國家迫害的同志復仇，在他之後的幾起爆炸案也幾乎是基於相同的理由。

在前一年，也就是一八九一年五月，位於巴黎市郊的克利希（Clichy），這裡是工人階級居住的地方，無政府主義者在此發動工人示威遊行，他們高舉革命標語，卻遭到騎警衝擊。在混戰中，五名警察輕傷，三名無政府主義領袖重傷。無政府主義者被抓進警察局，警察不管他們身上還流著血，對他們施加了極為野蠻的暴力行為，他們要求這些人穿過由兩列警察排成的通道，過程中他們遭到拳打腳踢，甚至還被手槍槍托重擊。在審判中，檢察官布洛（Bulot）指控其中一名示威者在暴動前一天召集工人進行武裝，而且表示：「如果警察過來，不用考慮太多，把他們當狗一樣宰了！打倒政府！革命萬歲！」布洛因此要求將三人判處死刑，由於在這場示威中沒有人死亡，布洛的要求根本不可能實現，而且他也最好不要提出這樣的要求。布洛的主張之後將引發一連串的爆炸案。當時，承審法官伯努瓦先生（M. Benoist）判處其中一人無罪，另外兩人分別為五年與三年有期徒刑，以當時的情況來說，這樣的判決應該最能獲得認可。

判決後六個月，伯努瓦先生位於聖日耳曼大道（Boulevard St-Germain）的住處遭炸彈襲擊。兩個星期後，三月二十七日，另一枚炸彈在檢察官布洛位於布利希路（Rue de Clichy）的住處引爆。在兩起爆炸案發生期間，警方開始散發傳單，對疑犯的特徵做了描述，犯人是個瘦削但結實的年輕人，年紀約二十幾歲，顴骨突出，臉色泛黃，褐色的頭髮與鬍子，看起來健康狀況不佳，左手大拇指與食指之間有一塊圓形的疤痕。第二起爆炸案發生當天，一個合乎上述描述的男子在馬真塔大道（Boulevard Magenta）的維里餐廳（Restaurant Véry）吃晚餐，他喋喋不休地向侍者雷洛（Lhérot）談起爆炸案，然而當時那一區的民眾根本還不知道有爆炸案。男子也表達了反軍國主義與無政府主義的看法。雷洛開始起疑，但並未採取行動。兩天後，男子又來到餐廳，這一次雷洛注意到他手上的疤痕，於是通知警方。當警察抵達現場時，這名瘦削的年輕人突然發狂似的使出巨大的力氣，需要十名員警才能將他制伏。

這個人就是拉瓦喬爾。他冠的是母姓，而非父姓柯尼斯坦（Koenigstein）。他的父親拋下妻子與四名子女，拉瓦喬爾因此必須在八歲時就一肩扛起養家的重任。十八歲時，拉瓦喬爾在閱讀了歐仁・蘇（Eugène Sue）的《流浪的猶太人》（*The Wandering Jew*）後，便失去了宗教信仰，在情感上傾向於無政府主義，並且參加了無政府主義的集會，結果他與弟弟失去了染房工助手的工作。就在此時，他的妹妹死了，姊姊則生下一個私生子。雖然拉瓦喬爾找到別的工作，但仍不足以解決家中的困境。他只好從事一些非法的勾當，但基於自尊，他還是堅守一些原則。他在獄中說道，強劫富人是窮人的權利，使他們「免於像野獸一樣生活。死於飢餓是懦弱與墮落。我寧可當個竊賊、偽造者與殺人犯。」事實上，拉瓦喬爾這三者都幹過，他還是個盜墓賊。

一八九二年四月二十六日的審判中，拉瓦喬爾表示他的動機是為了替克利希的無政府主義者報仇。他提到，這些無政府主義者遭到警察毆打，「甚至不給他們水沖洗傷口」，陪審團建議給予最輕微的刑罰，但布洛與伯努瓦卻判處他們最大的刑度。拉瓦喬爾的態度堅決，銳利的眼神顯示他的內心堅定。他大聲說道：「我的目的是造成恐怖，讓整個社會能夠注意到那些受害者。」雖然報章雜誌把他形容成是一個邪惡暴力與狡詐的人，而且「孔武有力」，但現場目擊者卻表示，拉瓦喬爾曾經捐錢給一名被囚禁的克利希無政府主義者的妻子，而且買衣服給她的孩子穿。一天的審判結束後，拉瓦喬爾被判處終身苦役。但這件事才正要開始。

在此同時，侍者雷洛被當成了英雄人物，他不斷向顧客與新聞記者講述他看到疤痕、認出犯人與通知警方逮捕的故事。結果，他招來了不明人士的報復，對方在維里餐廳引爆炸彈，結果並未炸死雷洛，反而炸死了他的姊夫，也就是餐廳老闆維里先生。這起事件獲得專以街頭黑話寫作的無政府主義報紙《潘納神父》(*Le Père Peinard*) 的大力讚揚，該報甚至無情地以餐廳名稱的雙關語「確認」(*Vérification!*) 來描述此事。

此時，警方已經查出拉瓦喬爾犯下的一連串罪行，包括盜走墓中死者身上的珠寶，殺死一名九十二歲的守財奴與他的管家，殺死經營五金店的兩名老婦人——她們從拉瓦喬爾身上賺了四十蘇(sous)——與殺死一名店鋪老闆，然而這名店鋪老闆並未占他的便宜。拉瓦喬爾說道：「看到這隻手了嗎？這隻手殺死的資產階級比它擁有的手指頭還多。」就在他為非作歹的那段時間，他還安穩地生活在自己的住處，教導房東的小女兒閱讀。

維里餐廳爆炸案的恐怖氣氛仍未散去，六月二十一日，法院審理拉瓦喬爾的殺人案件。每個人都預期司法宮（Palais de Justice）會遭到炸彈襲擊，政府派出軍隊包圍司法宮，每個入口都派人把守，陪審員、法官與律師都加派警力保護。被判處死刑之後，拉瓦喬爾表示，他的所做所為都是為了「無政府主義理念」，他又預言：「我知道有人會為我復仇。」

拉瓦喬爾是個犯下許多罪行的怪物，但他同時也保護不幸者並為其復仇，無政府主義報刊面對這個不尋常的人物，看法莫衷一是。克魯泡特金在《反叛》撰文抨擊拉瓦喬爾「並非真正的、貨真價實的」革命分子，他只是「一場鬧劇」。克魯泡特金寫道：「他的行動並非持續不斷、每日進行的準備工作，不是那種看似微小卻影響深遠的努力，這些才是革命需要的。我們需要的是其他的志士，不是拉瓦喬爾。這些志士針對的是世紀末的資產階級，因為正是資產階級造就了他們。」馬拉泰斯塔同樣也在無政府主義文學刊物《外部》（*L'En-Dehors*）上反對拉瓦喬爾的行動。

問題出在拉瓦喬爾雖然不完全但幾乎已經可以歸類為利己的無政府主義者（Ego Anarchists），這一派的重要思想家是德國人馬克斯．施蒂納（Max Stirner），此外還有一百名自我崇拜（*culte de moi*）的成員。他們公開表示他們極度輕視每一種資產階級情感與社會約束，而且只承認個人有權「過著無政府主義的生活」，包括竊盜與任何其他在當下為了滿足自身需求而犯下的罪行。這些人關心的是自己，而不是革命。這些「平民版的波吉亞家族（Borgias）」恣意胡為，最終往往以與警方爆發激烈槍戰收場，他們犯罪時打著「無政府主義」的旗號，讓無法分辨真假的民眾更加對無政府主義感到恐懼與憤怒。拉瓦喬爾有偏離無政府主義的一面，也有屬於無政府主義的一面，他對於與他同屬底層的被壓迫者感到憐憫與同情，這也讓某個無政府主義報紙將他比擬成耶穌。

七月十一日，拉瓦喬爾平靜而毫無悔意地走向斷頭臺，他最後喊道：「無政府主義萬歲！」在這一瞬間，所有的爭論迎刃而解。到了晚上，拉瓦喬爾成了無政府主義的殉難者與地下世界的人民英雄。《外部》為受審共犯的子女與拉瓦喬爾成立捐款帳戶。捐款人包括畫家卡米耶．畢沙羅（Camille Pissarro）、劇作家崔斯坦．貝爾納（Tristan Bernard）、比利時社會主義者與詩人埃米爾．維爾哈倫（Emile Verhaeren），以及不久將涉入德雷福斯（Dreyfus）事件的貝爾納．拉扎爾（Bernard Lazare）。社會上開始流行 *ravacholiser* 這個動詞，意思是「消滅敵人」，街頭上也出現一首以〈卡馬紐爾〉（"La Carmagnole"）的旋律改編的歌曲〈拉瓦喬爾〉（"La Ravachole"），它的副歌是這麼唱的：

《反叛》改變了立場並且宣稱：「會有人為他報仇！」這句話為往後周而復始的復仇行動推了一把。

總有一天，
每個資產階級都要吃炸彈。

拉瓦喬爾的重要性不在於他的炸彈，而在於他的處決。在此同時，暴力也在大西洋的彼岸出現。

無政府主義在性與其他所有事務上抵制政府，但無政府主義也有自己的親密關係，這段正在紐約發展的關係即將對美國的無政府運動產生爆炸性的影響。一切都要從一八九〇年為乾草市場廣場殉難者舉辦的紀念會說起，紀念會的演講人是一名德國流亡人士，名叫約翰．莫斯特（Johann Most），他有一張扭曲的臉與畸形的身體，是紐約的無政府主義週報《自由》（*Freiheit*）的主編。

莫斯特小時候未受到適當照顧，一場意外使他毀容，在青少年時期，他居無定所，過著受人鄙視與孤獨的生活，他有時挨餓，有時打工度日，這樣的經歷成為孕育反社會思想的天然養料。在莫斯特身上，反社會思想尤其像野草般快速蔓生。在德國時，莫斯特曾經當過書籍裝訂工，為革命報紙撰寫激憤的文章，而且在一八七〇年代當過一任帝國議會議員。莫斯特後來因為煽動革命而流亡海外，他一開始先到英國避難，他在這裡成為一個無政府主義者，而且創立了憤怒激進的刊物，由於過於熱情地慶祝一八八一年亞歷山大二世遇刺身亡，他被判入獄十八個月。當莫斯特身陷囹圄時，他的同志又對弗雷德里克．卡文迪許勳爵在都柏林遭愛爾蘭叛軍刺殺事件高聲喝采，此舉終於讓英國一反傳統的寬容政策；《自由》遭到打壓，莫斯特出獄後，將他的報紙與熱情帶到了美國。

來到美國之後，《自由》依然持續鼓吹暴力，一名讀者表示，《自由》就像「岩漿一樣，噴發出嘲弄、輕蔑與反抗的火焰……散發著仇恨的氣息」。莫斯特在澤西市（Jersey City）的炸藥工廠秘密工作一段時間之後，開始印製如何製造炸彈的手冊，並且在《自由》上大談炸藥與硝化甘油的使用。就像他的仇恨一樣，莫斯特把目標一般化，主張以「無情」的革命行動摧毀「既有的階級統治」。莫斯特不在乎八小時工作制，他把這項制度稱為「該死的東西」，認為即使真的推行，也只會讓群眾忘了真正重要的議題：反抗資本主義與建立新社會。

一八九〇年，莫斯特四十四歲，中等身材，頭髮斑白而濃密，頭部很大，臉的下半部因為下顎錯位的關係往左邊扭曲。莫斯特嚴酷而充滿怨恨，儘管如此，當他在乾草市場廣場紀念會上致詞時，他流暢而感動人心的演說使人忘記了他有一副醜惡的外表。一名女性聽眾覺得，他的藍眼睛「深具同情心」，他既「充滿了仇恨，也充滿著愛」。

二十一歲的艾瑪．戈德曼（Emma Goldman）是剛移民美國的俄國猶太人，她桀驁不馴且情緒激昂，莫斯特的演說立刻讓她心醉神迷。那晚與戈德曼同行的還有亞歷山大．貝克曼（Alexander Berkman），他也是俄國猶太人，在美國生活還不到三年。俄國的迫害與美國的貧困賦予這兩個年輕人崇高的革命目的。無政府主義成為他們的信條。艾瑪在美國的第一份工作是在工廠當縫紉工，一天工作十個半小時，一個星期賺二點五美元。她住的房間一個月租金三美元。貝克曼在俄羅斯的家境較好，他們家在俄羅斯還有能力雇用僕人，並且讓貝克曼去上文理中學（*gymnasium*）。但經濟災難毀了貝克曼一家；貝克曼喜愛的一個叔叔因為傾向於革命而被警察帶走，他從此再也沒見到這個叔叔，而貝克曼自己也因為撰寫虛無主義與無神論作品而被學校開除。此時的貝克曼二十歲，有著「巨人般的脖子與胸膛」，學者的高額頭，聰慧的眼神與嚴厲的表情。莫斯特的殉難者演說令艾瑪感受到「一股既緊繃又令人恐懼的興奮感」，她在貝克曼懷裡得到舒緩，但之後她的熱情又引領她投向莫斯特的懷抱。這種緊張關係與資產階級的三角戀情並無不同。

一八九二年六月，在賓州（Pennsylvania）的霍姆斯特德（Homestead），鋼鐵工人工會發起抗議，反對卡內基鋼鐵公司（Carnegie Steel Company）減薪。公司為了打擊工會而下令減薪，而且預期接下來可能發生衝突，於是圍起了軍事用柵欄，柵欄上圈起了鐵絲網，平克頓偵探事務所也派來三百名罷工破壞者到工廠維持運作。安德魯・卡內基此時已經是個慈善家，他故意在這個時候跑到蘇格蘭一條產鮭魚的河川避暑，把對付罷工的事交給他的經理亨利・弗里克（Henry Clay Frick）。沒有人比弗里克更有能力或更願意處理這件事。弗里克四十三歲，來自一個頗有聲望的賓州家庭，他相貌堂堂，留著烏黑的八字鬍與黑色短鬚，為人莊重自制，有時會突然露出「鋼鐵般」的眼神。弗里克穿著講究穩重，喜歡深藍色細條紋，從不佩戴首飾，當匹茲堡（Pittsburgh）《領袖報》（*Leader*）的諷刺漫畫冒犯他時，弗里克對秘書說：「這不對，這完全不對。查一查這家報社是誰的，把它買下來。」

七月五日，弗里克雇用的罷工破壞者準備進入工廠工作。當這些人搭乘裝甲駁船橫渡莫農加希拉河（Monongahela）即將登陸時，罷工者以自製的火砲、步槍、炸藥與燃燒油攻擊他們。這場激烈衝突最後造成十人死亡與七十人受傷，工人以流血的手段成功阻止平克頓進入工廠。賓州州長派出八千名民兵維持秩序，舉國震驚，在濃煙、死亡與騷動中，弗里克發出最後通牒，宣示他拒絕與工會協商，而且只雇用非工會的工人，凡是拒絕返回工作崗位的工人，他將沒收這些人的住房。

在那個令人難忘的傍晚，艾瑪揮舞著報紙衝了進來，貝克曼叫道：「霍姆斯特德！我必須去霍姆斯特德！」他們覺得這是「行動的心理時刻……反對弗里克的情緒已經在全國各地被挑起，攻擊弗里克可以讓全世界注意到無政府主義」。工人罷工不只是為了自己，「也為了一勞永逸，為了自由的生活，為了無政府主義」，儘管工人自己並未意識到這一點。目前工人只是「盲目地反叛」，貝克曼覺得自己有義務「啟迪」這場鬥爭與傳布「無政府主義的願景，光是這點就能讓不滿的工人產生有意識的革命目的」。剷除暴君不僅具有正當性，也是「一種解放行動，讓被壓迫的民眾獲得生命與機會」，對於「每個真正的革命分子來說，為無政府主義而死，不僅是最重要的職責，也是一場試煉」。

貝克曼搭上前往匹茲堡的火車，決心殺死弗里克，但他要盡可能保全自己的性命，「讓自己能在法庭上闡述無政府主義的宗旨」。等到他入獄之後，他會「像林格一樣，親手結束自己的生命」。

七月二十三日，貝克曼前往弗里克的辦公室，他拿出一張名片，上面寫著「紐約人力仲介公司」，就這樣順利進去。貝克曼走進辦公室的時候，弗里克正與副主席約翰・萊許曼（John Leishman）談事情，貝克曼掏出手槍射擊。子彈打中弗里克脖子的左側，貝克曼再次開槍，打中了右側，當他準備開第三槍時，萊許曼上前抓住他的手臂，子彈未能打中弗里克。受傷流血的弗里克起身撲向貝克曼，此時貝克曼已被萊許曼抓住，他倒在地板上，但同時也抓著弗里克與萊許曼不放。貝克曼趁著空隙，一隻手伸進口袋掏出一把匕首，連刺了弗里克側身與大腿七次，此時副警長與其他人衝進房間，這才將貝克曼拉開。

「讓我看看他長什麼樣子，」弗里克低聲說道，他的臉色慘白，鬍子與衣服都沾滿血跡。副警長抓住貝克曼的頭髮，將他的頭猛地往後一拉，弗里克與攻擊他的人四目相對。在警局裡，警察從貝克曼身上搜出兩盒與林格當初用來自殺相同的炸藥（有人說是從他的嘴裡發現的）。弗里克保住一命，罷工遭民兵鎮壓，貝克曼則入獄服刑十六年。

一連串事件讓全美驚魂未定，但最讓民眾震驚的莫過於《自由》在八月二十七日刊載的一篇撼動無政府主義圈子的文章，過去像教士一樣大力宣揚暴力的約翰．莫斯特，此時居然背叛自己的信仰，抨擊貝克曼企圖誅殺暴君的行為。莫斯特表示，恐怖攻擊的重要性被高估了，光靠恐怖攻擊無法在一個缺乏無產階級意識的國家裡動員叛亂，他甚至對貝克曼這位無政府主義者眼中的英雄表示輕蔑。當莫斯特在一場集會中再次重申這個觀點時，觀眾席中突然有一名女性憤怒地站起來。這個人是艾瑪．戈德曼，她手上拿著馬鞭，跳上講臺，朝著前任愛人的臉與身體狠抽。這是一樁巨大的醜聞。

無疑地，無論是莫斯特的言論還是艾瑪的行為都帶有個人情感在裡面。莫斯特可能是受到克魯泡特金與馬拉泰斯塔的影響，這兩個人因為拉瓦喬爾的案子而對暴力的價值產生懷疑。然而投入無政府主義運動的貝克曼並非拉瓦喬爾，莫斯特顯然是對這位在情場上與革命運動上都令他相形見絀的年輕對手感到吃味。莫斯特憤怒地攻擊願意為行動宣傳赴死的無政府主義同志，這種令人震驚的背叛行徑重重打擊了美國的無政府主義運動，使其再也沒有恢復的可能。

然而莫斯特的抨擊對於一般民眾影響不大，他們只在意無政府主義的炸彈攻擊，或法國人所說的「*attentats*」，即進行暗殺的行為。每出現一次攻擊事件，整個社會對於社會內部存在的破壞力量就越感到恐懼。霍姆斯特德事件發生的隔年，伊利諾州州長約翰．阿特格爾德（John P. Altgeld）赦免了剩餘的乾草市場案犯人，此舉引發了社會恐慌。阿特格爾德是個與眾不同、勤奮而熱情的人，他在德國出生，三個月大就被帶來美國，小時候過著艱苦的日子，曾經幹過粗工。十六歲參加南北戰爭，之後攻讀法律，當上檢察官、法官，最後成為州長，他靠著房地產賺進大筆財富，而且幾乎可以說是個狂熱的自由派人士。阿特格爾德誓言只要他獲得權力，他將扭轉倉促審判造成的不公，而他與蓋瑞法官的個人嫌隙也影響了他的判斷。阿特格爾德當選州長之後，立刻著手調查判決紀錄，一八九三年六月二十六日，他在下令赦免的同時，也公布一份長達一萬八千字的文件，說明原本的判決與刑度不合法。他提到，負責判決的陪審員有濫竽充數的現象而且經過主觀的揀選，法官對於被告存在著偏見，而且不願意進行公平的審判，檢察官也坦承被告當中至少有一個人找不到任何犯罪證據。這些事實並不是第一次揭露，早在判決到實施絞刑這一年間，許多有聲望的芝加哥人對於死刑感到不安，他們私下遊說希望獲得赦免，也要求為還活著的三名被告減刑。然而，當阿特格爾德將法律不公的一面公諸於世時，他動搖了民眾對於社會基本制度的信任。他若是出於純粹的寬恕而赦免無政府主義者，那麼將不至於引發喧然大波。結果，阿特格爾德遭到報章雜誌、講道壇上的牧師與社會各界重要人士的撻伐。托雷多（Toledo）的《刀鋒報》（*Blade*）認為阿特格爾德變相鼓吹「推翻文明」。紐約的《太陽報》在憤怒之下刊登了一首詩：

喔，蠻荒的芝加哥……
從國家的殘骸中
你伸出無力而有罪的雙手
當高塔崩塌之時，
把阿特格爾德的大名寫在你的城門上！

阿特格爾德後來競選連任失敗。雖然除了赦免外還有其他原因造成他的敗選，但此後阿特格爾德再也未擔任任何公職，他於一九〇二年去世，享年五十五歲。

在這些事件發生的同時，西班牙也經歷了一段炸藥爆炸時期。西班牙的爆炸事件更殘暴，持續的過程更野蠻無度，而且持續的時間比其他國家更久。西班牙是國家中的亡命之徒，它的生命意義是悲劇性的。西班牙的山脈光禿，主教座堂陡峭陰森，河流在夏季乾涸，最偉大的國王還未去世就已經在修築自己的陵寢。西班牙全國風行的運動不是競技，而是危險與流血的儀式。西班牙的特殊性格從被罷黜的西班牙女王伊莎貝拉二世（Isabella II）口中表露無遺，她在一八九〇年訪問首都時，在給女兒的信中寫道：「馬德里糟透了，已經不尋常的事物又變得更不尋常。」

在西班牙，馬克思與巴枯寧這兩大巨頭為了爭奪工人階級運動的領導權而進行的鬥爭，最後不意外地以無政府主義獲勝告終。在西班牙，所有的事物都較為嚴肅地進行，無政府主義者的組織嚴明，因此得以生根，他們的權力也得以延續到現代。與俄羅斯一樣，西班牙如同一口大鍋，革命的元素正在沸騰，壓迫的蓋子卻封得緊緊的。教會、地主、國民衛隊（*Guardia Civil*），所有的國家保衛者都努力壓住這個蓋子。雖然西班牙擁有國會與民主過程的外觀，但現實上西班牙工人階級卻沒有英、法那種能夠推動改革與變更的法律途徑。西班牙無政府主義者因此採取了更加激進的訴求與爆炸性的方式。不過，與

「純粹」無政府主義不同，西班牙無政府主義被迫要採取集體主義。壓迫的力量實在太大，光憑個人行動根本沒有成功的可能。

一八九二年一月，就像法國克利希的五月事件一樣，一場暴動的發生，點燃了行動、反擊與報復的恐怖循環。西班牙南部分布著廣大領地（*latifundia*），地主往往不住在當地，他們將土地交由農民耕種，這些農民整天工作，但收入卻僅能糊口，這使得西班牙南部成為孕育農民叛亂的溫床。此時，四百名農民揭竿而起，手裡拿著乾草叉、長柄大鐮刀與可以找到的任何槍枝，一群人浩浩蕩蕩地朝安達盧西亞（Andalusia）赫雷斯·德·拉·弗隆特拉（Jerez de la Frontera）村行進。他們的目的是解救被判終身監禁的五名同志，他們因為十年前參與一場勞動事件而被判刑。這場暴動立刻遭到軍隊鎮壓，四名領袖被絞死。西班牙的絞刑比較特殊，受刑人的背固定在木柱上，行刑者用領巾勒住受刑人的脖子，然後從後方旋緊木棍將受刑人絞死。其中一名死刑犯查瑞拉（Zarzuela）在死前向民眾高喊：「為我們復仇。」

馬丁內斯·德·坎波斯將軍（General Martínez de Campos）是西班牙政府的堅強堡壘，一八七四年，他發動兵變恢復西班牙的君主體制。之後，他擊敗卡洛斯派（Carlists）、鎮壓古巴早期叛變並且擔任首相與戰爭大臣。一八九三年九月二十四日，坎波斯將軍在巴塞隆納（Barcelona）閱兵。前排群眾有個名叫帕拉斯（Pallas）的無政府主義者，這個人過去曾在阿根廷與馬拉泰斯塔一起工作，他先丟出一枚炸彈，然後又丟出第二枚，炸死了將軍的馬、一名士兵與五名旁觀者，但他想炸死的人未被擊中，將軍被壓在馬下，只是有點瘀青。帕拉斯在自白時驕傲地宣稱，他計畫殺死將軍與「他所有的幕僚」。當軍事法庭將他判處死刑時，帕拉斯叫道：「我接受！反正還有好幾千人會繼續我的工作。」他獲准與他的子女告別，但基於某種野蠻的理由，他未能見到他的妻子與母親。他被判處背對行刑隊接受槍決，這又是西班牙的一種特殊規定，他在死前重複著安達盧西亞的呼喊：「復仇將是恐怖的！」

復仇的行動來得很快，才過幾個星期，加泰隆尼亞首府再次發生爆炸案，造成的死亡人數是所有無政府主義攻擊事件中最多的。一八九三年十一月八日，幾乎與乾草市場周年發生於同時，當晚是利塞烏歌劇院（Teatro Lyceo）的開幕夜，觀眾穿著閃閃發亮的晚禮服，前去聆聽《威廉・泰爾》（*William Tell*）。當戲劇進行到反抗暴政的場景時，樓上包廂突然往樓下丟了兩枚炸彈。其中一枚爆炸，當場炸死十五人，另一枚沒有爆炸，但隨時有爆炸的危險。劇院隨即陷入混亂，「恐怖、驚慌」、尖叫與咒罵，民眾衝向出口，「像野獸一樣爭相逃命，完全沒有禮讓老弱婦孺的意思」。根據記者的說法，傷者陸續被抬出戲院，他們身上穿的華麗晚禮服變得破破爛爛，上漿過的白色襯衫正面全沾滿血跡，群眾聚集在戲院外，「咒罵無政府主義者與警察」。有七人傷重死亡，使死者增加到二十二人，另外有五十人受傷。

政府做出同樣激烈的回應。警察突襲每個已知的社會不滿人士的俱樂部、住所或聚會處。數百人甚至數千人被逮捕關進蒙特惠克山（Montjuich）的地牢裡，這座監獄要塞的海拔高度七百英尺，設置的火砲射程涵蓋巴塞隆納的港口與市區，用以鎮壓每隔一段時間就會爆發的城市叛亂。由於地牢已關滿囚犯，因此新犯人必須戴上手銬腳鐐關押在停泊於要塞下方的軍艦上。在這起炸彈案中，沒有人承認犯下這起造成多人死亡的罪行，為了取得自白，於是進行嚴刑逼供。犯人被燒紅的鐵條炮烙，被鞭子驅趕著連續步行三十、四十或五十小時，並且接受西班牙特有的宗教裁判所式的拷問過程。透過這些手段取得情報之後，於一九八四年一月逮捕一個名叫聖地牙哥・薩爾瓦多（Santiago Salvador）的無政府主義者，他承認自己為了替帕拉斯復仇而犯下歌劇院爆炸案。薩爾瓦多被逮捕後，巴塞隆納其他無政府主義者立刻做出回應，再度引爆炸彈，這次造成兩名無辜民眾死亡。政府方面也做出反擊，根據拷問犯人得出的口供在四月處死了六名犯人。薩爾瓦多曾試圖以手槍與毒藥自殺未遂，七月，薩爾瓦多單獨受審，十一月遭到處決。

西班牙歌劇院爆炸案的駭人讓各國政府繃緊神經，英國甚至開始懷疑允許無政府主義者公開傳布思想是否為明智之舉。三天後，當無政府主義者為乾草市場殉難者舉辦年度紀念會時，英國國會對自由黨內政大臣阿斯奎斯提出質疑，因為這類集會必須預先獲得內政部的特別核准才能舉辦。阿斯奎斯極力表示這只是微不足道的小事，但根據記者的說法，一向懶洋洋的反對黨領袖貝爾福提出質問，他認為有沒有權利丟擲炸彈不是一個可以由公眾集會討論的開放式問題，此外，痛恨社會不公就丟炸彈是站不住腳的，他的質問讓阿斯奎斯「頓時語塞」。幾天之後，阿斯奎斯不知是被貝爾福說服，還是對於西班牙爆炸案有所反思，總之他一反先前的看法，宣布「宣傳無政府主義觀點對社會秩序有害」，往後他將不再准許無政府主義者舉行公開集會。

當時，倫敦的無政府主義者絕大多數是俄國人、波蘭人、義大利人與其他國家的流亡者，他們以無政府主義俱樂部「自治」(Autonomie) 為聚會中心。倫敦第二大的無政府主義團體是猶太移民，他們在赤貧的倫敦東區居住工作，出版了意第緒語 (Yiddish) 報紙《工人之友》(*Der Arbeiter-Fraint*)，並且以白教堂 (Whitechapel) 的「國際」(International) 俱樂部做為聚會中心。英國工人階級不像斯拉夫人與拉丁人那樣把個人暴力視為理所當然，整體而言他們對於無政府主義不感興趣。偶爾有像威廉・莫里斯這樣的知識分子願意擔任無政府主義的宣傳者；但莫里斯主要感興趣的還是他個人的烏托邦國家觀點，到了一八八〇年代末，他的影響力逐漸衰微，他一手創立與編輯的《公益》（*Commonweal*）逐漸被較為激進、平民色彩較濃且更為正統的無政府主義者把持。第二份無政府主義報紙《自由》（*Freedom*）屬於某個積極團體的喉舌，他們的指導者是克魯泡特金。第三份無政府主義報紙是《火炬》（*The Torch*），由威廉·羅塞蒂（William Rossetti）的兩個女兒擔任編輯，撰文者包括馬拉泰斯塔、佛爾（Faure）與其他法國和義大利無政府主義者。

一八九一年，《社會主義下人的靈魂》（*The Soul of Man Under Socialism*）問世，一個古怪的新成員如同美麗的蝴蝶般，短暫地在這場運動中停留，之後又翩然飛去。它的作者是奧斯卡·王爾德。他受到克魯泡特金人格的感召，認為在一個「沒有權威與強制」的社會裡，藝術家可以得到真正的自由。儘管它的標題提到社會主義，王爾德卻反對社會主義，他的理由與正統的無政府主義者一樣，意即，社會主義是一種「威權」。如果政府取得經濟力量來武裝自己，「簡言之，如果我們將面對工業暴政，那麼人類建立的最後一個國家將比第一個國家更為糟糕」。王爾德渴望的社會主義是以個人主義為基礎的社會主義，一旦這種社會主義釋放人類的真實人格，藝術家就能完全活出自己。

在此同時，法國的炸彈攻擊事件仍未停歇。一八九二年十一月八日，正當礦工對卡爾莫礦業公司

（Société des Mines de Carmaux）發起罷工之時，一枚炸彈被安裝在卡爾莫礦業公司位於巴黎歌劇院大街（Avenue de l'Opéra）的辦公室裡。這枚炸彈被門房發現後，被移往大樓外的人行道上，一名警員小心翼翼地將炸彈拿到距離最近的位於好孩子路（Rue des Bons Enfants）的警局。正當警員將炸彈拿進警局時，炸彈突然爆炸，巨大的威力殺死了局裡其他五名警員。他們被炸得粉身碎骨，血肉噴濺在斷垣殘壁上，破碎的肢體也散落一地。警方懷疑埃米爾·亨利（Emile Henry）涉有重嫌，他是某個著名激進演說者的弟弟，也是福圖內·亨利（Fortuné Henry）的兒子，福圖內曾因參與巴黎公社被判死刑，之後逃往西班牙。然而追溯埃米爾·亨利當天的行蹤，發現他在爆炸發生時不可能出現在歌劇院大街，因此警方暫未採取行動。

警察局爆炸事件讓全巴黎陷入恐慌，沒有人知道下一枚炸彈將在何處引爆。只要是與法律或警察相關的人士，都會被鄰居——巴黎人大部分住在公寓裡——視為瘟神敬而遠之，而且經常會被房東要求搬離。一名造訪巴黎的英國人寫道，這座城市因恐懼而「陷入癱瘓」。上層階級彷彿又「回到巴黎公社的日子。他們不敢去戲院、餐廳或和平路（Rue de la Paix）上的時尚店，也不敢乘車到森林公園，擔心樹後面可能躲著無政府主義者」。人們交頭接耳，傳布著恐怖的流言：無政府主義者在教堂裡埋了炸彈，將氫氰酸倒入巴黎的水庫，或者藏在出租馬車的座位後方，準備襲擊旅客，搶奪他們的財物。軍隊已在城郊集結，隨時可以進城，觀光客嚇得逃跑，旅館無人入住，公車沒有乘客，劇院與博物館外設立了路障。

無論如何，這是一段令民眾感到痛恨與憎惡的時期。共和國政府才剛阻止了布朗熱（Boulanger）政變，緊接而來的巴拿馬醜聞（Panama scandal）與官員的違法交易則讓政府名聲掃地。從一八九〇年到一八九二年，國會裡與巴拿馬融資鏈相關的貸款、賄賂、非法基金與透過職權影響交易等不法情事一一被揭露出來，據說有一百零四名國會議員涉案。就連喬治．克里蒙梭（Georges Clemenceau）也受到牽連，在下次大選時連任失敗。

國家威望的下挫，使得無政府主義獲得支持。知識分子開始與無政府主義交流。大多數民眾內心潛藏的對政府與法律的不滿，此時逐漸浮上檯面。就像胖子體內躲著瘦子，瘦子吵著要掙脫而出，一些有頭有臉的人物內心其實也躲著一個小無政府主義者。一八九〇年代，藝術家與知識分子開始發出微弱的無政府主義呼聲。小說家莫里斯．巴雷斯（Maurice Barrès）在不同的時期支持不同的政治立場，並且發表了觀點各異的作品，他在《法律的敵人》（*l'Ennemi des Lois*）與《自由人》（*Un Homme Libre*）中大大讚揚了無政府主義哲學。詩人洛宏．塔伊亞德（Laurent Tailhade）為未來的無政府主義社會歡呼，他認為那會是個「受到祝福的時代」，上層社會將擁有非凡的智力，「一般人將親吻詩人的足跡」。文學無政府主義深受馬拉美與保羅．瓦勒里（Paul Valéry）這些象徵主義者的歡迎。作家奧克塔夫．米爾博（Octave Mirbeau）由於恐懼權威，也受到無政府主義的吸引。他討厭穿制服的人：警察、收票員、信差、門房、僕役。他的朋友利昂．多代（Léon Daudet）說道，在米爾博眼中，地主是變態、部長是竊賊、律師與金融家讓他作嘔，他能忍受的只有小孩、乞丐、狗、某些畫家與雕刻家，還有非常年輕的女性。另一個朋友說道：「米爾博深信，世界上不應該有悲慘。然而悲慘確實存在，這令他感到忿忿不平。」畫家畢沙羅為《潘納神父》繪製插圖，幾位傑出而狂野的巴黎插畫家，包括特奧菲爾．斯坦倫（Théophile

Steinlen），也在無政府報紙上表達他們對社會不公的厭惡；有時他們的插圖甚至不宜刊出，例如法國總統穿著髒睡衣的圖片。

這段時間出現了數十種為期相當短暫的報紙與刊物，這些報紙通常取了如《反基督》、《新黎明》、《黑旗》、《人民公敵》、《人民的吶喊》、《火炬》、《鞭子》、《新人性》、《永不腐敗》、《無套褲漢》、《土地與自由》、《復仇》等名稱。以「反愛國者同盟」或「自由意志主義者」自稱的團體與俱樂部，聚集在燈光昏暗的大廳裡開會，成員們坐在長凳上宣洩他們對國家的輕視並且討論革命，但他們從來不組織，也不彼此聯繫，他們不推舉領袖，不擬定計畫，也不接受命令。對他們而言，國家在面對拉瓦喬爾事件時顯現的驚慌失措，以及巴拿馬醜聞揭露出國家的腐敗無能，已充分顯示國家正在傾頹瓦解。

一八九三年三月，一個名叫奧古斯特．瓦伊永（August Vaillant）的三十二歲男子從阿根廷返回巴黎，當初他前往阿根廷是為了在新世界開展新生活，最後卻發現自己無法在當地立足。瓦伊永是私生子，十個月大時母親嫁給不是他的生父的男人，這個男人拒絕養他，於是他被送給了養父母。瓦伊永十二歲時就必須在巴黎靠自己過活，他只能以打零工、偷竊與乞討為生。不過，不知透過什麼方式，瓦伊永進了學校念書，而且找到白領的工作。瓦伊永曾經擔任為期不長的週報《社會主義同盟》（*l'Union Socialiste*）的編輯，不久，就跟其他被剝奪繼承權的子女一樣，瓦伊永開始受到無政府主義圈子的吸引。瓦伊永擔任獨立團體聯合會（Fédération des groupes indépendants）的秘書，開始與一些無政府主義宣傳者接觸，其中有一位塞巴斯蒂安．佛爾（Sebastien Faure），他「溫柔而悅耳的聲音」、美麗的詞藻與優雅的舉止，凡是聆聽他演說的人，都會相信千禧年即將到來。瓦伊永已經結婚，但與妻子分手，但還帶著兩人的女兒席多妮（Sidonie），然後又有了一個情婦。瓦伊永不是一個無拘無束的自由意志主義者，相反地，直到死前，他都維持著這個小家庭。由於無法在阿根廷謀生，瓦伊永又回到巴黎，與同時期飢餓地遊蕩在克里斯蒂安尼亞（Christiania）的克努特．漢森（Knut Hamsun）一樣，他受到各種屈辱，「不斷遭到拒絕、吃軟釘子、潑冷水、希望落空，又或者好不容易鼓起勇氣，最後什麼也沒得到」，直到他連應徵工作的體面衣物都沒有時，他終於被擊倒了。瓦伊永沒錢買鞋，於是在街上撿了一雙人家不要的膠鞋。終於，他在糖廠找到一份一天工錢三法郎的工作，但這份工資不足以養活一家三口。

看到自己的女兒與情婦餓肚子，瓦伊永感到羞愧與痛苦，他對於自己無法立足的這個世界感到幻滅，於是起了輕生的念頭。他不願沉默死去，他希望在死前發出抗議的呼喊。瓦伊永在行動前一晚寫道：「我要為整個階級吶喊，要求得到應有的權利，很快地，總有一天，有人將付諸行動。至少我可以感到滿意的是，我在死前做的事加快了新時代的到來。」

瓦伊永對於自己的計畫有一套想法，他不打算殺人。他認為醜聞頻傳的國會正是社會病症的來源。他用平底深鍋製造炸彈，裡面放了釘子與非致命的炸藥。一八九三年十二月九日下午，瓦伊永帶著炸彈前往國會旁聽席。一名目擊者看到一名高瘦憔悴、臉色蒼白的男子起身將某件東西扔向辯論會場。瓦伊永的炸彈發出轟天巨響，金屬碎片射向在場的國會議員，數人受傷，但無人死亡。

消息傳出後，引起巨大迴響，一名記者的積極報導更讓此事深入人心。當晚，在雜誌《鵝毛筆》（*La Plume*）舉辦的晚宴上，記者詢問幾個名人對此事的看法，包括左拉、魏爾倫（Paul Verlaine）、馬拉美、羅丹（Auguste Rodin）與洛宏．塔伊亞德。塔伊亞德說了一個漂亮而押韻的句子：「如果動作漂亮，誰管受害者怎麼樣？」(*Qu'importe les victims si le geste est beau?*) 這句話被刊登在隔天早上的《新聞報》(*Le Journal*) 上，而這句話日後也在一些可怕的場合一再出現。同一天早上，瓦伊永自行投案。

全國上下都能理解他的行為，就連一些非無政府主義者也同情他的做法。諷刺的是，這些同情者來自極右派，包括保皇派、耶穌會、失勢貴族與反猶太主義者，這些反共和派人士都輕視資產階級，只是理由各自不同。愛德華．德呂蒙 (Edouard Drumont) 是《猶太法國》(*La France Juive*) 的作者與《言論自由報》(*La Libre Parole*) 的主編，他大力抨擊涉入巴拿馬醜聞的猶太人，而且發表了一部標題聳動的作品，〈論汙泥、鮮血與黃金——從巴拿馬到無政府主義〉("On Mud, Blood and Gold——From Panama to Anarchism")。德呂蒙說：「這些流血的人是從巴拿馬的汙泥中誕生的。」嫁進法國三大公爵家族的於澤斯公爵夫人 (Duchesse d'Uzès) 表示，願意為瓦伊永的女兒提供住處與教育。(然而，瓦伊永比較傾向於將監護權交給塞巴斯蒂安．佛爾。)

政府大為震怒，決心徹底消滅無政府主義者，並且開始了壓制無政府主義的宣傳。瓦伊永丟擲炸彈後過了兩天，國會一致通過兩項立法，凡是直接或「間接」煽動恐怖主義行動或意圖犯下恐怖主義行動的出版品，均屬犯罪。雖然這兩項立法被稱為惡法，卻不能說沒有合理之處，因為無政府主義者的宣傳行為確實煽動了恐怖主義行動。警方搜捕無政府主義咖啡廳與聚會所，發出兩千張搜捕令，俱樂部與討論團體潰散，《反叛》與《潘納神父》遭到查禁，無政府主義領袖紛紛逃離法國。

一月十日，瓦伊永的案子由五名身穿紅袍、頭戴黑帽金穗的法官審理。他被指控有殺人犯意，但他堅稱自己只有傷人意圖。「如果我想殺人，我大可使用更多的炸藥，並且在容器裡裝子彈，而不是裝釘子。」瓦伊永的辯護人拉伯里大律師（Maître Labori）曾處理過更知名的充滿戲劇性與暴力的案件，他以瓦伊永「被苦難所激」為由來為他辯護。拉伯里說道，「全國有三分之二的民眾遭受貧困壓迫」，而國會卻無法解決這個問題，這才導致此一事件發生。儘管拉伯里做出各種努力，瓦伊永依然被判死刑，一個未曾殺人的人被判死刑，這在十九世紀還是第一次。審理、判決與執行，在短短一天內結束。許多要求特赦的請願書幾乎立即呈交到總統薩迪·卡爾諾面前，其中一份是以勒米爾神父（Abbé Lemire）為首由六十名國會議員簽署的請願書，而勒米爾神父本人也是這起爆炸案的受害者。易怒的社會主義者朱爾·布雷頓（Jules Breton）預言，如果卡爾諾「冷酷地宣布處死瓦伊永，那麼日後當他自己成了炸彈的受害者，法國將不會有人為他難過」。布雷頓的話被認定為煽動殺人，他因此被判兩年徒刑，然而這段關於瓦伊永案件的評論，最後卻詭異地與現實不謀而合。

政府無法赦免無政府主義者對國家的攻擊。卡爾諾拒絕赦免，一八九四年二月五日，瓦伊永遭到處決，他在死前大喊：「資產階級社會去死！無政府萬歲！」

死亡列車開始加速前進。瓦伊永上斷頭臺之後才過了七天，就有人為他復仇，一起邪惡而不理性的爆炸，讓民眾彷彿置身於惡夢之中。這一次，炸彈的目標不是法律、財產或國家的代表，而是路上的民眾。《新聞報》寫道，在聖拉扎爾車站（Gare St-Lazare）的終點站咖啡廳（Café Terminus）裡，「市民平靜地聚集此地，打算在睡前喝杯啤酒」，此時炸彈爆炸了，造成一人死亡，二十人受傷。日後查出，行兇者因為自己腦子裡一個瘋狂的想法而犯下這項罪行。甚至在他接受審判之前，巴黎街頭又發生數起爆炸案。第一起發生在聖雅克路（Rue St-Jacques），炸死一名路人，第二起發生在聖日耳曼地區（Faubourg

St-Germain），並未造成任何損害，第三起爆炸案發生在比利時無政府主義者尚・保威爾斯（Jean Pauwels）的口袋裡，當時他正走進馬德萊娜教堂（Church of the Madeleine），保威爾斯當場被炸死，而且引爆了另外兩枚炸彈。一八九四年四月四日，第四起爆炸案發生在時尚的法約餐廳（Restaurant Foyot），雖然沒有造成人員死亡，卻讓當時剛好在餐廳用餐的洛宏・塔伊亞德的眼睛受傷，他在四個月前才說過不用理會「動作漂亮」造成的受害者。

民眾陷入歇斯底里。有一次，劇院正在進行演出，後臺傳來東西掉落的聲音，一半的觀眾奪門而出，叫喊著：「無政府主義者！有炸彈！」報紙推出每日布告欄，標題寫著「炸藥」。四月二十七日，終點站咖啡廳炸彈客受審，從愛人類到仇恨人類，無政府主義觀念的驚人轉變暴露無遺。

被告是埃米爾・亨利，他涉嫌在卡爾莫礦業公司放置炸彈，結果造成五名警察死亡。亨利已經被指控犯下終點站咖啡廳爆炸案，現在他又宣稱自己也犯下其他死亡案件，只不過警方還找不到證據。亨利表示，他在終點站咖啡廳引爆炸彈是為了替瓦伊永報仇，而且希望炸死的人「越多越好，最好能炸死十五個人與炸傷二十個人」。事實上，警察在他的房間裡找到足以製造十二到十五枚炸彈的設備。亨利熱情但冷靜，在思想上自認為高人一等，對於一般人頗為輕視，他看起來就像「無政府主義的聖茹斯特（St. Just）」。亨利在學生時期十分優秀，曾經獲准就讀巴黎綜合理工學院（Ecole Polytechnique），卻因為侮辱教授而被退學，之後他只能擔任布商職員，領取一個月一百二十法郎的薪資。二十二歲時，與貝克曼一樣，亨利成為所有暗殺者當中教育程度最高、對無政府主義理論最熟悉的人，不僅如此，他也是最張揚的。

亨利在獄中寫了論證嚴謹的長文，文中提到他親身體驗到資產階級社會的損人利己與不公不義，提到自己「太尊重個人的主動性」，因此無法加入如獸群般的社會主義者，最後則提到他對無政府主義的理解。從亨利的描述可以看出他對無政府主義學說與克魯泡特金、雷克呂斯、格拉夫、佛爾與其他人的著作極為熟悉，不過他也肯定無政府主義者不是那種會對理論家的觀念照單全收的「盲目信仰者」。

然而，當亨利解釋自己為什麼犯下終點站咖啡廳爆炸案時，他突然變了一個人。他說，咖啡廳裡「都是一些滿足於既有秩序的人，都是財產與國家的幫兇與雇員……這些小資產階級一個月賺三百到五百法郎，他們比他們的雇主還要反動，他們痛恨窮人，而且選擇與強者站在同一邊。這些人是終點站咖啡廳與其他大型咖啡廳的常客。現在你們知道為什麼我要攻擊這裡了吧。」

在法庭上，當法官指責亨利傷害無辜民眾的生命時，亨利只是冷漠而傲慢地回應，而他說的話應該寫在一些無政府主義者的旗幟上：「資產階級沒有任何人是無辜的。」

針對無政府主義領袖，亨利表示，「脫離行動宣傳的人」，如克魯泡特金與馬拉泰斯塔對拉瓦喬爾案的態度，以及「試圖在理論家與恐怖分子之間做出細微區別的人，這些人是懦夫……我們這些散布死亡的人，知道如何面對死亡……我不是你們砍下的最後一顆頭顱。你們在芝加哥把人吊死，在德國斬首示眾，在赫雷斯把人送上絞刑臺，在巴塞隆納執行槍決，在巴黎立起斷頭臺，但有一件東西是你們無法摧毀的：無政府主義。……它是反抗既有秩序的暴力叛亂。除非把你們殺光，否則這場叛亂不會結束。」

亨利堅定地面對死亡。克里蒙梭親眼目睹一八九四年五月二十一日的處決，即使像他這麼刻薄的人也感到觸動與不安。他看到亨利「那張宛如受苦耶穌的臉龐，毫無血色，堅定不移的神情，試圖在孩子的身軀上展現出思想的自傲」。儘管戴著腳鐐，這名死囚依然步履輕快地走上斷頭臺，他環顧四周，然後以沙啞而近乎窒息的聲音喊道：「同志們，鼓起勇氣！無政府萬歲！」對當時的克里蒙梭來說，社會對亨利的回應是「野蠻的」。

沒過多久，又發生一起恐怖攻擊事件，這是法國一連串攻擊事件的最後一起，但事件的受害者卻是最重要的人物，而行兇的刺客卻最不起眼。一八九四年六月二十四日，總統薩迪．卡爾諾到里昂參觀萬國博覽會，遭一名義大利年輕工人刺殺身亡，工人在行兇時高喊：「革命萬歲！無政府萬歲！」總統搭乘敞篷馬車穿過夾道歡迎的民眾，他告訴隨扈，如果民眾上前，不需要攔阻。當一名站在前排的年輕人拿著捲起來的報紙刺向總統時，隨扈並未阻止他，他們以為報紙裡包著獻給總統的花束。然而報紙裡藏的不是花束，而是一把匕首，這名年輕人猛力一刺，一刀刺進總統的腹部，傷口深達六英寸。三小時後，卡爾諾傷重去世。第二天，卡爾諾的遺孀收到一封信，這封信是在攻擊事件之前寄的，裡面放著拉瓦喬爾的照片，上面寫著：「他的仇已經報了。」

行刺者是一名麵包店學徒，未滿二十一歲，名叫桑托．卡塞里奧（Santo Caserio）。卡塞里奧生於義大利，他在米蘭這個政治動盪的大本營結識了無政府主義團體。十八歲時，他因為散布無政府主義小冊子給軍人而被判刑。與其他四處飄蕩焦躁不安的麻煩人物一樣，卡塞里奧先是到了瑞士，然後來到法國南部的塞特（Cette），他在這裡找到工作，也加入當地一個無政府主義團體，這個團體叫「橡樹之心」（Les Coeurs de Chêne）。當他從報紙上得知總統即將訪問里昂時，他想起瓦伊永的案子與總統拒絕特赦瓦伊永。卡塞里奧當下決定要幹件「大事」。他請了假而且拿了二十法郎的應得薪資，他用這筆錢買了

圖六 薩迪・卡爾諾遇刺，刊於*Le Petit Journal*，1894年7月2日

一把匕首，搭上開往里昂的火車。在里昂，他跟隨群眾，直到他遇上機會。

之後，無論面對逮捕他的人還是在法庭上，卡塞里奧都顯得溫順、面帶微笑而冷靜。卡塞里奧帶著一副倦容，他的臉看起來尋常而溫和，一名記者說道，他看起來就像「整張臉撒了麵粉的皮耶洛(Pierrot)，像戴了一張白色面具，裝飾著兩隻淺藍色的小眼睛，目光總是靜止不動。他嘴唇上方的八字鬍稀疏得可憐，彷彿自知理虧不願長出來見人似的」。在訊問與審判期間，卡塞里奧一直保持平靜，即使在談論他所著迷的無政府主義原則時也十分理性。他描述自己的行為是一種審慎的「行動宣傳」。卡塞里奧只有在提到自己的母親時才流露出情感，他與母親的關係緊密，在異鄉工作時仍定期寫信給母親。八月十五日行刑那天，獄卒叫醒他時，他哭了一會兒，但在前往斷頭臺的路上，他再也沒發出任何聲音。當他的脖子被放在架子上時，他低聲說了幾句話，有人認為他說的是傳統的「無政府萬歲！」也有人認為他說的是「*A voeni nen*」，也就是倫巴底方言的「我不想」。

殺死國家元首之後，無政府主義在法國達到了巔峰，但之後，面對政治現實與勞工運動的現狀，無政府主義卻突然退潮。然而起初無政府主義者似乎擁有絕佳的宣傳或殉難的機會。八月六日，政府針對恐怖攻擊事件起訴，他們對三十名最為人知的無政府主義者進行集體審判，試圖證明理論家與恐怖分子之間的共謀關係。由於已知的恐怖分子都已處決，因此政府能找到的唯一例證只是一些「竊賊」類型的小角色，這些人完全無法與拉瓦喬爾相比。無政府主義領袖中的埃利澤．雷克呂斯已經離開法國，被告席上只剩他的姪子保羅．雷克呂斯（Paul Reclus），以及尚．格拉夫、塞巴斯蒂安．佛爾與其他人。由於沒有政黨或法人團體作為被告，這種狀況等同於沒有犯罪事實（*corpus delicti*），因此起訴極為困難。儘管如此，政府還是對所謂的「黨派」提出告訴，認為這些黨派透過鼓吹竊盜、搶劫、縱火與殺人等宣傳來破壞國家，「這些黨派的成員依據自己的性格與能力來進行合作」。或許是害怕佛爾難以抗拒的演說魅力，法庭只准許檢方陳述，幾乎不讓被告發言，擔心被告一旦開口會讓審判出現閃失。藝術評論家菲力・費內昂（Felix Fenéon）是印象派最早的支持者，他也是被告之一，主審法官說：「有人看到你在燈柱後頭跟無政府主義者講話。」

費內昂回道：「尊敬的法官，你能不能告訴我，你說的『燈柱後頭』在哪裡？」

由於缺乏將被告與犯罪行為聯繫起來的證據，陪審團無法認定被告犯罪，因此宣告被告無罪，只判處三名竊賊有期徒刑。在這起案件上，法國人再度確認他們擁有基本的常識。

陪審團的合理判決使無政府主義不至於延燒成聳人聽聞的大案件，但無政府主義走入衰微的另一項更重要的原因，在於法國工人階級現實地認識到無政府主義自身的無能，因此不願加入這場運動。無政府主義領袖如克魯泡特金、馬拉泰斯塔、雷克呂斯乃至於約翰・莫斯特早已看出恐怖行動難以產生成果。為了推翻國家，他們必須尋求其他的方式，然而他們卻陷入無政府主義的內在矛盾：革命需要組織、紀律與權威，但無政府主義卻不容許這些事物。無政府主義者開始意識到，無政府主義自身的立場終將讓他們徒勞無功。

一八九六年，社會主義第二國際（Socialist Second International）在倫敦召開會議，無政府主義者因為反對政治行動有其必要而被排除在外。一九〇〇年，無政府主義團體自行在巴黎召開大會。他們努力讓同志達成一致的看法，但每項提案都因為尚・格拉夫堅持無政府主義者必須單獨行動而無法通過。一九〇七年，無政府主義者在阿姆斯特丹召開大會，會中再次嘗試成立短命的國際局，在缺乏支持下，國際局隨即陷入衰弱停頓。

無政府主義對權威的排拒，總是帶有一種悲劇意義。面對冷冰冰的現實主義，受耶穌會教育的塞巴斯蒂安．佛爾說道：「每一場革命終將造就一批新的統治階級。」

在這段期間，另一種現實主義逐漸與勞工運動合流。法國工人階級要的是八小時工作制，不是在國會裡丟炸彈，也不是殺死總統。然而，卻是無政府主義的行動宣傳喚醒了工人階級，使他們知道自己要什麼，並為此而奮鬥。這是為什麼拉瓦喬爾獲得工人階級的理解而成了人民英雄，而街頭因此傳唱讚頌他的歌曲。自從巴黎公社遭到屠殺，法國無產階級紛紛倒下之後，是無政府主義者的攻擊使工人階級重新站起來。工人階級意識到必須以集體行動來彰顯自身的力量，一八九五年，最後一場暗殺行動之後才過了一年，工人階級便組成了法國總工會（Confédération Générale de Travail, CGT）。

無政府主義者受挫於自身的理論矛盾，法國總工會的出現，對他們產生強大的吸引力。此後，無政府主義者接二連三加入工會，盡可能將無政府主義理論運用在工會上。無政府主義理論與工會實踐的結合，形成所謂的工團主義（Syndicalism），這個字源自於法文「*syndicat*」，也就是工會的意思。儘管「純粹」極端主義者如尚．格拉夫不接受工團主義，但法國無政府主義卻透過這個轉變的形式而在一八九五年到一九一四年間獲得發展。

工團主義的信條是直接行動，也就是發動總罷工，工團主義的新先知是喬治．索雷爾（Georges Sorel）。在索雷爾的旗幟下，總罷工取代了行動宣傳。索雷爾認為，唯有工人階級發展出權力意志，才有可能推翻資本主義。使用暴力可以培養與訓練革命意志。工團主義者依然憎恨國家或任何願意與國家合作的人（如社會主義者），與他們的無政府主義前輩一樣，工團主義者也不採取半調子的改革派措施。罷工就是他們採取的一切手段，推動總罷工，除了罷工，還是罷工。他們保留了昔日運動的活力，但他們靈魂中的某樣東西，那種瘋狂追求獨立的精神，卻一去不復返。

——

在西班牙，無政府主義的恐怖攻擊毫無結束的跡象。一八九六年六月七日，在巴塞隆納舉行基督聖體聖血節（festival of Corpus Christi）期間，一枚炸彈丟進宗教隊伍之中，隊伍當時在巴塞隆納主教與指揮官帶領下正要進入教堂大門。教會與陸軍的兩名代表原本是炸彈襲擊的目標，但兩人都倖免於難，反而炸死了其他十一個人，四十人受傷，現場血肉橫飛，恐怖的景象堪比三年前的歌劇院屠殺事件。無政府主義者讓西班牙全國為之驚恐，但不包括西班牙首相卡諾瓦斯，他不是一個輕易被嚇倒的人。

一八九五年，卡諾瓦斯第六次擔任首相。當時的人提到，卡諾瓦斯「出身寒微」，他從火車駕駛、記者、外交官與國會議員，一路晉升到保守黨的最高職位。他是一八七四年協助王室復辟的政治力量。除了參與政治，卡諾瓦斯也寫詩、文學評論、卡爾德隆（Calderón）傳記、十冊西班牙歷史，而且還擔任皇家歷史學會會長。卡諾瓦斯收集畫作、罕見的瓷器、古錢幣與手杖，住在馬德里一處豪華的宅邸裡，他總是一襲黑色服裝，與弗里克一樣，他從不讓「庸俗」的首飾佩戴在自己身上。共和派認為卡諾瓦斯是反動派人士，另一些人則認為他是當時最有能力的政治家，然而無論各方的看法為何，大家都同意只有他才能讓保守黨保持團結，讓古巴不至於從西班牙獨立出去。雖然卡諾瓦斯已經訂定了讓古巴自治的計畫，但他還是派遣魏勒將軍（General Weyler）到古巴鎮壓叛軍，而且一反前任自由黨首相的政策，在古巴施行鐵腕而嚴厲的措施。面對無政府主義者，卡諾瓦斯毫不猶豫地採取無情鎮壓的做法。

在卡諾瓦斯的裁示下，西班牙政府再度大規模搜捕。總共超過四百人遭到囚禁，政府一如以往，以逮捕無政府主義者為名，行鎮壓政敵之實，他們逮捕的不只是無政府主義者，還包括反教權主義者與加泰隆尼亞共和派人士。蒙特惠克山的地牢再度傳出痛苦的叫聲，之後有可怕的傳言指出，檢察總長將以軍事法庭審判八十四名被告，其中多達二十八名將被求處死刑。這是根據歌劇院爆炸案後國會通過的法律所做的判決，凡是使用炸藥進行的犯罪都必須由軍事法庭審理，而這類罪行可判處死刑。以言論、文章或圖片支持暴力犯罪可求處無期徒刑。審判在蒙特惠克山的石牆後方進行，只有軍方人員才能出席。對外宣布的只有審判結果：八人被判死刑，其中四人獲得赦免，四人遭到處決。七十六人被判處八年到十九年的有期徒刑，其中有六十一人被送往里奧德奧羅（Río de Oro）的流放地，也就是西班牙的魔鬼島。

在此同時，外界從第一手報導得知，一八九三年的囚犯在蒙特惠克山遭受刑求。塔里達·德爾·馬爾默爾（Tarrida del Marmol）是加泰隆尼亞某個大家族的成員，也是巴塞隆納理工學院的董事，他因為發表自由派言論而被逮捕入獄，他的陳述在一八九七年於巴黎出版，題為《西班牙宗教裁判所》（*Les Inquisiteurs de l'Espagne*），該書引發了恐懼的抗爭。馬爾默爾以書信的形式，傳達囚犯在處決前對「世上所有的好人」的呼求。囚犯在信上提到，夜裡，他從牢裡被帶到海邊的懸崖，衛兵的槍已上膛，威脅要射殺他，除非他能依照上級的指示坦承罪行。當他拒絕認罪時，衛兵會扭轉他的生殖器，之後回到牢房，衛兵會繼續拷問，把他吊在門上十個小時。他被迫連續步行五天。「最後，他們要我招認什麼我就招認什麼，我的軟弱與怯懦宣判了我的死刑。」

之後，一八九七年的八月，首相卡諾瓦斯前往巴斯克山區一處水療勝地桑塔阿圭達（Santa Águeda）避暑。在寧靜的度假期間，卡諾瓦斯注意到旅館有一名淺褐色頭髮、彬彬有禮的客人，他說著帶有義大利腔的西班牙語，曾數次很有禮貌地向他打招呼。卡諾瓦斯感到好奇，於是問秘書是否知道那名奇怪的年輕男子是何方神聖，之後得知他在旅館裡登記的資料是義大利《人民報》（*Il Popolo*）派來的通訊記者。某天早上，首相與妻子坐在露臺上看報紙，這名義大利年輕人突然出現，他從口袋裡掏出手槍，從三碼的距離朝首相連開三槍，首相當場死亡。首相夫人在憤怒與悲傷之下，撲向手上仍拿著槍的兇手，並且用扇子敲打他，口中不斷地叫道：「兇手！刺客！」

「我不是刺客，」那名義大利人嚴肅地說。「我是為我的無政府主義同志報仇。夫人，我跟妳無冤無仇。」

在逮捕與偵訊之後，終於查明這個人名叫米歇爾·安焦利洛（Michel Angiolillo）。他在義大利陸軍服役時，曾因三度不服從命令而被送進紀律營。被趕出軍隊之後，安焦利洛成了一名印刷工人，印刷這個行業似乎與無政府主義有著特別的聯繫。可能是因為無政府主義者試圖透過印刷品進行宣傳，也可能是因為印刷品的流通導致了無政府主義。無論如何，安焦利洛因為印製顛覆性作品，而短暫地被判處十

Le Petit Journal

Le Petit Journal
CHAQUE JOUR 5 CENTIMES
Le Supplément illustré
CHAQUE SEMAINE 5 CENTIMES

SUPPLÉMENT ILLUSTRÉ
Huit pages : CINQ centimes

ABONNEMENTS

	SIX MOIS	UN AN
SEINE ET SEINE-ET-OISE	2 fr.	3 fr. 50
DÉPARTEMENTS	2 fr.	4 fr.
ÉTRANGER	2 50	5 fr.

Huitième année — DIMANCHE 22 AOUT 1897 — Numéro 353

L'ASSASSINAT DE M. CANOVAS
Président du ministère espagnol

圖七 卡諾瓦斯遇刺，刊於*Le Petit Journal*，1897年8月22日

八個月有期徒刑。一八九五年，安焦利洛與幾名義大利無政府主義同志想在馬賽成立秘密報刊，但未能成功，他前往巴塞隆納，在基督聖體聖血節爆炸案發生後，又離開巴塞隆納。他遊蕩到比利時，然後到了倫敦，他在倫敦買了一把手槍，打算行刺西班牙首相，因為西班牙首相「大規模刑求與處決無政府主義者」。安焦利洛回到西班牙，在馬德里跟蹤卡諾瓦斯，但苦無機會，之後又跟著卡諾瓦斯來到桑塔阿圭達，這回他終於找到機會下手。一個星期之後，安焦利洛接受軍事法庭審判，他試圖闡述自己的無政府主義原則，但法官不許他說話，安焦利洛叫道：「我必須為自己辯護！」但法官依然不讓他發言。在接受鐵環絞刑時，安焦利洛拒絕了臨終宗教儀式，而且仍表現出泰然自若的樣子。

歐洲報章雜誌大聲疾呼，要求各國政府通力合作，壓制這群無政府主義「瘋狗」。紐約的《國家》(*Nation*) 雜誌預言，少了卡諾瓦斯這號人物，對西班牙來說即使還不到「國家災難」的程度，但至少是一場重大挫敗。事實上，卡諾瓦斯的死是一項決定性的意外，它改變了許多事件的進程。卡諾瓦斯的死使自由黨順利贏得政權，之後自由黨政府很快就在赫斯特（Hearst）在美國引發的反對「屠夫」魏勒的風潮下選擇了退卻。魏勒將軍在即將恢復古巴秩序之際遭到解職，古巴的叛亂再起，讓美國帝國主義者有機可乘，創造了一場十九世紀最精心設計的戰爭。如果卡諾瓦斯沒死，那麼美國將找不到開戰的藉口。

卡諾瓦斯的死還找得到理由，但往後三年發生的三起刺殺案，卻有兩件完全找不到原因。這些刺殺案有部分是無政府主義宣傳的結果，這些宣傳助長了刺客行兇的動力，但更重要的是無政府主義者的行動挑起的民眾興奮情緒，讓刺客誤以為行兇可以獲得英雄的美名，使一些心智不健全的人沉迷其中。

卡諾瓦斯死後的第一起以匕首行兇的死亡案件發生在一八九八年九月十日，地點在日內瓦白朗峰碼頭（Quai Mont Blanc）的遊湖汽船旁。在這裡，發生了致命的巧合，其機率宛如閃電擊中孩子一般，毫無關係的兩個人，在現實世界相距遙遠，只有在瘋狂的時刻才出現交集。其中一人是奧地利皇后伊莉莎白，皇帝弗朗茨．約瑟夫（Emperor Franz Joseph）的妻子，另一人則是路易吉．盧克尼（Luigi Lucheni），一個四處遊蕩的義大利工人。

伊莉莎白是歐洲最美麗也最憂鬱的皇室人物，她在十六歲時結婚而且加冕為皇后，六十一歲時，她依然為了擺脫無法寧靜的靈魂而不安地穿梭各地。伊莉莎白以其可愛、長達一碼的金褐色頭髮、苗條優雅的身材與輕盈的步伐聞名於世，她因此成為「魅力的化身」，然而她也罹患了「宮廷舞會頭痛症」，必須拿扇子遮住自己的臉才能出現在公眾面前。羅馬尼亞王后卡門．席爾瓦（Carmen Sylva）寫道，伊莉莎白是「仙女的孩子，有著隱藏的翅膀，只要她覺得這個世界難以忍受，她就會飛走」。伊莉莎白寫下悲傷的浪漫詩，她看到自己的兒子以十九世紀最戲劇化的方式結束自己的生命。伊莉莎白的表姪，巴伐利亞國王路德維希（Ludwig），因為瘋癲而溺水身亡；她的丈夫的弟弟馬克西米利安（Maximilian）在墨西哥被行刑隊槍決；她的妹妹在巴黎一場慈善會上被大火燒死。伊莉莎白在給女兒的信中寫道：「生命的負擔如此沉重，就像身體的病痛一樣，我寧可死去也不願承受這一切。」伊莉莎白曾急匆匆地趕到英國與愛爾蘭，花幾個星期的時間待在獵場，大膽地騎馬越過最危險的柵欄。在維也納，伊莉莎白學習最危險的馬戲團馬術訣竅。有時，她會瘋狂地節食，一天只吃一個橙子或一杯牛奶，當她的體力無法負擔打獵時，她會毫無節制地連走六到八小時的路，而且步行速度沒有人能趕上。她之所以這麼做，原因很明顯：「我想死，」她在抵達日內瓦的四個月前，曾寫信對女兒這麼說道。

九月九日，伊莉莎白造訪阿道夫・德・羅斯柴爾德男爵夫人（Baroness Adolfe de Rothschild）的湖濱別墅，在這個遠離喧囂的迷人世界裡，有著來自爪哇（Java）的溫馴小豪豬，私人花園裡栽種著黎巴嫩的雪松，還有許多色彩斑斕的異國鳥類。第二天早晨，當伊莉莎白離開旅館前去搭乘遊湖汽船時，義大利人盧克尼已經在外面的街上等候。

盧克尼來自洛桑（Lausanne），在洛桑時，曾有人覺得他很可疑而向警方通報。盧克尼在擔任建築工人時，曾因受傷而被送往醫院，護理人員從他的隨身物品中發現一本筆記本，裡面記著無政府主義歌曲與畫著一根棍棒，上面標記著「無政府」，棍棒下方還用義大利文寫著「給翁貝托一世」。瑞士警方對於各種特立獨行人士、激進分子與流亡者早已司空見慣，他們認為這些東西不足以構成逮捕與監視的理由。

盧克尼告訴醫護人員，他的母親十八歲懷了私生子，之後前往巴黎這座數百萬人口的大城市生下孩子。然後，她返回義大利，將孩子留在帕爾馬（Parma）的救濟院，接著前往美國，從此斷了音訊。

九歲時，男孩在義大利鐵路打零工。之後，他被徵召進入義大利陸軍騎兵團，因表現優異而被晉升為下士。一八九七年退伍之後，他既無積蓄也無前景，只能待在先前軍中的長官阿拉貢納親王（Prince d'Aragona）底下擔任僕役，但在要求晉升被拒之後，他憤而離職。之後，盧克尼要求復職，但親王認為他過於桀傲不遜，不適合擔任內勤，予以拒絕。在憤怒與失業之下，盧克尼開始閱讀《煽動者》（*L'Agitatore*）、《社會主義者》（*Il Socialista*）、《前進》（*Avanti*）與其他革命報紙與小冊子，當時這些報紙都提到德雷福斯案充分顯示資產階級社會的腐敗。這些報紙表示，只要有一個參孫（Samson），就能一口氣摧毀國家。於是，已經來到洛桑的盧克尼，將這些報紙的剪報連同他自己的評論寄給他過去在騎兵團的同袍。盧克尼談到一名工人在一場爭端中被殺，他向朋友表示：「啊，我好想殺人。但我殺的一定要是個重要人物，這樣才能見報。」盧克尼參加義大利無政府主義者的會議，眾人在會上熱烈討論如何幹件大事來撼動整個世界，他們認為理想的受害者是義大利國王翁貝托。

在此同時，瑞士報紙報導伊莉莎白皇后即將訪問日內瓦，盧克尼想買一把匕首，但他付不出十二法郎。盧克尼只好把舊銼刀仔細磨成鋒利的匕首，然後用一塊柴薪做成刀柄。當皇后與她的女侍臣斯塔拉伊伯爵夫人（Countess Sztaray）走向白朗峰碼頭時，盧克尼擋住她們的去路。他舉起手衝到她們面前，阻止她們繼續前進，然後探頭到皇后的陽傘下方確認她的身分，接著便舉刀刺進她的心臟。皇后在四小時後死去。盧克尼被兩名國家憲兵抓住，就在此時，一名機警的路人用相機捕捉到他的重要時刻。照片中的他得意洋洋地走在兩名逮捕者之間，臉上掛著滿意的微笑，幾乎可以說是一種詭譎的笑容。在警局裡，盧克尼急切地描述他的行動與準備，之後，當得知皇后已死，他表示自己「十分高興」。盧克尼宣稱自己是無政府主義者，而且堅持眾所周知他是依照自己的想法行動，他並非任何團體或黨派的成員。當被問到為什麼殺害皇后時，盧克尼回道：「這場對富人與大人物的戰爭……翁貝托會是下一個。」

盧克尼在獄中寫信給瑞士總統與報社，宣示自己的信條與國家的即將崩解，他在信的末尾署名「路易吉．盧克尼，無政府主義者，而且是其中最危險的一位」。在給阿拉貢納親王夫人的信中，盧克尼寫道：「我的案子堪比德雷福斯案。」然而，在這可憐而愚蠢的狂妄心態背後，即使是盧克尼這種人，也仍堅持著無政府主義觀念，他在給阿拉貢納親王夫人的信中還寫道，他活了二十五年，對於這個世界已經知道得夠多，他覺得「自己這輩子從未像現在這麼滿足過……我已經讓世人知道，在不久的將來，新太陽將普照大地」。

日內瓦沒有死刑，盧克尼被判處無期徒刑。十二年後，與獄卒的爭吵使他被關進單人牢房，最後他用皮帶勒死自己。

伊莉莎白皇后死後一個月，德皇威廉二世大張旗鼓地前往耶路撒冷，使他成為當時最受矚目的統治者。警方大肆搜捕皇家隊伍行經路線上的無政府主義者，當一名義大利無政府主義者在亞歷山卓（Alexandria）被捕，從他身上搜出兩枚炸彈與前往海法（Haifa）的船票時，一般相信這個人明顯有謀殺德皇的企圖，而國際間的興奮情緒也因此達到高潮。儘管如此，德皇威廉並不擔心國內的無政府主義者，雖然過去曾有兩起行刺事件，但都是他祖父時代的事，而且此後再也沒有任何行刺事件發生。此外，德國無政府主義者一般而言都是理論家，只有離開德國前往美國的是例外。巴枯寧曾經輕蔑地說，德國人不適合無政府主義，因為他們熱衷於權威，「他們想同時成為主人與奴隸，但無政府主義兩者都不接受」。

行刺法國總統、西班牙首相與奧地利皇后的兇手，以及行刺德皇未遂的刺客，全都是義大利人。在義大利境內，一八九七年，一個名叫皮耶特羅．阿奇亞里托（Pietro Acciarito）的無政府主義鐵匠試圖行刺翁貝托國王，他手持匕首撲向馬車上的國王，方式與卡塞里奧行刺卡爾諾總統如出一轍。翁貝托比卡爾諾機警得多，他立刻跳到一旁，躲開了匕首，並且聳聳肩對他的侍衛說，「這就是這份工作的風險」，然後下令車伕繼續前進。阿奇亞里托告訴警方，他原本想「刺殺老猴子」教宗良十三世（Leo XIII），但他無法進入梵蒂岡（Vatican），於是選擇義大利國王這個僅次於教宗的惡人。

下層階級對眼前的社會的仇恨有增無減，而社會對於這類攻擊則是防不勝防。跟過去一樣，警方一廂情願地追查「陰謀」，逮捕了六名阿奇亞里托的可能共犯，然而最終找不到證據證明他們與阿奇亞里托有任何聯繫。團體或黨派的陰謀可以應對，因為總是會有告密者。但單獨行動的猛虎冷不防地撲面而來，該如何預防？

這個問題十分嚴重，義大利政府因此於一八九八年十一月在羅馬召開警察與內政部官員的國際會議，試圖尋求解決之道。秘密會議持續了一個月，除了達成值得讚揚但卻消極的結果外，並未取得任何明顯的進展。比利時、瑞士與英國拒絕放棄庇護的傳統權力，也不同意引渡可疑的無政府主義者回到他們的母國。

隔年，一八九九年，義大利因為賦稅與穀物進口稅引發麵包暴動，無政府主義者認為這是國家向窮人發動的另一種戰爭形式。儘管當局採取了鎮壓措施，而軍隊與民眾也發生了流血衝突，暴動依然持續往北與往南擴散。在米蘭，路面電車被推倒作為路障，民眾向武裝警察投擲石塊，婦女以肉身阻擋運兵火車前進，米蘭進入圍城狀態，托斯卡尼（Tuscany）宣布戒嚴。革命終於來臨的呼聲，吸引了旅居西班牙、瑞士與法國南部的數千名義大利工人返國參與。直到當局派遣半支軍隊的兵力前往米蘭之後，局勢才得以控制。所有的社會主義與革命派報紙都遭到鎮壓，國會休會，雖然政府成功恢復秩序，但這一切只是表象而已。

掌控局勢的義大利國王為人隨和，留著誇張的白色八字鬍，富有勇氣與騎士風範，然而與薩伏依王朝歷任領袖一樣，他的治國才能並不特別傑出。翁貝托沉迷於馬匹與狩獵，對藝術毫無興趣，獎掖藝術的事他完全交給王后處理。翁貝托養成十分固定的習慣，每天早上六點起床，親自管理自己的私人地產（他的地產收入十分龐大，而且資金都存在英格蘭銀行），他會親自照料馬廄，每天下午在同一時間駕著馬車出去，而且沿著相同的路線穿過波格賽花園（Borghese Gardens）。此外，每天傍晚同樣的時間，翁貝托都會拜訪一位女性，從結婚之前到現在，三十年來翁貝托一直全心全意對待這位女性。一九〇〇年七月二十九日，在米蘭附近的蒙扎（Monza）避暑行宮，翁貝托在馬車上發放獎品給田徑選手，此時一名男子爬上馬車，在不到兩碼的距離對國王連開四槍。國王用責備的眼神看著兇手，然後倒向侍從的肩膀，嘴裡低聲對車伕說了一句：「前進！」後便斷氣了。

刺客「歡欣鼓舞地高舉仍在冒著硝煙的武器」，接著立即遭到逮捕。兇手名叫蓋耶塔諾．布雷西（Gaetano Bresci），是一名三十歲的無政府主義者與絲織工人，他來自美國紐澤西州（New Jersey）派特森（Paterson），來義大利是為了暗殺國王。他的行動是無政府主義行動宣傳的唯一例證，因為有證據——雖然未經證實——顯示這是一起有預謀的行動。

派特森是義大利人與無政府主義的中心。派特森的無政府主義者顯然舉行過多次會議，他們熱烈討論什麼樣的行動可以作為推翻壓迫者的信號。義大利國王顯然成為他們的理想目標，但如同事件後的報告指控的，這些無政府主義者是否真的抽籤選出執行任務的人員，抑或者布雷西雖然受到會議的激勵，但卻是基於自己的意志行兇，這當中何者為是，我們無法確定。無政府主義者在地下室密謀抽籤選出刺客的形象，成為當時新聞報導最喜歡營造的想像。

一名充滿想像力的記者描繪布雷西受到馬拉泰斯塔的「灌輸」，他認為馬拉泰斯塔是「所有陰謀的主使者與煽動者，而近年來這些陰謀獲得驚人的成功，撼動了整個世界」。這名記者宣稱，有人在派特森一間義大利酒吧看到馬拉泰斯塔靜靜地喝酒，但警方找不到布雷西與馬拉泰斯塔見面的證據。布雷西要不是在派特森取得手槍，就是有人在當地給他手槍，當他在森林裡練習射擊的時候，他的妻子與三歲女兒就在附近採集花朵。此外，也許是同志給他錢，也許是他自己籌錢買了法國海運公司的統艙船票，之後他還有餘錢從勒阿弗爾（Le Havre）前往義大利。

派特森的無政府主義報紙主編佩德羅．埃斯特維（Pedro Esteve）對記者說：「布雷西還沒瘋狂到以為政府輪替就會遵循他的行動。但他也沒有別的辦法能讓義大利民眾知道世界上存在著無政府這樣的力量。」埃斯特維是個和藹可親的學者型人物，他的書架上除了尚．格拉夫的書，還有愛默生（Ralph Waldo Emerson）的作品，他認為他的報紙的讀者應該挺身而出，大動作地表達群眾的抗議。

布雷西的同志給在獄中的他拍發賀電，將他的照片佩戴在外套翻領的鈕扣上。他們還在派特森發起超過一千人的群眾集會，並且在集會中堅稱，布雷西的行動背後不存在任何陰謀。在集會中，身為主要講者的埃斯特維表示：「我們不需要陰謀或討論，如果你是無政府主義者，那麼你會知道該做什麼，你會以個人的方式，以你個人的意志去做。」

布雷西的命運與其他無政府主義觀念的執行者一樣。由於義大利已經廢除死刑，因此布雷西被判處無期徒刑，前七年他必須單獨監禁。但布雷西入獄才幾個月，就在獄中自殺。

在美國，波蘭裔美國人里昂・喬戈什（Leon Czolgosz）反覆閱讀報紙對翁貝托國王遇刺的描述。剪報成了他珍愛的物品，每天晚上他都會拿上床仔細閱讀。二十八歲的喬戈什身材瘦小，淺藍色的眼珠子有著極其專注的眼神。他的父母移民美國後不久就生下喬戈什，他們一共生下八男二女，喬戈什與家人生活在俄亥俄州的一個小農場裡。根據他父親的說法，喬戈什「看起來比絕大多數孩子更喜歡思索」，由於他喜歡讀書，所以被視為家裡面頭腦最好的人。一八九三年，喬戈什二十歲，他在一間線纜工廠工作，因為參與一場罷工而遭到解雇，之後，他的兄弟提到，「喬戈什變得安靜且鬱鬱寡歡」。禱告與地方神父都沒有效果，喬戈什最後脫離了天主教會，開始閱讀「自由思想家」發行的小冊子，透過這些刊物，喬戈什逐漸對政治激進主義產生興趣。他加入了波蘭工人圈子，社會主義與無政府主義是這個圈子的討論主題，此外，他日後說道：「我們還討論了總統，而且認為這些人不是善類。」

一八九八年，喬戈什罹患不明疾病，他變得悶悶不樂與反應遲鈍。他放棄工作，待在家裡，把飯菜拿到樓上自己的房間裡吃，不與任何人來往，他閱讀芝加哥無政府主義報紙《自由社會》（*Free Society*）與貝拉米（Bellamy）的烏托邦作品《回顧》（*Looking Backward*），然後不斷地沉思。喬戈什前往芝加哥與克里夫蘭，在那裡參加了無政府主義集會，他聆聽艾瑪・戈德曼的演說，在與無政府主義者埃米爾・希林（Emil Schilling）談話時提到，他對於美軍的行動感到困惑，美軍擊敗西班牙解放了菲律賓，但現在又與菲律賓人開戰。「這與我們在學校裡學到的立國精神不一致」，喬戈什憂心地說。

由於無政府主義一向鄙視國家，希林因此對喬戈什起疑，他在《自由社會》撰文警告，認為這名行為古怪的波蘭訪客很可能是奸細。這篇文章發表於一九〇一年九月一日，但希林顯然錯了。五天後，喬戈什在水牛城（Buffalo）現身，他混入泛美博覽會（Pan-American Exposition）的迎賓隊伍中，槍擊了麥金利總統。總統於八天後去世，遺缺由西奧多．羅斯福（Theodore Roosevelt）替補。因此，喬戈什這個最不受無政府主義者信任的刺客，他的行動反而產生影響最深遠的結果。

喬戈什在自白中寫道，「我殺死了麥金利總統，因為這是我的職責，」他又說，「因為他是善良工人群眾的敵人。」喬戈什告訴記者，他聽了艾瑪．戈德曼的演說，她的信條是「所有的統治者都必須予以消滅……每次想到她說的話，都讓我頭痛欲裂」。喬戈什說：「麥金利走遍全國，高喊繁榮富足，但窮人根本享受不到繁榮富足。」他又說：「我根本不認為我們應該有統治者。殺死他們是正確的……我知道其他人也認為我殺死總統是件好事，沒有統治者是件好事……我不相信選舉，那違背我的原則。我是無政府主義者。我不相信婚姻。我相信自由戀愛。」

喬戈什的腦子並不清楚無政府主義的觀念，也不了解無政府主義美好社會的願景。與卡塞里奧這個單純行刺卡爾諾總統的兇手一樣，他只是沉迷於自己的幻想，把殺死最高統治者當成自己的任務。這個說法是在喬戈什被迅速審判並於十月二十九日坐上電椅後不久，由塔夫茨大學（Tufts）的心理疾病教授沃特．錢寧（Walter Channing）——詩人威廉．埃勒里．錢寧（William Ellery Channing）的兒子——提出的。錢寧對於官方精神科醫師的報告感到不滿，他決定自行研究，最後認定喬戈什「罹患了早發性失智」，因此深受幻想所苦，這種病症早在一八九〇年就由法國精神科醫師伊曼紐爾．雷吉斯（Emanuel Regis）發現提出。根據雷吉斯醫師的說法，這種弒君類型的人往往陷入沉思與孤獨之中，「無論他的理智如何健全，最終都會陷入病態的固著，以為自己受到召喚必須去幹件轟轟烈烈的大事，要犧牲自己的生命來完成正義的使命，要以上帝、國家、自由、無政府或某種類似的原則為名來殺害君主或達官顯要」。他會預先謀劃而且沉迷其中。他不會輕舉妄動，也不會盲目出手，相反地，他會細心準備，一個人採取行動。他是獨行俠，以自己的任務與角色為榮，他總是在白天與公眾面前行事，他從不使用毒藥這一類難以察覺的武器，相反地，他傾向於展示個人暴力。之後，他不會逃跑，反而以自己的行為為傲，他渴望榮耀與死亡，也許是自殺，也許是「間接自殺」，讓自己成為被處決的殉道者。

這樣的描述頗為符合行兇者的行為模式，但要產生幻想讓這些人採取行動，還需要某種抗爭的氣氛與可供效法的例子。無政府主義的信條與行動便提供了這樣的條件。在這個世界上，隨時可以找到上百個類似喬戈什的人物，他們過著沒沒無聞、毫不顯眼的生活；然而，從拉瓦喬爾到布雷西，一連串的恐怖行動卻足以激勵其中的某一個人起而殺害美國總統。

這一次，民眾徹底被喚醒了，這裡的民眾指的不只是富人，還包括富人的模仿者。一般民眾、小資產階級、受薪雇員，都與他們的雇主聯合起來——埃米爾．亨利當初在終點站咖啡廳丟炸彈時，心裡已經明白這一點。如同埃米爾所想的，一般民眾的生活仰賴雇主的財產。一旦雇主受到威脅，那麼受雇者也會覺得自己受到威脅。一般民眾對無政府主義者想摧毀日常生活基礎的渴望尤其感到恐懼，這些基礎包括了國家、合法家庭、婚姻、教會、選舉與法律。無政府主義者成了人民公敵。無政府主義者不祥的身影代表著邪惡與顛覆，一名政治學教授在《哈潑週刊》(*Harper's Weekly*) 表示：「無政府主義者的國王，就是大反叛者撒旦。」麥金利死後，《世紀雜誌》(*Century Magazine*) 表示，無政府主義的教條「對世界的危害，遠超過過去任何一種人類關係的概念」。

新任總統是個極其複雜的人物，他既有細膩的理解力，又具有非凡的勇氣，但另一方面又極為平庸，他認為無政府主義者只是單純的罪犯，只是比一般的罪犯來得「危險」與「邪惡」。一九〇一年十二月三日，西奧多．羅斯福在國會的演說中表示：「無政府主義是一種侵害全人類的罪行，所有人類都必須聯合起來反對無政府主義。」無政府主義不是社會或政治不公的產物，無政府主義者以關切工人為由進行的抗爭完全是「蠻橫無理」。羅斯福堅稱，美國的制度提供「每個誠實、聰明且勤奮的子弟」開放的機會。羅斯福也敦促，必須將無政府主義的演說、文字作品與集會視為煽動犯罪的行為，必須全面禁止無政府主義者，已經在美國境內的無政府主義者必須驅逐出境，國會必須「完全排除已知的所有無政府主義原則的信仰者或無政府主義組織成員」，無政府主義者提倡殺人的行為必須根據條約認定為違反國際法，如同海盜行為，如此聯邦政府才有權力處置他們。

經過漫長的討論，期間對於是否取消傳統入境權利曾出現強大的反對聲浪，儘管如此，國會還是在一九〇三年修正了移民法，排除所有不相信或「教導人們不相信或反對一切政府組織」的人士。修正案引發自由派人士的強烈抗爭，並且哀傷地表示自由女神像的精神已死。

無政府主義具有雙元性質，一半是仇視社會，另一半是愛人類，但民眾只知道前者。民眾對無政府主義的印象只有炸彈與爆炸、槍擊與匕首。他們不知道無政府主義還有另一面，那就是希望帶領人類穿過暴力的泥沼抵達快樂山。舉例來說，報章雜誌在民眾面前呈現的馬拉泰斯塔是無政府主義的邪惡天才，他「沉默、冷酷、滿肚子陰謀詭計」。但報章雜誌沒說的是，秉持利他主義的馬拉泰斯塔把父母留給他的兩棟在義大利的房子，讓給了承租房子的佃農。民眾不了解行動宣傳理論，自然也就無法理解無政府主義行動的意義。這些行動看起來毫無目的、瘋狂而且完全沉溺於邪惡本身。報章雜誌提到無政府主義者時，總是一貫地稱他們是「野獸」、「難懂的瘋子」、墮落者、罪犯、懦夫、重刑犯、「可恨的狂熱分子，有著扭曲的智力與病態的狂熱」。英國頗具聲望的月刊《布萊克伍德》（*Blackwood's*）表示：「無政府主義者本質上近似於瘋狗。」卡諾瓦斯被殺後，卡爾．舒爾茨（Carl Schurz）問道，我們如何能保護社會免於受到「瘋子與罪犯的結合體」的侵害？

這是個無解的問題。人們提出各種方案，包括建立專門收容無政府主義者的國際流放地，或將他們關進瘋人院，或者是普世性的驅逐出境，然而這個做法並未說明在每個國家都驅逐無政府主義者的狀況下，要由哪個國家收容他們。

然而，無政府主義行動發出的抗議聲，還是獲得一些人的聆聽與理解。萊曼．阿伯特（Lyman Abbott）是《展望》（*Outlook*）雜誌的主編，也是曾經發起廢奴運動的新英格蘭傳統的發言人，在麥金利遇刺引發的歇斯底里中，他鼓起勇氣問道，無政府主義者對政府與法律的仇視，難道不是政府與法律不公引起的？阿伯特表示，只要立法者為特殊階級立法，「鼓勵損害多數人的利益來維護少數人的利益，輕窮人而重富人」，那麼就別怪無政府主義「要求廢除所有的法律，因為對無政府主義者來說，法律不過是不公不義的工具」。在對十九世紀俱樂部（Nineteenth Century Club）過著舒適生活的紳士們演說時，阿伯特提到：「攻擊無政府主義的地方，正是罪惡繁衍的地方。」早在阿伯特之前，改革運動、珍．亞當斯（Jane Addams），以及珍．亞當斯創立的赫爾館（Hull House）激勵的社會福利工作，已經表達出類似的關切，而在之後的一兩年間，許多記者也開始揭發美國生活所充斥的不公義、腐敗與貪汙。

隨著麥金利的死，無政府主義的暗殺時代也在西方民主國家告終。就連在獄中的亞歷山大·貝克曼也在寫給艾瑪·戈德曼的信上承認，缺少具有革命心態的無產階級，個人的暴力行動是徒勞的。這封否定無政府主義前景的信，讓依然深信無政府主義的戈德曼「失控痛哭」，她「渾身發抖」，甚至因此臥病在床。雖然戈德曼仍擁有忠誠的追隨者，特別是報章雜誌仍稱呼她是「無政府主義者的女王」，但整體而言，就像在法國一樣，無政府主義者逐漸轉變成較為現實的工團主義。在美國，無政府主義者被一九〇五年創立的「世界產業工人」(Industrial Workers of the World) 吸收，儘管如此，各國依然有不願妥協的無政府主義者，他們依然孤獨地堅守原始的信條。

位於歐洲邊緣的西班牙與俄羅斯，產業落後、政治專制，即使世界已經步入二十世紀，兩國的炸彈與暗殺依然頻傳。一九〇六年，在西班牙國王阿方索 (Alfonso) 與他的年輕英國新娘結婚當天，一枚炸彈擲向他們，造成二十名群眾死亡，人們驚恐地發現，之所以會有這樣的行為，背後勢必蓄積了深刻的仇恨。一九〇九年，巴塞隆納爆發一起失敗的叛亂，稱為「紅色週」(Red Week)，統治階級以牙還牙，處死了弗朗西斯科·費雷爾 (Francisco Ferrer)。費雷爾是一名激進分子與反教權主義教育家，卻不是真正的無政府主義者。這個案子在歐洲各地引發抗議浪潮，西班牙的不公義，一如以往地成為自由派良知的宣洩口。一九一二年，一個名叫曼努埃爾·帕迪納斯 (Manuel Pardinas) 的西班牙無政府主義者尾隨

首相何塞．卡納雷哈斯走過馬德里街頭，當卡納雷哈斯望向太陽門廣場（Puerta del Sol）一家書店櫥窗時，帕迪納斯從後方槍擊卡納雷哈斯，首相當場死亡。這是個不幸的決定，因為在費雷爾死後接替首相職位的卡納雷哈斯正嘗試進行改革以約束教會與地主毫無限制的權力，蕭伯納說，顯然西班牙無政府主義者在持續與社會對抗的過程中，「忍無可忍所激起的良知」，驅使他們採取這樣的行動。

俄國的革命傳統悠久而深刻，不僅充滿希望，也充滿絕望。在這場反叛者與專制者的長期戰爭中，每個世代都會出現新的戰士。一八八七年，也就是乾草市場無政府主義者被處以絞刑那年，五名聖彼得堡大學的學生也因為企圖以炸彈謀害亞歷山大三世（Alexander III）而被絞死。他們的領導者亞歷山大．烏里揚諾夫（Alexander Ulyanov）在法庭上表示，使用恐怖攻擊是因為在警察國家中這是唯一可行的辦法。烏里揚諾夫家中有三個兄弟與三個姊妹，全都是革命分子，其中年紀較小的弟弟弗拉基米爾．伊里奇（Vladimir Ilyich）發誓復仇，他把姓氏改為列寧（Lenin），開始投身革命工作。

一八九〇年代，社會越來越動盪不安，革命分子相信，發起暴動的時機已經成熟。新沙皇尼古拉二世（Nicholas II）於一八九五年登基，他斷然否決所有的制憲請求，認為這不過是「荒謬的夢想」，他的決定使民主派人士的希望破滅，使極端主義人士歡欣鼓舞。尼古拉二世是個優柔寡斷的專制君主，他因此成為處境最危險的統治者。新興的工業化工人接二連三地在各個城市發起罷工。隨著十九世紀慢慢進入尾聲，整個俄國開始出現一股神秘而看不見的拉力，就像月球拉動潮汐一樣。人們感受到某些事物即將結束，而某些事物將要開始，「一個揮別過去，開啟新猷的時代」就要到來。

所有的不滿團體都覺得有必要預作準備，以迎接一個行動的時代，於是他們開始組成政黨集結力量，提出自己的政綱。然而此時馬克思主義的信奉者與民粹派傳統的繼承者卻出現衝突，前者堅持組織與訓練，後者認為必須採取恐怖行動來促成自發性的革命。結果，兩個政黨開始成形，俄國社會民主工黨於一八九七年到一八九八年成立，民粹派各個團體於一九〇一年合併成民粹的社會革命黨。

從接受組織成為政黨來看，社會革命黨並非血統純正的無政府主義者，但他們仍分享了無政府主義的信念，那就是恐怖行動可以促成革命。與無政府主義者一樣，社會革命黨認為革命就像地平線上的曙光，在柔和光線下，未來將水到渠成。民眾把無政府主義者與俄國人聯想在一起，部分原因在於俄國人對炸彈情有獨鍾，從一八八一年沙皇被炸死之後，炸彈似乎就成俄國人特別喜愛的武器，另一個原因則是人們在不知不覺中使用了這樣的三段論法：俄國人是革命分子，無政府主義者是革命分子，因此無政府主義者是俄國人。正統無政府主義者當中有一小群人在日內瓦與巴黎出版俄文刊物，他們從克魯泡特金身上獲取靈感，然而這群人在俄國境內卻不具有舉足輕重的地位。

一九〇二年，馬克西姆·高爾基（Maxim Gorky）的《底層》（*The Lower Depths*）描繪了俄羅斯所有的苦難、不幸與絕望。在劇作中，喝得醉醺醺的詐賭者喊道：「人必須為了更好的事物活下去！」「更好的事物，」詐賭者尋思其他的詞彙、意義與哲學，但他只能重複那句，「更好的事物。」為此，一九〇一年到一九〇三年，社會革命黨的恐怖旅（Terror Brigade）暗殺了教育大臣博戈列波夫（Bogolepov）、指揮秘密警察的內政大臣西皮亞金（Sipiagin）與血腥鎮壓烏拉山區礦場罷工的烏法（Ufa）總督博格達諾維奇（Bogdanovitch）。一九〇四年七月十五日，正值日俄戰爭期間，恐怖旅又殺害了第二位內政大臣溫策爾·馮·普勒維（Wenzel von Plehve），他是俄羅斯國內最被痛恨的人物。普勒維是極端的反動派，他甚至比沙皇更堅信貴族的利益不能受到分毫減損，因此絕不能向民主過程讓步。他的政策只有一個，就是粉碎任何可能的反政權勢力來源。普勒維逮捕革命分子，鎮壓正統「舊禮儀派」(old believers)，限制地方自治局（*zemstvos*）的權力，迫害猶太人，逼迫波蘭人、芬蘭人與亞美尼亞人俄羅斯化，他的做法加強了民眾對沙皇統治的反感，使民眾深信必須做出徹底的改變。

普勒維曾向同事提到，他有一個方法可以轉移民眾的不滿，「我們必須將革命溺死在猶太人鮮血中」。在普勒維派出的特務煽動下，加上警察的放任，一九〇三年逾越節期間，基希涅夫（Kishinev）的俄國民眾對猶太人這個永恆的替罪羊瘋狂施暴，他們殺害與毆打猶太人，焚燒與掠奪他們的家園與店舖，褻瀆猶太會堂，從白鬍子的拉比手中奪走神聖的《妥拉》(*Torah*）並予以撕毀，拉比先是驚恐地看著異教徒汙損聖經，之後便死於棍棒與靴子之下。基希涅夫大屠殺不僅傳遍全世界，也讓恐怖旅的領袖埃夫諾．阿澤夫（Evno Azev）坐立難安，他是秘密警察潛伏在恐怖旅的間諜，但恰好也是猶太人。阿澤夫因此故意不通報暗殺普勒維的計畫，使計畫能順利實現。普勒維遇刺身亡使得全國震動，也讓普勒維代表的體制遭受沉重打擊。面對這起重大事件，繼任的內政大臣斯維亞托波爾克—米爾斯基公爵（Prince Svyatopolk-Mirsky）並未將刺客判處死刑，而是將其流放到西伯利亞終身服勞役，他希望溫和的政策能讓局勢有所轉圜。

六個月後，一九〇五年一月，冬宮前發生了大屠殺，史稱「血腥星期日」，工人群眾向沙皇請願要求制憲，但軍隊卻朝群眾開火。大約一千人被殺。恐怖分子於是計畫暗殺沙皇與他的兩個叔叔，弗拉基米爾大公（Grand Duke Vladimir）與謝爾蓋大公（Grand Duke Sergei），前者要為大屠殺負責，後者據說對沙皇有著極大的影響力。身為莫斯科總督，謝爾蓋以無情殘酷的統治手腕聞名於世，他的個性跋扈且反覆無常，極其專制幾乎已到了瘋狂的程度。一名英國觀察家表示，他是「出了名的殘忍，就連俄國貴族也說他特別邪惡」。雖然阿澤夫已經被警方收買，但他仍須讓恐怖旅取得一定程度的成功，他要讓成員感到滿意才能維持自己的領袖地位，如果他無法繼續領導恐怖旅，那麼他在警察眼中也將失去價值。一九〇五年二月，謝爾蓋被一個名叫卡里亞耶夫（Kaliaev）的年輕革命分子投擲的炸彈炸死，卡里亞耶夫站在爆炸後的殘骸中，身上穿著破舊的藍色外套與紅色圍巾，臉上流著血，此外毫髮無傷。大公、馬車與馬匹只剩下「難以辨識的大量碎片，四散各地，大約有八到十英寸高」。當天晚上，沙皇得知消息之後，依然跟往常一樣下樓吃晚餐，絕口不提此事，而根據在場一名賓客的說法：「晚餐後，沙皇與他的妹夫玩遊戲，比賽看誰能離那張長而窄的沙發越遠越好。」

在一九〇五年四月的審判中，瘦弱、憔悴、眼眶凹陷的卡里亞耶夫對法官說：「我們是兩個敵對陣營……兩個激烈對抗的世界。你是資本與壓迫者的代表，我是人民的復仇者。」俄羅斯正處於戰爭之中，對外與日本人戰爭，對內與自己的人民戰爭，俄國民眾已經明目張膽地叛亂。「這是什麼意思呢？意思是你將接受歷史的審判」。當被宣判死刑時，卡里亞耶夫表示，他希望行刑者有勇氣在民眾面前行刑。「睜大眼睛看看，革命正朝你們而來」，他在法庭上說道。但卡里亞耶夫最後是在午夜過後，在監獄的庭院裡，身穿黑衣被絞死，死後屍體也埋葬在監獄的高牆之後。

十月，革命爆發；普勒維與謝爾蓋大公遭到刺殺這類行動宣傳協助刺激了民眾的神經，民眾在激憤下走上叛亂一途。這場革命並未受到社會革命黨、社會民主工黨或無政府主義者的組織或領導，它是一場巴枯寧期盼卻未能活著見到的自發性革命。這場革命與工團主義理論相符，革命的爆發起因於工人的總罷工，沙皇政權在恐懼下做出讓步，願意制憲與成立杜馬（Duma）。雖然憲法與國會隨後都遭到撤回，而革命也在沙皇政權站穩腳步後遭到殘酷鎮壓，但這場革命卻鼓舞了工團主義者採取「直接行動」的模式，也就是總罷工，而且也讓更多無政府主義者加入產業工會。俄國的恐怖旅成功完成數起暗殺行動，卻在一九〇八年阿澤夫的形跡敗露後解散。一九一一年，俄國首相斯托雷平（Pyotr Stolypin）遇刺身亡，日薄西山的羅曼諾夫王朝變得更加昏暗，它統治的俄國已經成了半瘋狂的世界，人們已經搞不清楚刺客究竟是真正的革命分子，還是警察派來的奸細。

無論無政府主義如何節制自身的行動，或編織的美夢多麼具有願景，其所挑起的社會內部戰爭已過度激化，特權的世界與抗爭的世界勢同水火。一方面，無政府主義喚起了社會良知；另一方面，隨著無政府主義者將精力源源不斷地注入到工團主義中，爭取勞工組織力量也變得更加暴力而極端。無政府主義是個吸引人追隨的觀念，但由於觀念本身固有的矛盾，使其無法將追隨者整合成行動一致的團體。無政府主義是國家、政黨、工會、組織逼近之前個人的最後一次呼喊，也是爭取個人自由的群眾最後一次行動，它是無拘無束生活的最後希望，也是反對國家入侵下最後一次揮舞拳頭。

第三章　夢想破滅：美國，一八九〇年到一九〇二年

一八九〇年一月，美國國會開議當天，新上任的眾議院議長擔任主席。他的體格高大，有六英尺三英寸高，重達三百磅，身上一席黑色西服，「從他的領子伸出一張巨大而鬍子刮得乾乾淨淨的娃娃臉，就像從肥厚的黑莖長出的冬甜瓜一樣，他是弗蘭斯．哈爾斯（Frans Hals）畫中的人物，細長白皙的手指是梅姆林熱衷的目標」。他說話總是慢吞吞，喜歡在激辯時說幾句嘲諷的話緩和氣氛，表現出新英格蘭人慣有的冷靜沉著。發言冗長的伊利諾州眾議員斯普林格（Springer）在眾議院慷慨陳詞，他說他寧可做對的事勝過於當總統，國會議長打斷他並說：「議員請放心，你兩個都做不到。」當另一名同樣以發言缺乏重點且講話結巴著稱的議員開始陳述時，他說，「我想，議長先生，我想……」主席表示，他相信「沒有人會打斷議員值得讚賞的創新想法」。針對兩名特別不適任的議員，議長指出：「這兩個人的發言完全沒有內容可言。」有人說，議長對於講名言錦句的興趣遠超過交朋友。然而，在他結交的少數朋友眼中，他是「最和善的人，在聚會時為大家增添活力」，與他交談可以感受到他「性格良善的一面，比飲用絕佳的香檳更令人身心舒暢」。這位議長是湯瑪斯．里德（Thomas B. Reed），緬因州共和黨員，時年五十歲。里德擔任國會議員已經十四年，是「美國民眾公認當今最幹練的辯論者」，而在這個會期結束之前，他還將贏得「當代最偉大國會領袖的稱號……成就超越美國政壇最優秀的人物」。

雖然里德的家鄉在新英格蘭，但他的政治事業的開展，並非仰賴繼承的財富、社會地位或地產。美國政壇從不仰賴這些事物，而擁有這些事物的人也不會進入美國政壇。富裕而歷史悠久的家族非但不想承擔統治責任，反而會極力地規避它。亨利．亞當斯（Henry Adams）的二哥查爾斯*「被認為是家族中最傑出、成就也最大的成員」，他因為參與聯合太平洋鐵路（Union Pacific Railroad）而致富。亨利表示，查爾斯「不願進入」政府。「他得到他想要的一切；財富、子女、社會地位、尊敬；他不願犧牲自己來妝點克里夫蘭的內閣，或卑躬屈膝來博得愛爾蘭群眾的歡呼。」這種態度不僅限於忙於事業的亞當斯家族。一八八〇年，當年輕的西奧多．羅斯福在紐約宣布進入政壇時，「一群過著優雅與悠閒生活的人」嘲笑他，他們告訴羅斯福，政治是「不入流」的工作，是「酒館老闆、馬車伕這類人」在做的事，他會發現「應付這些人相當的麻煩、困擾且不快」。

富人不願參與政治，與美國革命成功及漢彌爾頓（Alexander Hamilton）未能依照計畫建立一個以統治階級利益為主的國家有關。最終獲勝的是傑弗遜（Thomas Jefferson）的原則與傑克森（Andrew Jackson）的民主。美國開國元勳與獨立宣言的簽署者絕大多數擁有資產與社會地位，然而他們的成功最後換來的卻是與他們同類的人士不願參與政府。隨著成年男子普選制的推行，富人發現自己在選舉中不比一般人來得重要，在人數居於劣勢下，他們決定退出戰鬥。美國前六任總統之後，除了哈里森家族（Harrisons），沒有任何大家族出任總統。這些富人退回到自己的舒適宅邸，專注追求自己的階級利益，逐漸將政府讓給從底層力爭上游之人。他們把精力投入在銀行業與貿易，從中賺取大量金錢，逐漸拋棄以往的土地收入。紐約的荷蘭裔大地主率先放棄手中的大量地產；南北戰爭之後，南方種植園也逐漸衰微；波士頓歷史悠久的家族依然活躍而繁榮，但整體而言對政府敬而遠之。亞當斯家族曾經出現過兩任總統，但在此之後，驕傲的「核心家族」(Hub) 再也沒有人當過總統。愛默生在論政治隨筆中提到：「美國人口中最貴重、最穩健、最能幹與最有教養的部分變得溫馴，只專注守護自己的財產。」

四十年後，英國人詹姆斯．布萊斯 (James Bryce) 對於美國「奢侈階級與心思細膩之人的漠不關心」感到吃驚，他甚至在自己的作品《美利堅共和國》(*The American Commonwealth*) 中專章探討「為什麼美國最優秀的人不從事政治」。他們欠缺貴族的責任感。布萊斯認為，「知識與富人階級的漠不關心」，部分是因為群眾並不尊敬他們。「既然群眾不向他們尋求指導，他們也就不主動上前指導群眾。」

未能掌握土地，就無法發展出世襲統治階級，少了恪守傳統道德的統治階級，美國便遭受「投機者」、掠奪者、建築商、罪犯與奸商無限制的剝削，同時也造成政壇的敗壞。南北戰爭之後，進取精神的釋放與激增，使美國進入一段前所未有的擴張期。從一八八〇年到一九〇〇年，美國人口增加了五成，從五千萬成長到七千五百萬。在每個人都有機會發展的情況下，一八七〇年代到一八八〇年代，美國政府的主要目標在於讓國家安定，使資本家能獲得龐大的利潤。政府的工作成了收錢辦事。政府的醜聞與交易過於露骨，引發了民怨，民眾紛紛要求改革。但在此同時，士紳卻不願「涉足政治」，如同伊迪絲．華頓在提到紐約「上流社會」時說的，她的那些「最優秀階級」的朋友，幾乎沒有人願意貢獻一己之力，也不願為公眾提供任何服務。美國「無法運用這個階級的力量，白白浪費了這個階級」。

* 原文為「eldest brother, John」，但經查似應為其二哥 Charles。——譯者註

在政府裡未扮演任何角色，也沒有土地提供保障，美國富人很容易陷入恐慌。當一八九三年的金融危機可能讓查爾斯・亞當斯財富出現重大損失時，「他因此精神崩潰」，亨利寫道。「波士頓有許多人陷入恐慌，查爾斯與一大群商界要人惶惶不可終日。我當然不認為家族裡有誰比他更堅強。我自己早在許久之前就已經崩潰。」雖然富人階級有許多人比查爾斯來得堅強，但還是遠遠比不上莫里薩尼亞（Morrisania）莊園的主人劉易斯・莫里斯（Lewis Morris），他的弟弟曾勸他不要在獨立宣言上簽字，否則可能喪失所有的財產，莫里斯回道：「我才管不了那麼多，把筆給我！」

國會議長里德的性格、智力與強烈的獨立性，在當時的美國政壇無人能出其右。他出身新英格蘭北部一處偏僻貧瘠的地區，擁有一個不起眼的單音節姓氏。里德在一八三九年出生時，他的祖先已經在緬因州生活了兩百年。里德的母親是五月花號（*Mayflower*）乘客的子孫，里德的祖母是喬治・克雷夫（George Cleve）的後裔，喬治・克雷夫於一六三二年從英格蘭來到美洲，在緬因州建立了第一棟白人房舍與波特蘭殖民地，成為波特蘭殖民地第一任總督。里德的祖父來自一個靠捕魚與航海為生的家族。里德的祖先與附近的居民幾乎不靠土地過活，他們的生活並不富裕，世世代代都必須勤儉刻苦才能在貧瘠的土地上維持整個聚落，不僅要抵擋印第安人的攻擊，也要忍受冬日雪封時的孤立無援。這種不向命運低頭的習性無疑傳承給了里德。里德的父親是一名沿岸小船的船長，他抵押房子讓里德進入鮑登學院（Bowdoin）就讀。為了在大學唸書，里德必須兼差當老師，而且每天都要徒步六英里往返宿舍與學校。波特蘭的子弟到鮑登學院唸書並不是為了追求社會習尚，而是為了獲得真正的教育。由於鮑登學院絕大多數學生的狀況與里德相同，因此學院特別對學期的時間做了安排，讓學生可以利用冬天從事教職。里

圖八 湯瑪斯·里德，Mathew B. Brady、Levin C. Handy攝，
1870-1880年

德想成為一名牧師，但他經常與大學朋友在閣樓房間裡大聲朗讀直到深夜，他們閱讀卡萊爾（Thomas Carlyle）的《法國大革命》（*French Revolution*）、歌德的《浮士德》（*Faust*）與《少年維特的煩惱》（*The Sorrows of Young Werther*）、麥考利的《隨筆》（*Essays*），以及薩克萊（William Makepeace Thackeray）與查爾斯．瑞德（Charles Reade）的小說。里德的宗教信仰過於個人化，與正規的宗教信條格格不入。一八六一年，里德畢業後又攻讀法律，他仍繼續擔任一個月二十美元的教師工作，而且在各地家庭「四處寄宿」。

南北戰爭爆發後，里德於一八六四年加入海軍，他在密西西比河的巡邏艇上並未遭遇非常激烈的戰事。里德是一名軍需軍官，他日後也大方承認，他從未親身經歷過砲火。里德從未有過英勇作戰的榮耀與光輝時刻，因此他無法像一般人一樣，可以靠著講述英勇事蹟來美化絕大部分的戰爭記憶。當其他人回憶戰爭時，里德會說：「在海軍時，最棒的生活，最美好的昔日時光，就是我在巡邏艇上管理軍需。我熟悉所有的條例規章，其他人則完全不清楚。我不僅享有自己的權利，也享有其他人大部分的權利。」里德日後在國會重複同樣的做法，而且得到相同的結果。

一八六五年，里德獲得緬因州的律師執業執照，當時才二十五歲的他是個高大強壯的年輕人，有一張方正且輪廓分明的英俊臉龐與一頭濃密的金髮。往後十年，他擔任波特蘭市律師，被選為緬因州眾議員，之後又成為緬因州參議員，然後被任命為緬因州檢察長，接著結婚、變胖。他有兩個孩子，兒子很小就死了，只剩一個女兒。他的頭髮日漸稀疏，幾乎成了禿頭，他的肚子越來越大，當他走在波特蘭街頭時，彷彿「一艘人形軍艦開進了眾多小船之中」。沉默、面無表情、一隻眼睛稍微往內斜視、旁若無人，里德就像一頭大象一樣，踏著緩慢的步伐，微微搖晃著身軀前進。曾有一名路人驚呼說：「他讓整條街變窄了！」

一八七六年，三十六歲的里德取代布萊恩（Blain）成為聯邦眾議員，而布萊恩則升任聯邦參議員。民主黨指控海斯—蒂爾登（Rutherford B. Hayes- Samuel J. Tilden）總統大選出現舞弊，國會成立委員會調查此事，里德身為委員會成員，他對證人進行交互詰問吸引了許多人聆聽他的法庭辯論技巧，里德因此成為全國知名人物。在隨後幾屆國會中，里德成為極為重要的程序委員會（Rules Committee）委員與司法委員會（Judiciary Committee）主席，經過幾個會期的磨練，他對眾議院的開會程序與運作機制已了然於心。

一名同事說道，國會裡的議事規則不斷擴充，「成了立法的最大障礙」，這些規則充斥著「不可解與秘密」，宛如中世紀秘術家的神秘法器。但里德卻精通議事規則。參議員亨利．卡伯特．洛吉（Henry Cabot Lodge）曾在眾議院與里德當了七年同事，他以議員的角度評論說：「根據我的看法，不管在任何時代，在哪一國的國會，都找不到比他更有能力的領袖。」里德不僅深諳國會實務與法律運作，而且「幾乎沒有人像他一樣了解國會體制的理論與哲學」。無論里德是否有意識地為未來做準備，當他成為議長時，他讓整個眾議院留下深刻的印象，人們相信沒有任何一個眾議員比他更熟悉議事規則。

光是熟悉議事規則仍不足以讓里德在國會裡維持權威，根據洛吉的說法，里德還是「我所見過或聽過最優秀也最具影響力的辯論家」。他講話從來沒有贅字，也從不結巴，他沒有腦袋空白的時候，也從未被迫收回或修改他的論點。他不僅能即席答辯，還能說得簡練、具說服力且淺顯易懂。他能用最少的話提出無可反駁的論點、指明爭議、駁倒對方的論證或揭露對方的謬誤。他使用的語言生動鮮明。他形容兩個月的時間「連草莓都無法成熟」。他有一套描述事情的方式，特別的貼切，也特別有他自身的風格。在談到兩名議員貝里（Berry）與柯蒂斯（Curtis）誰比較高時，里德要求他們站起來量身高。當貝里慢慢挺直身子達到他的完整身高時，里德說道：「我的天啊，貝里，你的身體還有多少藏在口袋裡？」里德留下不少金句。例如：「智慧的秘訣在於跟著多數人一起吶喊。」又如：「政治人物死了就成了政治家。」里德說話幾乎不做手勢。洛吉曾說：「當他站起身子，等待對手說完，他龐大的身軀堵住了狹窄的走道，雙手放在桌子上，臉上沒有一絲表情，眼神看起來彷彿腦袋一片空白，也彷彿對於對手的話充耳不聞，這時候的他是最危險的。」當里德的反駁使對手啞口無言之後，里德溫和地環顧會場說：「現在既然已經把蒼蠅浸在琥珀液裡，我應該可以繼續講下去了。」

在「五分鐘規定」下，里德的清晰與邏輯特別有效。他曾對麻薩諸塞州（Massachusetts）的議員說：「羅素，你沒搞懂五分鐘辯論的用意，你必須在五分鐘內向眾議院傳達正確或錯誤的資訊。今天下午你已經進行了好幾次五分鐘辯論，但你什麼資訊都沒有傳達。」

里德提出自己的論點時，往往傾向於使用敘事的方式，而不是演說。里德瞧不起參議院，而且喜歡挖苦他們。有一回，他又開起參議院的玩笑，他描述五十年後總統大選可能出現的狀況，根據那時的憲法修正條文，總統將從參議員中選出，而且將由參議員自己來投票。「當選票收集完畢開始開箱計票時，有人發現主持計票的首席大法官（Chief Justice）表情有些遲疑，最靠近大法官的人看到他的臉色蒼白，似乎發生了出乎意料的事。但大法官還是努力起身，透過了愛迪生（Thomas Edison）最近發明的擴音器，高聲向大家宣布驚人的結果：七十六名參議員每一個人都得了一票。」

進行關稅辯論時，討論到經濟特權的問題，里德表示，走在紐約街頭，看到「富商住的是赤褐色砂岩建築，路邊的流浪漢則居無定所，兩者的對比令我作嘔……我無法和顏悅色地看待那些住在豪宅裡的人。然而，當我產生這種感受時，我也察覺到這樣的感受代表著什麼意義。這十足是一種嫉妒，但也不乏高尚的目的。當在座的反對黨議員們也有相同的感受時，他們會把這種感受稱為政治經濟學」。

當走廊上傳來里德已經起身準備發言的消息時，正在閒聊的群體馬上解散，議員們紛紛趕回自己的座位，整個眾議院聚精會神聆聽里德帶著諷刺與機智的精采演說，無聊與乏味完全一掃而空。每個議員都想藉由與里德辯論讓自己一舉成名，但里德拒絕接受這些「小人物」的挑戰，他只跟自己看得起的對手一較高下。

記者希望引誘里德說出一些機智雋語，因此經常要求他評論當天所發生的新聞。然而他們不一定能成功。當記者要求里德對教宗文告做出評論時，他回道：「這件事完全不重要，我實在不知道要說什麼。」當被問到美國民眾面臨的最大問題時，他回道：「如何閃躲腳踏車。」

第一個任期結束後，里德幾乎毋庸置疑被提名競選緬因州第一選區的代表。不過提名是一回事，選舉又是另一回事。當時綠背黨（greenback）在緬因州有眾多支持者，儘管如此，里德仍拒絕在自由鑄造銀幣（free silver）一事上妥協或含糊立場，這使得他差點輸掉一八八〇年的選舉。他保住席位，但只贏對方一百零九票。不過隨著名氣越來越大，里德在兩年一度的選舉中總是能順利勝出。就連民主黨員也承認「會偷偷投票給他」。麻州參議員霍爾（Hoar）說道：「里德很對新英格蘭人的胃口。相較於其他人，包括布萊恩與麥金利在內，民眾更喜歡聆聽里德談論公共問題。」箇中原因或許跟英國人喜歡帕默斯頓的理由一樣：「他們喜歡帕默斯頓的高傲！」

里德不屑於組小圈子，也從不願接近人群，只有思想與他對等的人，「才能與他相處融洽」。在華府菁英構成的小世界裡，里德是個令人愉快且充滿活力的人物，他是個撲克牌玩家、說故事人與受歡迎的晚宴賓客。在某次晚宴上，當聊到賭博時，同樣健談的紐約州參議員喬特（Choate）油嘴滑舌地說，他這輩子從來沒賭博過，不管是賭馬、賭撲克牌還是什麼，完全沒有。「真希望我也能這麼說，」一名賓客認真地回應。「為什麼不行？」里德以他帶著獨特鼻音的語調問道，「喬特就做得到。」

即使是餐桌上的閒聊也展現出里德的文化涵養。里德喜歡的詩人有伯恩斯（Robert Burns）、拜倫（Lord Byron）與丁尼生，他喜歡的小說是薩克萊的《浮華世界》（*Vanity Fair*）。他經常閱讀《潘趣》與巴爾札克（Honoré de Balzac）的原文作品，他說：「在巴爾札克的作品中，幾乎沒有無法言喻的悲傷。」里德在四十歲後才學習法文，而且一直維持用法文寫日記的習慣，他說這是為了「練習」。由於里德的緣故，國家圖書館才得以存在，他持續不斷地勸說，終於扭轉了眾議院的撙節心態，為國會圖書館爭取到適當的經費。

「沒有人比里德更值得聆聽，也沒有人比里德更適合當個聆聽者，」洛吉說道，「因為他有廣博的同情心與廣泛的興趣，凡是與人有關的事物，他沒有不願意關心的。」「我們邀請湯姆．里德前來晚餐，」洛吉的一個紐約年輕朋友寫道，「而他很高興地赴約了。」過了不久，想推動公務員改革的里德為這名年輕人在華府的公務員委員會（Civil Service Commission）找到一份職位，之後每當這位新上任的年輕委員希望得到國會的幫助，里德都會不吝給予協助。日後，當這個紐約年輕人成為全國矚目的焦點時，里德寫了一篇最令人難忘的賀詞給他：「西奧多，對我來說，你最值得讚美的地方，就是你對十誡有獨到的見解。」然而他接下來說的就有點欠缺先見之明了：「西奧多沒有政治靠山，他不可能當選總統。」

儘管如此，一八八九年，在里德與黨內同志麥金利、喬・坎農（Joe Cannon）及其他兩人競逐國會議長寶座時，西奧多・羅斯福展現出了他在政治上的用處。當羅斯福在美國西北部經營牧場與狩獵時，他也努力在當地進行選戰，確保剛加入聯邦的四個新州——華盛頓州、蒙大拿州（Montana）與南北達科他州（Dakotas）——能選出共和黨的國會議員，而他也成功了。羅斯福返回華府後，在老沃姆利飯店（Wormley Hotel）秘密訂了一個房間作為個人總部，他在這裡「攏絡」新任國會議員，要他們投票給里德。里德拒絕以委員會職位來換取選票，這點令支持他的議員頗為失望，但里德最終還是贏得議長寶座。

里德現在取得共和黨控制下僅次於總統的最高民選職位。熟識里德的眾議員錢普・克拉克（Champ Clark）認為，里德「像路西法（Lucifer）一樣充滿野心」，他不會想止步於此。當上議長之後，里德決心推動他長久以來獨自思索的一項計畫，為此他將賭上自己的政治未來。他知道這場戰鬥將使自己成為全國矚目的焦點，也知道如果輸了，他的國會生涯將就此結束。他的賭注極大：他要不就是打破「少數人的暴政」，使眾議院擺脫「無助愚蠢」的癱瘓狀態，要不就是辭職離去。

里德議長決心挑戰的制度，被稱為沉默或消失的法定人數。少數黨利用這項制度，以未達法定人數為藉口，杯葛對他們不利的立法，他們會要求點名，然後在自己被點到名的時候保持沉默。根據議事規則，議員必須在點名時出聲回應才能被認定為出席，而出席人數必須過半數才能符合法定人數，因此點名時不回應往往可以有效阻撓眾議院進行立法。

共和黨在一八八八年選舉中獲得勝利，這是十六年來首次由同一個政黨控制行政與立法部門。然而共和黨只是險勝。在總統大選中，不苟言笑的班傑明．哈里森（Benjamin Harrison）獲得的普選票輸給了克里夫蘭，卻因為奇特的選舉人團制度而坐上搖搖欲墜的總統寶座。在眾議院選舉中，共和黨以一百六十八席對一百六十席取得些微多數，只比法定人數一百六十五席多三席。在這種狀況下，共和黨還必須肩負起制定兩項重大政黨法案的任務，首先是修改關稅的米爾斯法案（Mills Bill），其次是反對人頭稅與禁止南方各州阻止黑人投票的強制法案（Force Bill）。民主黨準備阻撓立法，同時也不想對南方選區爭議選舉產生的四名共和黨議員席次（其中兩名是黑人）進行投票。

對里德來說，真正的重點是代議政府的存續問題。勝選的共和黨合理預期自己能夠制定法律，如果民主黨可以阻止共和黨立法，實際上等於無視選舉結果。里德認為，少數黨的權利在於能夠自由辯論與自由投票，如果少數黨能阻止多數黨的立法行動，「那就成了暴政」。里德相信，國會的職能不只是審議，還包括立法。議長對於自己的政黨與國家擔負的責任是確保國會能履行職能，而不只是仲裁辯論。

議長有著很大的影響力，也掌握很大的權力，一九一〇年，議長喬．坎農的專權引發國會議員不滿，議長的權力於是被分散到各個委員會。議長依職權擔任程序委員會主席，程序委員會由兩名共和黨議員與兩名民主黨議員組成，雙方的票數相互抵消，議長也有權任命所有的委員會，委員會成員的職涯與立法流程完全以議長的意志為依歸。里德現在掌握了「權力與責任」，儘管有句名言說，權力不僅帶來腐敗，也招來其他禍害：但權力也能擴大理解。權力有時還能帶來偉大。《華盛頓郵報》（*Washington Post*）指出，議長的「重要性不下於總統」，可以作為邁向最高頂峰的踏腳石。像里德這樣的人絕不可能錯失這個機會或毫無積極作為。

里德決定攻擊沉默的法定人數並且獨自擬定開戰計畫，他之所以單獨進行，部分原因在於除了他以外，沒有人相信這麼做有可能成功。此外，里德也不確定共和黨願不願意支持他。種種跡象顯示，共和黨不會支持。由於大家都知道里德反對沉默的法定人數，因此法定人數的計算勢必將成為新國會的爭議點。《華盛頓郵報》斗大的標題預言：「里德會將沉默的法定人數列入計算。」標題底下的報導則說，就連里德的親密戰友坎農先生也反對這麼做。民主黨則開始加強防禦。前眾議院議長卡萊爾（Carlisle）也對外放話，凡是「紀錄表決」未達到法定人數所通過的立法，都會被送進法院打違憲官司。

然而里德相信如果訴諸法律，他一定站得住腳，至於共和黨的態度，他則打算賭一賭。精明的里德判斷民主黨在盛怒下一定會挑釁共和黨，屆時共和黨就會全力支持他。當第一起爭議選舉排定在一月二十九日投票時，里德已做好準備。當天，民主黨議員一如預期高呼議場未達法定人數，要求點名。一百六十三名議員出聲表示到場，他們全是共和黨議員，比法定人數少兩人。里德出手的時候到了。一名議員描述，他那張巨大如滿月般的圓臉是「我見過最大的一張臉」，他不帶任何表情，以極其徐緩的聲音宣布，「主席要求書記將下列出席但拒絕投票的議員姓名記錄下來」，然後他開始將議員的姓名逐一念出。一名記者提到，突然間，「議場陷入混亂，宛如捲進劇烈的風暴中……我們懷疑國會是否曾經有過如此狂野興奮的時候，議員們怒火中燒、惡言相向，這種極端危險的狀況」足足持續了五天之久。共和黨議員熱烈鼓掌，民主黨議員則「不斷叫囂，捶打自己的桌子」，民主黨未來的議長、喬治亞州的克里斯普（Crisp）議員大叫：「申訴，我要對主席的裁決提出申訴！」日後一名議員回憶說，爭論之「激烈是任何國會所未見的」。議長完全不被議場的騷動影響，他面無表情，持續念出議員的姓名：「布蘭查德議員（Mr. Blanchard）、布蘭德議員（Mr. Bland）、布朗特議員（Mr. Blount）、阿肯色州（Arkansas）的布雷肯里吉議員（Mr. Breckinridge）、肯塔基州（Kentucky）的布雷肯里吉議員……。」

「以一頭銀髮與能說善道著稱」的肯塔基州議員暴跳如雷，他喊道，「我反對議長有這種權力，議長根本是革命分子！」

主席不理會他們的咆哮，繼續以他特有的鼻音念出議員的姓名：「布拉克議員（Mr. Bullock）、拜納姆議員（Mr. Bynum）、卡萊爾議員、奇普曼議員（Mr. Chipman）、克萊門特議員（Mr. Clement）、科佛特議員（Mr. Covert）、克里斯普議員、康明斯議員（Mr. Cummings）」，其中縱然民主黨議員不斷發出噓聲、喝倒采與高喊「申訴」，里德仍不為所動地按字母順序念下去，「洛勒議員（Mr. Lawler）、李議員（Mr. Lee）、麥卡度議員（Mr. McAdoo）、麥克里議員（Mr. McCreary）……」

「議長先生，我反對你有權利把我列為出席者！」麥克里吼道。議長首次停住，整個議場突然靜下來，就像一名演員控制了所有觀眾一樣，然後他溫和地說：「主席陳述的是議員出席的事實。有議員反對嗎？」

里德繼續念出議員的姓名，議場裡的抗議聲、反對聲與混亂中要求「秩序！」（“Order!”）的呼喊聲似乎完全與他無關，他就這樣繼續唸到S與T字母開頭的議員姓名直到結束。然後突然間，里德似乎集中了他巨大身軀裡所有的力氣，展現出他威嚴的一面，只要他願意，他的聲音可以讓議場裡所有的人都聽見，里德說道：「主席在此裁定，議場已達憲法規定的法定人數。」

接下來，騷亂更加嚴重。肯塔基州的布雷肯里吉以議長沒有權利做出這種裁定為由提出秩序問題。

「主席駁回秩序問題，」里德冷靜地說。

「我對主席的裁決提出申訴！」布雷肯里吉叫道。

「我提議擱置申訴，」機警的伊利諾州共和黨議員佩森（Payson）迅速提出動議。如果這項動議獲得執行，辯論就結束了，民主黨議員群情激憤。上百名議員「起立咆哮要求認可」，一名記者寫道。矮小的前南軍騎兵將領喬．惠勒（Joe Wheeler）由於走道擠滿了人而無法衝到前排，鬥志昂揚的他便從後排「跳上桌子，然而逐桌往前跳，就像山羊從一個峭壁跳到另一個峭壁」。當議場的紛爭越演越烈時，唯一未起身的民主黨議員是一名來自德州身材高大的代表，他坐在自己的位子認真在靴子上磨著他的布伊刀(bowie knife)。當一名共和黨議員表示「我們應該對如此重要的議題進行辯論」時，里德同意了。兩黨的辯論持續了四天，雙方在每個細節進行爭論，堅持宣讀議事錄上的每一個字，堅持申訴、秩序問題與點名，而在解決每個環節時，里德都不慌不忙地將沉默的議員列為出席者，而每當他這麼做時，就會再次激怒民主黨議員。麥金利議員一如以往地想緩和緊張氣氛，有一次他不經意地把發言的機會讓給了民主黨員，里德隨即介入說：「俄亥俄州的議員拒絕被打斷發言。」

「我拒絕被打斷發言」，麥金利堅定地呼應里德，不讓對方有發言的機會。

在每個重要時刻，里德都堅決地計算出席人數與重複一樣的說法，「憲法的法定人數指實際出席國會的人數」，民主黨議員的憤怒與挫折感因此不斷升高。議員席上不斷傳來咒罵的聲音，有些人甚至威脅要將里德拉下主席臺，當時一名旁觀者覺得「這群議員似乎打算上前毆打議長」。里德依然毫不動搖。旁聽席上的旁聽者與記者被議場上的激動情緒感染，紛紛將上半身探出欄杆外，對著議長揮舞拳頭，而且也跟著民主黨議員一起咒罵。一名記者嘆息說：「他們完全忘了禮節。國會議員在議場裡瘋狂亂竄，每個人都怒目而視……他們大吼大叫，如連珠炮似地辱罵髒話。」他們把里德說成是暴君、專制者與獨裁者，把各種難聽的稱號當成石頭朝里德頭上扔。在各種頭銜中，「暴君」與「沙皇」最常聽到，具體表現出當時人們心目中擁有無限權力的獨裁者形象，此後議長經常被稱為「沙皇」里德。民主黨議員越生氣，里德就越保持冷靜，他巨大的身軀安然坐在椅子上，「如同夏日早晨般平靜」。雖然秘書曾在休息時間看到里德在自己的房間裡抓著書桌，整個身子因壓抑怒氣而顫抖著，但只要走進議場，他絕不會表現出情緒，也絕不會被那些惡言惡語影響。他有著堅強的自制力，「如攔路搶匪一樣冷靜與充滿決心」，《紐約時報》(*New York Times*) 寫道。

這件事結束後過了很久，里德才告訴朋友他泰然自若的秘訣，他當時已經想好，如果眾議院不支持他，他會怎麼做。「我會離開主席臺，辭去議長與議員的職務。」紐約的艾利胡．魯特 (Elihu Root) 法律事務所為他保留了一個律師職位，「我已經決定，如果政治生命只是無助地坐在議長的位子上，看著大多數議員無助地通過法律，那麼我不會忍受這些，我會辭掉議員的工作走人。」得出這個決定之後，里德說道：「你等於做了最壞的打算」，而且已經做好準備。這對他的精神有著非常大的「撫慰」作用。

事實上不只是撫慰而已：里德因此有了堅定的力量，這是害怕出現最壞的情況或為了避免最壞的情況而願意放棄原則的人無法做到的。這讓里德在面對眾議院時有了道德優越感，其他眾議員即使對里德的想法一無所知，也能從整個氣氛感受到這點。

民主黨議員改變策略，決定不到場開會，他們料定光憑共和黨議員自己不可能達到法定人數。當民主黨議員一個接一個溜出議場外時，里德已經預知他們的意圖，下令將議場的門鎖上。接下來，民主黨議員陷入混亂，大家急著要在下一次投票前離開議場。此時的民主黨議員也不顧「身為一個人或議員的尊嚴」，大家紛紛躲在桌子底下與窗簾後頭。德州的基爾戈爾（Kilgore）議員踹開鎖上的門逃離議場，「基爾戈爾的臨門一腳」因此成了諷刺漫畫家喜愛的主題。

第五天，民主黨議員集體缺席，點名投票時，共和黨議員仍無法湊齊法定人數。兩名臥病在床的議員硬是被帶到了議場，但還缺一個人。已知有一名議員正在趕來華府的路上。突然間，議場的門開了，一名記者報導說，「一道紅色的連鬢鬍子一閃而過，有個聲音說道：『議長先生，再加一位。』」愛荷華州（Iowa）的斯文尼（Sweney）議員抵達，議場已達法定人數，投票結果為一百六十六票對零票。戰役結束。民主黨議員悶悶不樂地回到他們的座位。程序委員會將新的一套規定交付表決，不用說，這些規定都是由主席擬定推動的。這套規定日後稱為「里德規則」（Reed's Rules），於二月十四日通過施行，其主要內容為：⑴所有議員必須投票；⑵法定人數一百人；⑶出席議場即列為出席；⑷不許提出拖延的動議，至於什麼狀況屬於拖延則由議長裁定。

五年後，西奧多．羅斯福寫道，就摧毀癱瘓議事的沉默法定人數來說，里德的改革本身比改革後順利推動的各項立法「更具劃時代的意義」。里德在獲勝時就已知道這一點。在五十一屆國會會期結束的演說上，里德表示，最後留下來的只有「歷史判決」，他對於判決的結果深具信心，「因為我們已經朝責任政府的方向邁進一大步」。

比歷史判決更早到來的是薩金特為里德繪製的肖像畫，事實上，許多人認為這等同於里德的歷史評價。然而，共和黨議員為了向議長致敬而委託繪製的作品，卻留下了難以磨滅的遺憾。一名批評者認為：「畫作應該呈現出里德正在計算法定人數的樣子，但實際上里德卻被要求擺出一副彷彿咬了一顆綠柿子的表情」。

沉默法定人數的廢除在各國國會引起討論。在美國，里德不僅因此成為重要的政治人物，也成為一八九二年總統大選的熱門人選。但里德的時代還沒到來，他曾對此做出正確的判斷，當被問到他是否認為共和黨會提名他競選總統時，里德回答說：「他們很可能做出更糟的決定，而我認為他們會這麼做。」

共和黨的確沒有提名里德競選總統。里德的「沙皇權威」仍受到憎恨，而他的嘲諷也使他交不到朋友。里德厭惡政治交易，他拒絕以微笑與握手來討好民眾，也不願結交有前景的政治人物，這些都使他的支持圈難以擴大。共和黨的中堅分子寧可提名現任總統哈里森，他清廉但無趣，人稱「白宮的冰山」，里德毫不掩飾對他的厭惡。哈里森任命一個里德輕視的人擔任里德家鄉波特蘭的稅務官員，從此里德再也不進白宮，直到哈里森去世，他都拒絕與哈里森見面。

一八九二年，當民主黨以壓倒性票數控制眾議院時，他們獲得的席次足以讓他們以一黨之力達到法定人數，而且可以順利推翻里德進行的改革。里德等待歷史，他對此仍存有信仰，他曾說：「眾議院比在裡面開會的眾議員更講道理。」歷史沒有讓他等太久。到了下一屆國會，民主黨擁有的多數減少了一半，而且在貨幣政策與其他重要議題上分裂，里德終於有了愉快復仇的機會。里德一次又一次要求點名，當密蘇里州（Missouri）的布蘭德議員指責這是「明擺著（downright）癱瘓議事」時，里德立刻反駁說：「明擺著？我們可都是照規矩來（upright）。」里德身為少數黨領袖，他對同黨議員的控制依然跟他擔任議長時一樣全面。「共和黨的議員完全聽從他的指示」，民主黨議長克里斯普鬱悶地說。「你會聽到他們私底下說，『里德不應該這麼做』或『這不對』，但當里德說『去做』時，他們還是乖乖照做。」最後，當民主黨不得不讓步，重新採用里德的法定人數計算規定來換取立法通過時，里德並不因此而得意洋洋。「今天這個狀況要比我發表的任何演說都要來得有效，」里德說道。「我祝賀第五十三屆國會。」

———

一八九〇年發生了傷溪澗（Wounded Knee Creek）衝突事件，這是印第安人與白人在美國發生的最後一場武裝衝突。之後，普查局（Census Bureau）宣布，美國從此不再有陸上疆界，里德因此必須面對更進一步的挑戰。同年，海軍戰爭學院（Naval War College）院長馬漢上校（Captain A. T. Mahan）在《大西洋月刊》撰文表示：「無論美國人願不願意，從現在開始都必須往外看。」

馬漢沉默寡言、雙唇緊閉，他提出當時最頂尖的思想，認為自己必須揭櫫美國的需要，「時時提醒美國人留意我們的外在利益」。很少有美國人察覺到美國擁有外在利益，絕大多數美國人甚至認為美國不應該擁有外在利益。當時擺在眼前的議題是併吞夏威夷。一八八七年，美國取得珍珠港作為海軍加煤基地，併吞整個夏威夷群島的動力主要來自於美國人的地產利益，特別是多爾法官（Judge Dole）與糖業托拉斯。一八九三年一月，在美國海軍陸戰隊支持下，美國人發動叛亂推翻夏威夷人的政府，多爾法官搖身一變成了多爾總統，接著便立刻與美國大使簽訂合併條約，二月，哈里森總統迅速將條約送往參議院尋求批准。哈里森在尋求連任時遭前總統克里夫蘭擊敗，克里夫蘭預定在三月四日就職，哈里斯希望趕在新總統上任前讓參議院批准條約。然而整個程序實在太草率，參議院拒絕批准。

克里夫蘭反對任何形式的擴張，他與里德一樣個性正直，兩人的體型也很相似。有一次，在一個昏暗的房間裡，有人把里德誤認成克里夫蘭，里德說：「哎呀！你不要把這件事告訴格羅弗。他對自己的外表可是頗為自豪。」克里夫蘭就職還不到一個星期，就把合併條約從參議院撤回，里德的年輕朋友羅斯福對此感到難過，他覺得這簡直是「投降認輸」。

主張合併的人，動機來自於經濟自利，但馬漢卻認為這起事件具有決定國家命運的重要性。三月，也就是克里夫蘭撤回條約的同一個月，馬漢在《論壇》（*Forum*）撰文，題為〈夏威夷與我們未來的海權〉（"Hawaii and Our Future Sea Power"），他在文中表示，制海權是國家權力與繁榮的主要元素，因此，「只要有正當的方法加以實行，就必須掌控這些海上要地，以確保制海權」。夏威夷是「戰略家目光聚集的焦點」，它的位置「極其重要……對於太平洋的商業與軍事控制舉足輕重」。同月，在另一篇發表於《大西洋月刊》的文章中，馬漢認為，為了美國海權的未來，美國必須取得計畫中的地峽運河。

馬漢上校的宣示帶有某種權威性，無論是內容還是風格都極具說服力，在他的筆下，一切論點都顯得無懈可擊。在此之前，馬漢已著有《海權對歷史的影響》（*The Influence of Sea Power on History*），這本書原是一八八七年他在海軍戰爭學院的授課內容，後來在一八九〇年出版。這本書雖然在美國未獲得青睞，卻對美國以外的各國海軍帶來立即而巨大的影響，而在美國，儘管這本書花了三年的時間才找到出版商，卻還是引起了眾多關心美國國家政策的思想人物的注意。西奧多·羅斯福在二十四歲時撰寫《一八一二年海戰》(*The Naval War of 1812*)，曾應邀到海軍戰爭學院演說，他結識了馬漢，而且成為馬漢的弟子。當《海權對歷史的影響》出版時，羅斯福「一口氣」讀完這本書，他寫信給馬漢時表示，他相信這本書將成為「海軍的經典作品」。當時報章雜誌仍是輿論意見交流的重要場地，《論壇》的主編沃特·海因斯·佩吉（Walter Hines Page）與《大西洋月刊》的主編霍勒斯·斯卡德（Horace E. Scudder）都持續給予馬漢發表文章的機會。哈佛與耶魯大學頒授他法學博士學位。抱持傳統看法的海軍同僚也不反對馬漢提出的新見解。海軍戰爭學院前任院長海軍少將史蒂芬·盧斯（Stephen Luce）在被任命為北大西洋分遣艦隊指揮官之後，便指定馬漢接替他的位子，他曾率領艦隊停泊於紐波特（New Port），讓底下的軍官去上馬漢的課，盧斯預言，馬漢對海軍科學的貢獻，將有如拿破崙時代若米尼（Jomini）對軍事科學的貢獻。在聽了第一堂課之後，盧斯站起來說道：「他就在這裡，他的名字叫馬漢！」

馬漢發現了海權的控制因素，凡是能控制海洋的國家就能控制整個局勢。就像朱爾丹先生（M. Jourdain）說了一輩子的散文，卻不知道自己能說散文一樣，長期控制世界局勢的國家，卻未察覺自己控制著海洋，馬漢由此提出了振聾發聵的見解。接續第一本書的論點，馬漢於一八九二年出版了第二部作品《海權對法國大革命的影響》(*The Influence of Sea Power on the French Revolution*)。這本書原初的觀念源自於馬漢在閱讀蒙森（Theodor Mommsen）《羅馬史》(*History of Rome*)時「內心」產生的想法，「我突然想到，要是漢尼拔（Hannibal）是從海路進攻義大利，結果會有什麼不同……或者，要是漢尼拔抵達義大利之後，可以經由海路與迦太基（Carthage）保持聯繫，結果又會有什麼不同？」馬漢突然領悟到：「控制海洋是一項歷史要素，而這項要素至今尚未獲得有系統地認識與解釋。一旦加以闡述，會讓人有恍然大悟的感受。」一八八五年，馬漢趁著還沒到海軍戰爭學院任教之前的休假期間，花了幾個月在紐約公立圖書館阿斯特廣場（Astor Place）分館閱讀資料，他興致勃勃地在歷史中尋找線索，覺得自己的腦袋變得更加「專注與活躍」。

在美國，建設超越沿海防禦能力的海軍，在傳統上被視為違反原初的建國理念，這個理念是：美國的生存不會威脅其他國家，並對世界展現嶄新的未來。在歐洲，各國數百年來一直藉由海洋建立霸權，馬漢的作品突然讓他們察覺到自己長期以來其實一直試圖建立海權。一名署名「水手」（Nauticus）的評論者認為，海權就像氧氣，在各個時代影響著世界，但一如氧氣的性質與力量在普利斯特里（Priestley）之前無人知曉，「海權在馬漢提出之前，也不為人知」。

一八九三年，馬漢奉命擔任歐洲分遣艦隊旗艦艦長（馬漢非常不願意接受這項職務，他寧可待在家裡繼續寫作），他在英國獲得史無前例的榮譽。馬漢受邀參加女王在奧斯本號（*Osborne*）舉辦的國宴，與威爾斯親王共進晚餐，他也是第一位受邀參加皇家遊艇俱樂部（Royal Yacht Club）的外賓，而俱樂部以向馬漢致敬為名，邀請上百位嘉賓前來參加晚宴，與會者全都是海軍將領與艦長。在倫敦，正在訪問當地的海約翰（John Hay）寫信給馬漢，提到「所有的才智之士都等著歡迎你」。當時擔任英國首相的羅斯伯里勳爵邀請馬漢與他和約翰·莫萊共進晚餐，三人一直交談到半夜才結束。馬漢與貝爾福和阿斯奎斯見面，前往哈特菲爾德拜訪索爾茲伯里勳爵，而且到白金漢宮再次參加女王的晚宴。馬漢身穿軍禮服與佩劍，之後又罩上一件學位服，他接受了牛津大學頒授給他的民法學博士學位與劍橋大學頒授給他的法學博士學位，據說他是唯一一位在同一個星期獲得這兩所大學頒授學位的人。

馬漢接著短暫前往歐陸，他帶了旅行指南、雨傘與雙筒望遠鏡，追溯漢尼拔行軍的路線，之後，他受到最熱情的弟子德皇威廉二世的接待，在考斯帆船賽（Cowes Week）期間，德皇邀請他一同出海，在皇家遊艇霍亨索倫號（*Hohenzollern*）上共進晚餐。《海權對歷史的影響》使德皇深信德國的未來在海洋，而這個想法使往後的世界歷史出現重大變化。德皇下令，德國海軍的每一艘艦艇都必須有一本馬漢的作品，德皇在自己的英文版與德文版馬漢作品上劃了許多重點，而且在頁緣寫下密密麻麻的評論與驚嘆號。一八九四年，當時馬漢正在歐洲，威廉二世在給朋友的電報上說道：「我現在不只是閱讀，而是努力吸收馬漢上校的作品並牢記於心。這是一本一流著作，從各方面來看都是經典。我所有的軍艦上都要有這本書，我的艦長與軍官都要時常引用這本書。」日本人也表現出相同的興趣。日本的軍事與海軍學院把《海權對歷史的影響》列為教科書，並且將馬漢之後的作品全翻譯成日文。

馬漢的作品使當時受到忽視奄奄一息的美國海軍有了急需發展的必要。一八八七年，克里夫蘭的海軍部長威廉．惠特尼（William C. Whitney）表示，美國海軍沒有能力打仗，連速度也慢到無法逃跑，根據馬漢的判斷，美國海軍連智利海軍都打不過，更不用說西班牙海軍。一八八〇年，當地峽運河的興建開始認真進行討論時，有人認為美國海軍力量的不足，將使運河成為美國的威脅而非資產。馬漢因此提出：「我們必須馬上建立海軍，當運河建成時，我們至少必須擁有一支規模與英國相當的海軍……然而除非我們立即放棄門羅主義，否則我不敢奢望這個想法能夠實現。」

從那時起，馬漢不斷用這個問題來糾纏他的朋友、同事與記者。馬漢的熱情是海權而非船艦，他不喜歡出海執勤，他看起來完全不像個船員。馬漢身高超過六英尺，身材精瘦、結實，總是挺得筆直，他有一張長而窄的臉，淺藍色的眼睛間隔有點近，鼻子又長又直，看起來像刀子般鋒利，黃褐色的八字鬍與覆蓋在窄小下巴上修剪得整整齊齊的鬍子連成一片。他的臉孔的所有力量全集中在上半部，在他的眼神與圓形禿頂，以及在他眉毛上方善於思考的腦袋上。馬漢比里德晚一年出生，一八九〇年時，他五十歲，雖然極為沉默寡言且靦腆，但根據妻子的說法，馬漢還是會突然用「軍官的嗓門」大聲吼叫。他的弟弟叫他阿爾弗（Alf）。馬漢缺乏幽默感，重視道德，而且跟一些上流社會的人物一樣視左拉的小說為洪水猛獸，他甚至不准女兒閱讀左拉的小說。馬漢處事十分嚴謹，當馬漢一家人住在海軍戰爭學院分配給他們的宿舍時，他不許他的子女使用公家單位的鉛筆。

馬漢沒什麼朋友與熟人，他的社交生活僅限於職務上的出國訪問，此外幾乎不與人來往。馬漢很少展露他的性格，他是一個內向的人。馬漢就像一個蒸汽壺，在密閉的空間裡燒開水，只有一個壺嘴能讓蒸汽宣洩出來。與里德一樣，馬漢的思考極有條理，得出的結論往往清楚確切。有一次他在亞丁（Aden）上岸，在探訪當地的猶太人聚居地時，他寫道：「我沒有反猶情結，對我來說，耶穌基督是猶太人這件事保護了他的種族。」一千九百年來，猶太人問題一直困擾著人類，到了馬漢的時代，這個問題將再度引發新的困擾與惡行，然而馬漢短短一句話就給出了足以令他滿意的答覆。薩繆爾·阿什（Samuel Ashe）是馬漢在安納波利斯海軍學院（Annapolis）的同學，也是他終生的朋友，他說馬漢是

圖九　馬漢上校，J. E. Purdy攝，約1904年

「我這輩子見過最聰明的人」。

一八九〇年，美國終於開始建立海軍。由哈里森的海軍部長班傑明．崔西（Benjamin Tracy）任命的政策委員會（Policy Board）建議，國會在不太情願且遭受內外反對的狀況下，決定授權建造三艘戰艦，分別是奧勒岡號（*Oregon*）、印第安納號（*Indiana*）與麻薩諸塞號，兩年後，又建造了第四艘愛荷華號。這四艘戰艦是馬漢長期努力產生的最初成果。這些戰艦象徵的政策，雖然尚未立即獲得普遍支持，但至少代表美國開始朝馬漢希望的方向改變：向外發展。這意謂著承認美國必須建造艦隊，使其能擊敗潛在敵人派來對抗美國的最大海軍兵力。加拿大可以作為箝制英國的棋子，歐洲的政治平衡同樣可以防止潛在的歐洲敵人派遣艦隊進入美國海域。美國的政策目標是掌握這些海域的制海權，這表示必須建立一支能夠防禦美國海岸的艦隊，能針對從紐芬蘭到加勒比海的任何敵軍基地發動攻擊。而這就是這些新戰艦要執行的任務。它們都是萬噸級的戰艦，平均速度十五節，載煤量足以讓戰艦在適當速度下維持五千英里的巡航半徑，艦上配備四門十三英寸砲與八門八英寸砲。結合裝甲與火力，這些戰艦代表當時船艦設計與建造的巔峰。一八九五年的印第安納號與一八九六年的愛荷華號測試，讓英國人留下深刻印象，認為這些戰艦足以與英國的主力艦一較高下，英國最新型的莊嚴級（Majestic）戰艦排水量一萬五千噸，配備有四門十二英寸砲與十二門六英寸砲。

這些船艦為馬漢的弟子們打了一劑強心針。仍在公務員委員會任職的羅斯福此時名聲還不大，但他的朋友與政治導師麻州參議員亨利．卡伯特．洛吉卻是馬漢在華府的重要傳聲筒。洛吉家族憑藉飛剪式帆船與中國貿易而致富，洛吉本身曾著有多部傳記與殖民時代歷史作品，這種對美國歷史的深厚興趣，使洛吉踏入了政壇。洛吉的祖父也叫亨利．卡伯特，他記得小時候曾躲在餐具櫃底下，偷看來父親家裡吃早餐的喬治．華盛頓總統。一八八六年，洛吉當選眾議員，他頻繁而流暢的演說隨即讓人留下深刻的印象，而他也證明自己在政治策略與政治戰術上的過人本領。洛吉精明、世故、辯才無礙、聰明且精力充沛。與羅斯福一樣，洛吉也支持公務員改革，他是某個以海約翰與亨利．亞當斯這兩名未擔任公職的人物為中心的小團體核心成員，海約翰與亞當斯基於旁觀者的立場，一方面渴望進入政府，另一方面卻又嘲諷政府。身為反對黨議員，洛吉與羅斯福無法影響克里夫蘭，但他們仍熱情相信與宣揚馬漢的理念。

一八九五年三月二日，洛吉在參議院慷慨陳詞：「海權是每個偉大民族的必要條件。」他豎起一幅太平洋地圖，上面用非常顯眼的紅色十字標明英國基地的位置，他一邊用指示棒指著這些十字，一邊講述馬漢的論點，說明夏威夷位置的重要。洛吉的做法十分有效，尤其他「著急而嚴肅的態度」（他在寫給母親的信上如此說道），更有畫龍點睛的效果。美國必須取得夏威夷，也必須開鑿運河。「我們是偉大的民族；我們控制這個大陸；我們支配這個半球；我們擁有如此偉大的遺產，誰也無法輕視我們或分裂我們；我們要守護這個遺產，還要擴大這個遺產，這是我們的使命。」當洛吉演說時，許多參議員離開休息室進入議場，眾議員、傳信息的人與記者也出現了，最後參議院擠滿了人，許多人還必須靠著牆壁站著聆聽。洛吉可以感覺到自己贏得大家的「注意……當我坐下時，所有人都上前跟我握手……這種事在參議院幾乎從來沒有過」。同月，洛吉在《論壇》上發表一篇文章，他直言一旦運河開鑿完成，「美國就必須掌握古巴島」。他沒有解釋要用什麼方式掌握，是美國向西班牙購買，還是直接奪取古巴，他並未明言。然而，洛奇也認為，小國已屬過去，唯有擴張運動才能造就「文明與種族的進展」。

就在這個時候，歷史從後頭推了一把。一八九五年二月二十四日，古巴民眾發起叛亂，反抗西班牙的統治，三月八日，一艘西班牙砲艇追逐美國商船同盟號（*Alliance*）並對其開火，一般相信同盟號當時正執行運送軍火給叛軍的任務。這起攻擊事件被許多人視為「對美國的羞辱」，而且引發參議院外交委員會（Senate Foreign Relations Committee）重量級議員的熱烈評論，從中也可以看出洛吉的想法並非少數。這時的美國開始顯露出對新領土的渴望。外交委員會主席，阿拉巴馬州（Alabama）民主黨參議員摩根（Morgan）表示，解決的方式很清楚：「古巴應該成為美國的殖民地。」緬因州參議員弗萊（Frye）是里德的同僚但不是他的朋友，他同意「我們當然應該擁有古巴島來擴充我們的領土」，他還明白表示：「如果我們無法購買古巴，那麼就我來看，這將成為我們征服古巴的良機。」另一名伊利諾州共和黨參議員卡洛姆（Cullom）甚至露骨地說出美國人心中的想法，他表示：「現在已經到了民眾該覺醒的時候，大家要了解我們必須兼併土地，我們要完全掌握這個半球的北部地區。」在一八九五年，國家擁有侵略的野心並不是什麼需要掩飾的事。直到此時，參議員都沒有提到支持古巴人爭取自由的事，這是因為古巴叛軍不僅恣意破壞西班牙人的財產，也大肆焚燒美國人的財產，在外人眼中，這些古巴人完全與暴民無異。

克里夫蘭總統堅決反對擴張，某些參議員的貪婪念頭未能影響政策。但在一八九五年年底，克里夫蘭的一項行動，卻引發美國人新一波的情緒熱潮。克里夫蘭在委內瑞拉與英國的爭議上堅定主張門羅主義，旗幟鮮明地為美國開啟新的時代。委內瑞拉問題並未牽涉美國的領土或其他方面的利益，對克里夫蘭與極為專斷的國務卿理查．奧爾尼（Richard Olney）來說，關切委內瑞拉爭議只是為了主張美國的權利。由此引發的沙文主義、強硬外交主義與普遍的好戰情緒震驚了所有人，然而這種情緒主要不是來自一般民眾，而是來自於富人、權力人士與好發議論之人。聯合同盟俱樂部（Union League Club）擁有一千六百名會員，當中有人說道：「在這個事情上，我們一千六百人一致支持克里夫蘭先生。……沒有任何人有不同意見。」其他共和黨人雖然不願表示讚賞，卻還是向白宮表達祝賀之意，其中包括了西奧多．羅斯福。《紐約時報》下了一個與內容完全不符的誇大頭條標題。「準備戰爭，全國士氣高昂」，或「渴望與英國一戰：陸海軍將士摩拳擦掌欲奔赴戰場。商討入侵加拿大」。報導中雖然引用陸軍局處首長的說法，但他談的卻不是入侵加拿大，而是審慎而冷靜地陳述美國陸海軍的不足，明確表示美國「與英國開戰一定會吃大虧」。

委內瑞拉電文（Venezuela Message）引發的好戰熱潮，讓一些人感到震驚，這些人依然秉持著開國元勳的精神來看待美國，認為美國是反對軍國主義、征服、常備軍，以及反對一切與舊世界君主制度有關的惡習的國家。這個傳統在新英格蘭最根深柢固，在老一輩身上也較為顯著，所謂的老一輩大概是指在一八九〇年時已年過五旬的人。這些人的觀念更接近傑弗遜，傑弗遜曾說：「要說有哪項原則深植於每個美國人心中，那就是我們絕不進行征服。」他們認真看待獨立宣言與獨立宣言揭櫫的原則，相信公正的權力來自於被統治者的同意。他們認為美國將統治範圍擴大到外國領土與外國人民違反了這項原則，而且褻瀆了美國的立國精神。對他們來說，原初的美國民主是火炬，是理想，是堅決反對舊世界的勇敢新世界典範。他們不要軍銜與貴族頭銜，他們不要膝褲、勳章或任何潛伏隱患的君主制服飾，當海軍首次提出設立上將軍銜時，一名軍官生氣地說：「稱呼他們上將？絕對不行！他們當了上將，接下來就想當公爵了。」

受美國夢吸引前來美國的第一代移民，他們對美國立國原則的擁護，與經過數代薰陶的人一樣深厚。有些人因為一八四八年革命失敗而到美國追尋自由，例如阿特格爾德的父親與卡爾・舒爾茨（Carl Schurz）。一八九五年時，舒爾茨六十六歲，他當過記者、主編、內閣部長與參議員，自林肯政府以來，他除了掌握權力，也是個改革者。有些人為了逃離壓迫或貧困到美國尋找出路，例如一八四八年抵達美國的蘇格蘭紡織工與他十二歲的兒子安德魯・卡內基，或者如一八六三年離開倫敦貧民窟來到美國的荷裔猶太雪茄工人與他十三歲的兒子薩繆爾・龔帕斯。有些人不是為了逃離壓迫，而是認為美國是民主理想的活見證，因此自願從舊世界流亡到美國，例如《國家》與《紐約晚郵報》（*New York Evening Post*）的主編戈德金（E. L. Godkin）。對這些人來說，包括祖先從一六三〇年代來到美洲的人也是如此，美國代表著新原則，好戰精神的興起等於背叛了這項原則。

戈德金「對美國充滿焦慮」，他決心反對委內瑞拉電文，儘管這麼做很可能觸怒「狂熱的民眾」而讓他的報紙陷入危機。戈德金的祖先最初居住於英格蘭，後來在十二世紀移居愛爾蘭，戈德金在愛爾蘭出生長大，在克里米亞戰爭與美國南北戰爭期間，他擔任英國報社的通訊記者。一八六五年，四十名股東出資十萬美元創立《國家》，該報成立的宗旨在於支持勞動階級、黑人與大眾教育，並且「在社會與政府中推廣真正的民主原則」，戈德金也加入成為《國家》的主編。一八八三年，仍在《國家》工作的戈德金又接替卡爾・舒爾茨成為《紐約晚郵報》的主編，威廉・詹姆斯表示，透過這兩大媒體，戈爾金

「在公共事務思想上產生莫大的影響力」。

戈德金是個英俊、滿臉鬍子、個性急躁、喜歡唱反調的凱爾特人（Celt），他時而憂鬱地沉思，時而充滿活力且咄咄逼人。「扒糞記者」一詞雖然是羅斯福發明的，但在此之前，戈德金已經符合這個形象。戈德金毫不鬆懈地追查塔瑪尼協會（Tammany）的貪汙事證，對方因此曾在一天之內三度以誹謗罪為由將他逮捕。詹姆斯·羅素·洛爾（James Russell Lowell）同意一名英國記者的看法，認為戈德金使《國家》成為「世界上最好的刊物」。因《美利堅共和國》一書聞名的作者詹姆斯·布萊斯表示，《紐約晚郵報》是「英語世界最好的報紙」。《紐約晚郵報》對於紐約本地的新聞，評論尤其火爆。紐約州州長希爾（Hill）表示，紐約市那些「自命清高的傢伙閱讀《紐約晚郵報》並不會讓我感到擔心。紐約州每個主編都在閱讀這份該死的報紙，這才是麻煩所在」。這句話說明了戈德金無遠弗屆的影響力，雖然不是所有的意見領袖都受到戈德金影響，但絕大部分確實是如此。一八九三年，西奧多·羅斯福在寫給馬漢上校的信中寫道：「閱讀《紐約晚郵報》或《國家》造成的心靈退化，其可怕之處在於人們把上面寫的視為理所當然。」

一八九五年，戈德金六十四歲，他對未來感到憂慮。戈德金在給朋友的信中寫道，美國「發覺自己擁有巨大的力量，而且急著想以最粗暴的方式運用這股力量來對付眼前的每一個人，美國不知道如何使用這股力量，因此經常處於可怕的災難邊緣」。事實上，這個時期的美國只有一艘戰艦服役，因此戈德金認為強硬外交是「完全瘋狂」的想法並非毫無根據。戈德金用「兇暴的樂觀主義」這個醒目的文字來形容這種新精神，他認為這種新精神將導致巨大的災難。

哈佛大學哲學系教授威廉・詹姆斯也同樣感到不安。他在談到委內瑞拉爭議時表示：「整起事件頗具啟示性，我發現人類古老的戰鬥精神其實只是處於淺眠狀態，只需要簡單的訴求就能將其喚醒。然而一旦真的喚醒，就不可能回復原狀。」詹姆斯在哈佛大學的同事，美術系教授查爾斯・艾略特・諾頓（Charles Eliot Norton），一般認為他是美國生活文化的闡述者與權威，他曾在麻州劍橋謝珀德紀念教堂（Shepard Memorial Church）聚會中抨擊戰爭精神。諾頓表示，「從四面八方傳來粗暴的歡呼聲」，讓每個理性的愛國者對未來「深感憂慮」。

這位白鬍子、身材苗條、有些駝背的人物，說話帶著波士頓菁英階層的口音，聲音雖然沙啞但悅耳動聽，他「彬彬有禮的紳士舉止」充滿魅力，然而在面對一般群眾時，往往無法表現得如此自在。諾頓生於一八二七年，只比傑弗遜與約翰・亞當斯（John Adams）去世的時間晚一年，他代表老一代清教徒與強硬自由派的良心。諾頓的父親是安德魯斯・諾頓（Adrews Norton），他是新英格蘭「一位論派的領袖」（Unitarian Pope），也是哈佛大學宗教經典教授。安德魯斯娶了波士頓富商的女兒凱瑟琳・艾略特（Catherine Eliot）為妻，安德魯斯的祖先有許多人曾擔任牧師，其中最早的是約翰・諾頓（John Norton），他是清教牧師，一六三五年移民美洲。

與索爾茲伯里勳爵一樣，諾頓相信必須由貴族階級統治，不過諾頓眼中的貴族階級並非建立在土地之上，而是擁有共同的文化、教養、學識與禮節背景。諾頓發現這種共同背景正逐漸消失，因此經常在課堂上抨擊社會的日益庸俗。一名學生曾經戲謔地模仿他的語氣說：「我提議今天下午我們稍微談一下目前常見的可怕庸俗的現象。」一八九五年，他在拉德克利夫學院（Radcliffe）的一個學生在日記裡描述他看起來「愉快而和藹……他輕聲地告訴我們，如果我們不是生在這個衰退而不幸福的年代，我們會過得更好」。當詹姆斯．羅素．洛爾於一八五七年創立《大西洋月刊》時，諾頓是第一位投稿人，之後他又與洛爾共同擔任《北美評論》（*North American Review*）的主編，另外，他也是創立《國家》的四十名股東之一。

諾頓在寫給戈德金的信上提到了委內瑞拉電文，他認為這起事件「為美國帶來可悲的結果」，大大助長「我們民主制度中最壞的精神……也就是野蠻的傲慢與一味提出不合理的主張」。更讓諾頓心煩意亂的是，「他在仔細思考之後」，發現民主的興起終究無法「捍衛和平與文明」，反而帶來「大量不文明的群眾，學校教育不足以提供這些人智性與理性」。這聽起來像是索爾茲伯里勳爵會說的話。諾頓內心感到苦澀，因為他熱愛的國家已經不像他過去所相信的那樣美麗與純粹。他在寫給一名英國朋友的信上提到：「我擔心美國正走上一條錯誤與偏差的漫長道路，它很可能成為一個越來越追求動盪與野蠻的國家……這個世界彷彿正要進入一個新的經驗階段，接下來肯定會有新的磨難，促使人們去適應新的狀況。」

不過，諾頓的說法與亨利．亞當斯陳腐而沮喪的悲觀論調不同，亞當斯進出華府，穿梭於歐美，他像一隻乾癟的烏鴉，不斷地發出難聽的怨言；他認為十九世紀「腐敗而且破產」，社會因粗俗、平庸、弱智與道德衰敗而沉淪，他自己則是「心中深感空虛，做什麼事都提不起勁」。亞當斯無法忍受美國的生活，於是出發前往歐洲，後來又覺得歐洲的生活同樣難受，於是又返回美國，他發現「每個地方都在衰退」，每個地方都如同「世紀末的死水……沒有新的風氣吹散教育沉悶的空氣，或讓自滿的心靈產生漣漪」。對諾頓來說，委內瑞拉危機只是更讓他更加確信，「今日的社會要比我過去經歷的任何時期都要來得腐敗。整個社會只是債務與詐欺構成的巨大結構」。這種看法與其說是對當前氣氛所做的判斷，不如說是對一八九三年金融恐慌造成的震撼所做的反思。亞當斯跟絕大多數人一樣，將自己的形象投射到整個社會上，認為自己的無能與麻痺正可反映社會現狀。他在一八九五年提到自己時表示：「雖然世風日下，但我已經沒有精力耽於逸樂。」然而，這個腐敗的舊世紀正充滿幹勁，蓄勢待發，亞當斯只需看一看他的圈子裡幾個熟識的朋友，就可以在洛吉與羅斯福身上發現戈德金所說的四處可見的「兇暴的樂觀主義」。

諾頓雖然比亞當斯年長十歲，但他卻有樂觀的時候，他有時會懷疑自己深愛的價值之所以消失，恐怕是為了換取人類福祉提升所必須付出的代價。諾頓在一八九六年寫道，「今日的人類在物質上的豐裕是史無前例的，」而他禁不住想著，「我們的時代是多麼有趣啊，也許往後也依然是如此！」全十九世紀的最後幾年確實事件頻傳。克里夫蘭雖然不斷釋出善意，卻還是面臨各項艱難的挑戰。全國各地爆發罷工潮。一八九三年金融恐慌後出現經濟衰退。一八九四年，考克西的失業者大軍（Coxey's Army）朝華府進軍，而血腥的普爾曼大罷工（Pullman strike）則讓衝突激烈的勞方與資方同感憤怒與恐懼。同年十一月國會大選，共和黨以壓倒性多數掌握眾議院（二百四十四席對一百零四席，比對方多了一百四十席），一八九五年十二月，第五十四屆新國會開議時，令人熟悉的黑色龐大身軀與白色巨大臉孔再度出現在議長寶座上。

此時的里德處於權力巔峰。第一任的危險戰爭已是遙遠的過去，而擔任少數黨領袖的兩個任期進行的游擊戰也已經結束，留給他的只有毫無限制的大權。一名議員說道：「里德以其絕頂的聰明才智指揮眾人。」他底下那些訓練有素的議員，雖然偶爾會有焦躁喧鬧的時候（而且隨著時間一久，這種狀況越來越多），但大家還是無法打破服從命令的習慣。當議長的手往上揮時，所有議員都會起立，當議長希望議員安靜時，如果剛好有議員起身要求發言，此時議長的手往下一揮，他們就會乖乖坐回到他們的議員席。伊利諾州參議員卡洛姆寫道：「里德是最能完美控制眾議院的議長。」

里德重視尊嚴與禮節，他不允許議員抽菸或穿短袖，他甚至挑戰議員們重視的把腳放在桌子上這項特權。一名議員穿了特別顯眼的白襪子，有一回他忘我地擺出這個舒服的姿勢，主席立即知會他：「沙皇命令你降下那兩面停戰旗。」

里德沒有特別親近的同事，也沒有旗鼓相當的對手，他完全仰賴自己發號施令。為了避免引起同僚的嫉妒心，里德甚至避免在公共場所與其他議員走在一起。這名孤獨而高大的男子每天早上緩緩走出他居住的老休勒姆飯店（Shoreham Hotel，當時位於華府第十五街與H街交口）前往國會山莊，他幾乎不會跟人點頭致意，也從未注意到街上的陌生人轉頭看著他。

有議員提到，里德帶有一種「恬靜的偉大」，這種特質源自於他自身的哲學，使他「不為日常生活而煩憂焦慮」。里德自己透露了一點線索，某天夜裡，某個朋友與里德討論政治時，發現他正在閱讀理查·伯頓爵士（Sir Richard Burton）的作品《卡希達》（*Kasidah*），里德大聲朗誦裡面的詩句：

順著你的男子氣概行事，

只為達成自己的期待而喝采，
為自己制定規則且時時恪守，
不僅能最高貴地活著，且能最高貴地死去。

安穩地遵守自己制定的規則，里德從不感到不安。有一次，一名民主黨議員被里德以秩序問題駁回，他想起里德的說法與《里德規則》不同。於是他趕緊派人去拿書，匆匆翻閱，找到相關條文，然後衝到主席臺，在議長面前攤開規則，內心充滿勝利的期盼。里德仔細閱讀，然後用他明亮的淺褐色眼珠子居高臨下看著這名議員，他蓋棺論定地說道：「喔，這本書是錯的。」

在委內瑞拉危機期間，里德很少公開發言，他嚴格約束共和黨眾議員，認為克里夫蘭跟他一樣厭惡對外冒險，相信總統不至於順從強硬外交主義者的要求四處尋求併吞。里德還是一如以往地反對擴張及一切與擴張有關的政策。他相信美國的偉大奠基在國內事務上，重點在於改善美國民眾的生活條件與提升美國民眾的政治智能，而非將美國的統治擴張到那些半開化而難以同化的民族身上。對里德來說，共和黨是這項原則的守護者，擴張「根本不是共和黨該採取的政策」。

一八九六年是總統大選年，里德希望獲得提名。由於民主黨因內部紛爭而陷入分裂，使得共和黨勝選的可能性大增，許多人因此競相爭取提名。羅斯福表示：「里德的健康與精神都處於最佳狀態，他認為整個情勢對他有利。」里德剃掉八字鬍，以全新的面目示人，一名記者認為，里德似乎覺得「必須嚴肅看待自己」，而這也讓他少了一點機智風趣。里德想爭取提名，但最賣力為他助選的卻是在擴張看法上與他相左的洛吉與羅斯福，這使得里德的立場變得撲朔迷離，不過在這個時候這個問題還未成為眾人檢視的焦點。「我現在只全心全意為里德助選，」羅斯福說道。

里德不願違背自己的原則用一般常見的方法來為自己爭取支持。當議員要求為自己的選區爭取私人撥款法案，藉此攏絡選民為里德爭取提名時，里德完全不為所動。他對一名議員說：「即使你的外套別著為里德助選的鈕扣，你的法案也不會獲准提出。」當鐵路大亨南太平洋鐵路公司（Southern Pacific）的柯利斯．杭廷頓（Collis P. Huntington）三次要求與里德的競選主任眾議員阿爾德里奇（F. J. Aldrich）見面時，里德同意阿爾德里奇可以見他：「但要記得，我的競選基金不能拿杭廷頓先生一毛錢！」無論如何，阿爾德里奇還是去見了杭廷頓，他透露說，里德只從個人朋友那裡拿到微薄的捐款，而且至今只籌到一萬兩千美元。聽到阿爾德里奇的說法，杭廷頓感到不悅，他表示，里德的對手對錢沒有那麼吹毛求疵。「其他人都拿了，」他說道，暗示他在每個人身上都下了賭注。

與此相反，另一個人則在里德的競選對手身上砸下大把鈔票。俄亥俄州地方黨部領袖馬克．漢納（Mark Hanna）在上一次總統大選時本想支持里德，但他發現里德說話太冷嘲熱諷，他的演說讓人聯想到高高在上的東岸菁英，而他的個性也太不平易近人。亨利．亞當斯說，里德「太聰明、太固執己見、太愛嘲諷」，與黨內各領袖格格不入。之後，漢納找到一個志同道合的人，這個人與里德完全相反，他是和藹可親、能言善道且相貌出眾的麥金利，據說他最大的信念是讓每個人都喜歡他。麥金利為人小心謹慎，從不樹敵，他的傳記作家巧妙地提到，麥金利從不「大張旗鼓地」對重要的貨幣問題「發表看法，以免讓自己不受歡迎」，無論是主張銀本位還是主張金本位，他兩邊都不得罪。里德現在有理由後悔提名麥金利擔任歲入委員會（Ways and Means Committee）主席，他等於在麥金利後頭推了一把，使麥金利得以成功推動關稅法案，並且進一步成為受關注的人物。從第五十一屆國會開議以來，麥金利一直對里德處理法定人數的方式很有意見，里德因此不再為麥金利安排重要職務。里德認為麥金利是個沒有原則的人，為此，他還留下一句讓後人永遠記住的話：「麥金利的脊梁骨就跟巧克力口味的閃電泡芙一樣。」*

漢納認為麥金利不是閃電泡芙，而是拯救共和黨的聖杯騎士羅恩格林（Lohengrin），他相信，只要麥金利的對手依然各自為政，不能聯合起來共同推舉其中一人出來競選，特別是支持最具總統相的里德，那麼麥金利必能獲得提名。精明的漢納認為，里德這個人缺乏彈性，他不會為了爭取別人支持而放低身段。漢納的判斷完全正確。東岸的領袖發現里德陣營缺乏引誘他們的因素，決心將他們的選票押在別的地方。里德並未好好地爭取潛在的支持者。當一名加州政治領袖要求在最高法院安插一名加州人時，里德拒絕了，他說，考慮提名問題不應該有任何條件交換。不久，人們便發現這名加州領袖愉快地加入漢納的競選團隊。密西根州（Michigan）州長平格瑞（Pingree）掌握了該州的黨代表，當他來華府拜會里德時，阿爾德里奇卻很難說服里德離開主席臺到辦公室去見正在等待他的州長。最後，里德終於來到辦公室，平格瑞滔滔不絕地大談自由鑄造銀幣，而這正是里德所反對的事，里德也當著平格瑞的面說明自己的立場。「平格瑞原本想支持里德，」阿爾德里奇無助地說，「但最後他還是改變心意支持麥金利。」

里德看到了趨勢，但他無法改變自己。他曾說：「有些人喜歡站得直挺挺的，有些人即使富有與地位崇高，依然習慣卑躬屈膝。」

在一場精采的演說中，里德嚴詞批評自由鑄造銀幣，認為這不是貨幣問題，而是階級鬥爭問題。深受感動的羅斯福寫信給他說：「喔，閣下，如果你是我們的旗手，我們怎麼會不向前衝呢？」然而，有時羅斯福也坦承對里德「頗為不耐」，因為里德不滿意他支持大海軍的立場。「唉！」羅斯福跟洛吉抱怨說：「我真希望里德能重視你跟我的想法。」對於一個根本「不重視」別人想法的人來說，這樣的期望無疑是徒勞的。令洛吉惱火的是，里德也拒絕「承諾用內閣職位或金錢來換取南方黨代表對他的支持」。反觀擁有充裕資金的漢納則在南方忙著收買那些待價而沽的白人與黑人黨代表。「他們原本都是支持我的，但最後都被買走了」，里德說道。

在全國代表大會召開前，里德在寫給羅斯福的信中透露他對於選舉結果不是那麼樂觀，而且已經談到之後打算退休當執業律師。「簡言之，我親愛的小兄弟，我已經厭倦這件事，我想確定我留下的債務不會由麥金利那幫人來償還。……此外，不斷縮到高處的葡萄看起來似乎帶著酸味，整件事如同一場鬧劇。」

六月，在聖路易斯（St. Louis），洛吉發表了提名演說。里德在第一輪投票獲得八十四票，麥金利則獲得六百六十一票，葡萄已經縮到里德摸不著的高處了。

克里夫蘭總統同樣在民主黨全國代表大會上敗給來自內布拉斯加州（Nebraska）年僅三十六歲充滿

---

* 也有人說這是羅斯福說的。究竟是誰說這句話，已無法確定。——作者註

企圖心的眾議員。這位眾議員口若懸河，以善於吸引群眾著稱，他在民主黨全國代表大會上發表的演說，是自派屈克．亨利（Patrick Henry）呼籲「不自由，毋寧死」以來最令人難忘的演說。「穿上以正義為名的盔甲……它的精神與以自由為名一樣神聖……你不應該將這頂荊棘的王冠強加在勞工的額頭上。你不應該將人類釘死在黃金十字架上！」當現場的狂熱情緒平靜下來，阿特格爾德州長轉頭對克拉倫斯．丹諾（Clarence Darrow）擺出一個「厭倦的表情與詭異的微笑」，他說道：「我一直在思考布萊恩（Bryan，即發表演說的這位年輕眾議員）的演說。說真的，他到底說了什麼？」

這場選戰煽動了全國民眾的情感，使他們陷入極端與彼此仇恨。主張銀本位的人與主張金本位的人對抗，一般民眾與利益團體對抗，農民與藉由提高運費獲取利益的鐵路經營者對抗，小人物與銀行家、投機者、抵押權人對抗。在霍姆斯特德與普爾曼的暴力衝突之後，共和黨人真正擔心的是民主黨獲勝，這表示資本主義體制將遭到推翻。工廠老闆告訴員工，如果布萊恩當選，那麼「星期三早上工廠的汽笛聲將不再響起」。就連《國家》也支持麥金利。如果麥金利當選，企業將回歸常軌，並且拒絕社會抗爭來強化實力。有人回顧那段時期，認為「馬克．漢納的時代標誌著強者目空一切的巔峰。我記得很清楚，充滿魅力的漢納像鬥牛犬一樣為無限私人獨占辯護。……除了那段時期，我從未聽過如此毫無畏懼的口氣」。

黨內提名結束後，又要迎接另一場不同的戰爭，而這場戰爭將決定里德與美國的命運。國會通過決議，承認古巴叛軍為交戰團體，允許美國政府出售武器給叛軍，然而克里夫蘭仍不為所動。克里夫蘭認為，這項決議「只是投票支持的議員先生們的意見表達」，由於只有行政單位才有權力承認，因此他會把這項決議當成「僅僅是一項建議」，「政府的態度不會有任何改變」。之後，克里夫蘭被麥金利取代，麥金利雖然個人反對與西班牙開戰，但他還不知道該怎麼做來實行自己的想法。在西班牙，首相卡諾瓦斯去世，繼任者的立場轉趨軟弱。在紐約，買下《紐約新聞報》的威廉．赫斯特（William Randolph Hearst）奉英國最早的半便士報紙《每日郵報》(*Daily Mail*) 主編的名言為圭臬，後者在被問到什麼能讓報紙熱賣時回道：「戰爭！」。赫斯特開始藉由報導西班牙人的殘酷、古巴的英雄主義、美國的天命與職責等聳動故事來協助製造一場戰爭，而這種傾向更因為赫斯特與約瑟夫．普立茲（Joseph Pulitzer）的《紐約世界報》(*New York World*) 競爭銷量而加劇。

此時，世界出現一項新要素，那就是一八九五年日本擊敗中國，日本一躍成為東方強權，德皇威廉二世在震驚之餘創造出「黃禍」一詞。日本的崛起不僅讓地峽運河的興建變得急迫，也讓馬漢上校的論點獲得認同。馬漢認為，要完成地峽運河的戰略防禦，就必須取得加勒比海的古巴與太平洋的夏威夷。馬漢在一八九七年發表數篇文章，顯示加勒比海這個重要的軍事十字路口，可以藉由牙買加或古巴加以控制。馬漢更提出了專業而無可反駁的論點，認為從位置、力量與資源來看，古巴都有著「無比的優越性」。

馬漢的聲音透過洛吉傳遍了參議院，洛吉不斷重申馬漢的論點，認為地峽運河將使古巴成為「必爭之地」。為了引誘一些重視物質利益更甚於戰略利益的參議員，洛吉又加添額外的誘因，他進一步說明古巴「這座島嶼有多麼美好……人口依然稀疏，土地極其肥沃」，可以提供美國資本龐大的投資機會與成為美國商品的市場。羅斯福雖然沒有類似的場合讓他發言，但只要有機會，他就會認真傳布馬漢的理念。羅斯福與洛吉的大肆宣揚，不久傳到一名威嚴的聽者耳裡，令他感到不悅。

哈佛大學校長查爾斯・威廉・艾略特（Charles William Eliot）是新英格蘭「最頂尖的人物」，他在華府針對極具爭議的國際仲裁議題提出看法，並且抨擊強硬外交政策「令人作嘔」。艾略特表示，其他國家擁有軍事階級已經有漫長的歷史，「在美國社會則完全陌生……然而我的一些朋友卻熱衷於將這種事物轉變成愛國的美利堅主義。」艾略特接著又堅定揭櫫一些原則，他相信正是這些原則使美國不同於那些古老國家。「建立海軍與大規模常備軍，意謂著……放棄美國固有的特質……建立海軍，尤其是建造戰艦，是英國與法國的政策，不應該是我們的政策。」美國的政策是仰賴和平的力量，強硬外交政策將引發「人類的好戰性」。他特別指名洛吉與羅斯福是強硬外交的支持者，而且私底下稱它們是「墮落的哈佛子弟」。

艾略特的看法有著無可質疑的權威性。艾略特系出名門，他是艾略特家族與萊曼家族（Lymans）的子弟，這兩個家族從十七世紀就定居新英格蘭，艾略特因此來自於一個自視甚高的群體。當有朋友加入美國聖公會（Episcopal church）時，艾略特太太抗議說：「艾莉莎，你該不會在教堂裡跪下，並且自稱是可悲的罪人吧？我和我的家人絕不會做這種事！」艾略特的父親曾經擔任波士頓市長與眾議員，也曾當過哈佛大學的財務長，他是負責管理哈佛的七人委員會成員之一，一名英國觀察者曾把這個委員會稱為「由七名親戚管理的政府」。艾略特擔任哈佛大學校長長達四十年，在這場與傳統主義者對抗的長期戰爭中，艾略特試圖將哈佛從十八世紀的死水轉變成一所現代大學。鮑登學院院長海德提到，艾略特在擔任校長期間遭到「誤解、誹謗、扭曲與憎恨」，艾略特自己也坦承，他擔任校長時，每次在公開場合

圖十　查爾斯・威廉・艾略特，E. Chickering and Co. 攝，1904年

露面，「我有一種強烈的印象，底下坐的聽眾全都恨我」。艾略特是一名鬥士，這些事嚇不倒他。他生性不喜歡迎合別人。身高超過六英尺，有著「像槳手一樣強壯的背、嚴肅的臉與宛如雕刻的頭部」，艾略特的「高貴」外表使他成為天生的領導者。草莓色的胎記覆蓋了艾略特一側的臉龐，而且牽動他一側的嘴角，使他不由自主地露出高傲的表情，艾略特因此從小就很難打入群體，而且養成了一種孤獨的氣質。除了獨來獨往，艾略特身為化學系教授與科學家也成為另一種障礙，但艾略特還是在三十五歲那年被提名擔任哈佛大學校長。艾略特說，他理想中的行為模範，「必須既是一名紳士，又是一名民主主義者」。他對於自己認為正確的事，毫無妥協的餘地。當一名棒球明星球員因為成績不佳而離開哈佛棒球隊時，聽說艾略特曾表示這沒什麼好惋惜的，因為他是個靠欺騙取勝的運動員。「為什麼？」艾略特解釋說：「他故意做假動作把球投向某個方向，其實卻投到另一個方向！」

艾略特不顧死氣沉沉的頑固分子的反對，成功在哈佛大學開設現代學科，包括選修課程。他招募教職人員，為哈佛創造了黃金時代。他提升哈佛法學院與醫學院的水準，使其具有聲望與實力，而在他的影響下，整個美國高等教育制度也跟著現代化。一八九四年，六十歲的艾略特擔任校長已經二十五年，此時所有的反對都已經變成尊敬與讚揚。此刻的他被認定為哈佛最偉大的校長與「美國第一公民」。據說波士頓交響樂團一定會等他到場才開始演奏，他臉上的血紅色胎記不再是汙點，「而是成功戰勝生命艱困的徽章」。

羅斯福當時三十八歲，對他來說，艾略特才是頑固分子的代表，因為艾略特不願意了解美國的昭昭天命在於對外擴張。羅斯福深受馬漢影響，認為美國必須盡早準備，才能完成時代交付給它的偉大使命。然而，當時許多具影響力的人卻不希望美國扮演這種角色，羅斯福因此在大聲疾呼之際也感到挫折。當他得知自己與洛吉被稱為「墮落的哈佛子弟」時，他在寫給洛吉的信上表示，「如果我們無法讓美國成為真正的國家，那是因為卡爾．舒爾茨、艾略特校長、《紐約晚郵報》與一事無成、多愁善感的國際仲裁主義者的呼籲」造就了「一批軟弱膽怯的人，是這些人把美國人勇於戰鬥的偉大特質消磨殆盡」。

令羅斯福惱火的是，眼看與西班牙的戰事即將爆發，白宮裡卻剛好充斥著這類軟弱膽怯之輩。羅斯福認為，政府裡必須要有具警覺性、能隨時因應大事發生的人。他希望把了解美國新天命的人（例如他自己）與能夠實現這項天命的工具（例如海軍）結合起來。麥金利的海軍部長約翰．隆（John D. Long）是個隨和而友善的紳士，過去曾擔任麻州州長。羅斯福相信，如果自己能被任命為海軍部副部長，那麼擁有充沛精力與強大理念的他必能掌握海軍部的實權。

其他人也是這麼想。隆有點擔心地表示：「羅斯福有個性、有地位、有能力而且有名望，他完全有資格擔任內閣部長，副部長的職位難道不會太委屈他嗎？」洛吉向麥金利提起羅斯福的事，之後，他在給羅斯福的信上表示，羅斯福唯一不利的地方在於：「總統擔心你一上任就會找個對象立即開戰。」儘管如此，麥金利還是跟以往一樣，在幾個有力人物的勸說下隨即屈服，他於一八九七年四月五日任命羅斯福擔任海軍部副部長，四月八日獲得批准。麥克盧爾（S. S. McClure）是《麥克盧爾雜誌》（*McClure's Magazine*）主編，他的脾氣暴躁但敏銳，他察覺到這項任命案背後的原因與即將產生的結果。麥克盧爾寫信給他的共同主編時提到：「馬漢一定立刻被約見談及此事，他是最偉大的海軍著作作者，也是這個世紀的研究者，他的領域一定會越來越受到關注。」麥克盧爾與羅斯福極其相似，他知道羅斯福接下來會做什麼。麥克盧爾又說：「往後羅斯福應該會日漸重要。寫信給他，試著從他身上挖一些海軍新聞。馬漢與羅斯福正是我們要的。」事實的確如此。與馬漢、羅斯福一樣，麥克盧爾也感受到機會可能帶來的權力、力量與偉大。一九〇〇年，麥克盧爾希望沃特．海因斯．佩吉來擔任主編，他發電報給佩吉：「速來，有要事相商。」當佩吉同意前來時，麥克盧爾十分高興，認為他們兩人可以組成世界上最強的編輯團隊。「我的好兄弟，接下來幾年我們可有得忙了！」

現在，一直受到阻撓的併吞夏威夷計畫再度浮上檯面。羅斯福為了刺激麥金利，於是向他報告，四月二十二日，日本派了一艘巡洋艦到檀香山（Honolulu）。羅斯福也寫信給馬漢，請教他如何解決取得夏威夷群島可能引發的政治問題。「不要做不符合正義的事，」馬漢先做了典型的答覆，然後又說，「總之先取得島嶼，有什麼問題以後再說。」羅斯福表示，如果他能照自己的意思做，「明天」就可以併吞夏威夷群島，西班牙會被趕出西印度群島，他會立刻建造十二艘戰艦，其中六艘部署在太平洋沿岸。羅斯福還提到國會做出了令人遺憾的決定，在財政更加健全之前，暫時不興建海軍。「令我震驚與憤怒的是，湯姆．里德也接受這個看法。」

此時的里德仍然牢牢控制著共和黨議員，但他沒有因此將風險極高的併吞渴望灌輸在他們身上，相反地，身為議長，他仍然秉持職責藉由眾議院的力量來引導政府政策。問題是，政府的政策是什麼：是麥金利的軟弱與意興闌珊，還是洛吉與羅斯福在馬漢的觀念與糖業托拉斯說服下產生的「對外擴張」的驅力？答案在六月揭曉，美國與夏威夷政府簽訂新的合併條約，麥金利在簽署後送交參議院批准。雖然參議員幾乎不可能以三分之二的多數通過條約案，但反擴張主義者依然感到憂慮。麥金利總是對卡爾·舒爾茨畢恭畢敬，他先前曾向對方保證，自己對夏威夷並無興趣。當舒爾茨在白宮與麥金利共進晚餐之後，兩人一邊抽著雪茄，一邊談起夏威夷問題。麥金利感到很不自在，他辯解說，他把條約送到參議院只是為了聆聽各方的意見。儘管如此，舒爾茨離開白宮時，內心卻「充滿不祥的預感」。在英國，《旁觀者》略感憂心地表示，這份條約標誌著「美國建國以來重大政策的轉變……這意謂著美國將逐漸成為較不和平且較為好戰的國家」。

在古巴問題上，美國似乎越來越激進。赫斯特虛構的西班牙壓迫引發的憤怒，里德對此嗤之以鼻，而他也認為美國國內支持古巴叛軍是一種偽善。里德覺得共和黨失去了道德原則，在面對無知喧鬧的群眾時淪為政治上見風使舵的政黨。里德毫不猶豫地阻撓承認古巴「共和國」為交戰團體的決議。他還在雜誌上發表文章反對擴張，這篇題為〈帝國止步〉（"Empire Can Wait"）的文章成了反對併吞夏威夷的人士高呼的口號。文章毫不隱諱地提到「帝國」與「帝國主義」，這兩個糟糕的詞彙原本是用來指稱瘋狂瓜分非洲的歐洲列強，這次卻首度用來形容美國。詹姆斯·布萊斯或許是唯一被允許提出建言的英國人，他敦促美國人千萬不要推動併吞政策。他在《論壇》上表示，美國地處邊陲，擁有強大的力量，因此得以不用負擔壓垮歐洲列強的沉重軍備。美國在這個世界的使命，就是「為古老的民族與國家樹立典範，遠離爭端、戰火與征服，正是這些禍端為歐洲帶來漫長悲慘的歷史」。如果美國像歐洲各國一樣沉湎於「索求土地的慾望」之中，將「完全悖離美國卓越的開國元勳立下的原則」。在布萊斯冷靜的文字背後，可以感受到他對於自己畢生追求目標的熱愛，以及他對美國的懇求，希望美國不要違背自己立國時許下的承諾。

馬漢一方面構思與西班牙作戰的戰略，另一方面他的心思已越過夏威夷，來到更遙遠的西班牙屬地菲律賓。驅使他的動機不是對土地的渴求，而是爭奪海權，這個主導觀念使他在描述拿破崙戰爭時期的英國海軍時寫下這麼一段宏偉的文字：「那些遙遠、飽受風暴打擊的船艦，拿破崙的大陸軍完全不正眼看他們，然而他們卻橫亙在拿破崙面前，成為拿破崙支配世界的障礙。」一八九七年年底，馬漢將過去七年的重要文章集結成《美國的海權利益》(*The Interest of America in Sea Power*)一書，這本書一出版，隨即引發熱烈討論。馬漢也建議羅斯福任命新的亞洲分遣艦隊指揮官，這個人必須值得信任，在面對考驗時必須勇於行動。被指定的人選是海軍准將喬治・杜威(George Dewey)，他的任務早已為人所預見。一八九七年九月二十一日，羅斯福在給洛吉的信上寫道：「我們的亞洲分遣艦隊必須封鎖馬尼拉，可能的話，甚至要攻占馬尼拉。」羅斯福也開始儲備必需的燃煤，供亞洲分遣艦隊採取行動。

一八九八年二月十五日，美國裝甲巡洋艦緬因號在哈瓦那港爆炸沉沒，兩百六十名官兵死亡。雖然爆炸的原因一直未能查明，但當時瀰漫的情緒使人無法接受其他的可能，大家都將矛頭指向邪惡的西班牙陰謀。主戰派陷入歇斯底里，他們的呼喊完全掩蓋了主和派的聲音。麥金利猶豫不決，但他擔心共和黨因此分裂，於是很快就向主戰派讓步。但議長里德依然堅持。為了逼迫西班牙開戰，美國國會協商了兩個月，里德盡一切努力阻擋這個浪潮，他限制辯論的時間，宣布承認古巴獨立的決議無效。參議員普羅克特(Proctor)在佛蒙特州(Vermont)擁有一家大理石採石場，當他發表演說大力支持戰爭時，里德評論說：「普羅克特的立場很可以理解。一場戰爭可以為墓碑帶來廣大市場。」里德遭到支持戰爭的報章雜誌攻擊，他的裁定也在眾議院遭受憎恨，整個眾議院就跟美國民心一樣渴望戰爭。《華盛頓郵報》表示：「野心、利益、對土地的渴求、自尊、單純為了戰鬥的愉悅，無論是什麼，我們都被聳人聽聞的新事件所驅動……人們口中的帝國滋味，像極了叢林裡鮮血的滋味。」

事態已經嚴重到里德無法控制的地步。有一天早上，里德在休勒姆飯店吃早餐時，記者希望他對於目前的戰爭熱潮做出評論，里德拿出一封剛開啟的信，這封信是紐約州長莫頓（Morton）寄給他的，信中敦促他走下主席臺到每個議員座位面前，勸阻這些議員不要軍事介入。「勸阻他們！州長不如叫我去堪薩斯州（Kansas）的荒原阻止龍捲風！」里德無法阻止對西班牙的最後通牒在國會進行表決，結果眾議院以三百十一票贊成對六票反對通過表決，這猶如一場龍捲風。里德對一名投反對票的議員說：「我很羨慕你還有投票這個奢侈的權利。身為議長，我連票都不能投。」

一八九八年四月二十五日，美國對西班牙宣戰。馬漢當時人在羅馬，當記者問他，這場戰爭會持續多久時，他給了一個事後證明相當精確的答案：「大約三個月。」馬漢立即返國，並且被任命為海軍戰爭委員會（Naval War Board）三名成員之一。羅斯福把準備在菲律賓進行的戰爭計畫寄給馬漢，馬漢回信時評論說：「你無疑比我們優秀許多。你的戰爭計畫正是我們要的。」

四月三十日，海軍准將杜威的分遣艦隊駛進馬尼拉灣，在「準備好就可以射擊了，格里德利（Gridley）」這句經典命令下，經過一天砲擊，西班牙艦隊與岸砲全遭到摧毀或癱瘓。消息傳來，美國舉國歡騰。報紙頭條標題寫著「現代最偉大的海戰」。突然間，美國必須面對一個很少有人想過的新問題：接下來該怎麼辦？美國民眾整體來說就像諷刺漫畫裡的杜利先生（Mr. Dooley）所言，根本搞不清楚菲律賓是島嶼還是罐頭食品，麥金利甚至坦承：「他也說不出兩千英里內的那些該死的島嶼到底位在何處。」馬漢的弟子們倒是很清楚菲律賓的位置與該如何處置菲律賓。杜威勝利的四天後，洛吉寫道：「我們不能放棄這個群島……美國的旗幟已經升起，就必須留在當地。」然而菲律賓獨立運動已經持續三十年，許多菲律賓人為此奮鬥並且遭到逮捕入獄、流放與處死，洛吉參議員提出的解決方案卻完全未考慮被統治者是否同意。菲律賓獨立運動的領袖是已經流亡香港現年二十八歲的埃米利奧·阿奎納多（Emilio Aguinaldo）。杜威勝利後，阿奎納多立即返回菲律賓。

在美國，戰爭的爆發雖然未對本土構成威脅，反戰者卻未因此噤聲，反而受到更大的激勵。他們突然間成了一個有名稱的群體：反帝國主義者。年過七旬的諾頓教授因為勸說自己的學生不要入伍當兵，認為這麼做是「捨棄了我們國家這條船上最珍貴的貨物」，而遭到辱罵與暴力威脅，就連住家也難以倖免。一名波士頓愛爾蘭裔政治人物提議派私刑隊去教訓他，報章雜誌也罵他「叛國賊」，甚至麻州參議員霍爾也對他出言不遜，但這些都無法阻止諾頓對於國家路線發出悲鳴。在麻州劍橋公理會（Congregational Church）的集會上，諾頓提到，現在，在十九世紀末，我們已經看到人類在知識上史無前例的進展，也看到和平的希望，但此時的美國卻違背建國的理想，「一頭栽進不義的戰爭中」，真讓人感到悲痛。

波士頓還有其他人聲援。一位是穆菲爾德·史都瑞（Moorfield Storey），他是麻州改革俱樂部（Massachusetts Reform Club）與公務員改革同盟（Civil Service Reform League）的會長，同時也是美國律師協會（American Bar Association）的前會長；另一位是加馬利爾·布拉德福德（Gamaliel Bradford），一名嚴格監督政府的批評家，他曾靠一己之力不斷寫信給報社而聞名。史都瑞的祖先（Story，當時姓的拼法少一個e）於一六三五年定居麻州，布拉德福德則是普利茅斯殖民地（Plymouth Colony）第一任總督的後代子孫。這兩個人召集群眾到法尼爾廳（Faneuil Hall）抗議，一八九八年六月十五日，也就是阿奎納多在菲律賓發表獨立宣言的三天後，他們成立了反帝國主義同盟（Anti-Imperialist League）。會長由八十歲的前麻州共和黨參議員與曾在格蘭特（Grant）總統時期當過財政部長的喬治·鮑特維爾（George S. Boutwell）擔任。同盟的宗旨不是反對戰爭本身，而是堅持美國既然要從事一場解放戰爭，之後就不可以讓自己做出帝國的行徑。同盟表示，追求海外的權力、金錢與光榮將造成國內改革的停滯，而且會產生破壞傳統州權與地方自由的強大中央政府。美國人在將異族納入自己的統治之前，還有許多重要的問題要解決，例如城市的貪汙腐敗、資方與勞方的鬥爭、貨幣的紊亂、不公平的賦稅制度、選舉分贓、南方有色人種與西部印第安人的權利。

這些問題引起了改革者的關注，而這些改革者——包括一些獨立人士、各種異議人士與反對擴張的重要民主黨員——現在也聚集在反帝國主義同盟的旗幟之下。同盟很快就設立了四十一名副會長，包括前總統克里夫蘭、他的前戰爭部長威廉·恩迪科特（William Endicott）、前財政部長與前議長卡萊爾、參議員「拿乾草叉的班」·提爾曼（"Pitchfork Ben" Tillman）、史丹佛大學（Stanford）校長大衛·斯塔爾·喬丹（David Starr Jordan）、密西根大學校長安吉立（James B. Angell）、珍·亞當斯、安德魯·卡內基、威廉·詹姆斯、美國勞工聯合會（American Federation of Labor）會長薩繆爾·龔帕斯，其他還有一些國會議員、教士、教授、律師與作家。小說家威廉·迪恩·豪威爾斯（William Dean Howells）認為這場戰爭是「一樁可惡的生意」。他的朋友馬克．吐溫（Mark Twain）結束國外的長期旅行返國之後，也隨即成為同盟成員。除了戈德金的《紐約晚郵報》，同盟的主要喉舌還有《波士頓先驅報》（*Boston Herald*）、《巴爾的摩太陽報》（*Baltimore Sun*）、《斯普林菲爾德共和報》（*Springfield Republican*），此外有兩家共和黨報社《波士頓晚報》（*Boston Transcript*）與《費城公眾紀事報》（*Philadelphia Ledger*）也提供協助。

反帝國主義者有一股強大的情感推力，這股推力不僅源自於南北戰爭後黑人造成的問題，也來自於這些人不願意接納新一批有色人口。戈德金在《國家》嚴厲表示，「無知而低等種族的附屬地位」只會帶來更多麻煩，美國人跟這些人無法合作，「只是平白讓政客謀取私利與貪汙」。卡爾．舒爾茨基於同樣的論調反對運河開鑿，他表示，「一旦大張旗鼓開辦這項龐大事業」，帝國主義者就會堅持運河的兩端必須由美國的領土控扼，接下來他們會要求併吞鄰近「擁有一千三百萬西屬美洲人與印第安人混血的人口」的國家，屆時我們的國會就會湧進二十名參議員與五十到六十名眾議員。夏威夷的東方人口遠超過白人，也會構成相同的威脅。

反帝國主義者無法順利吸收民粹主義者、布萊恩的追隨者與之後不久被稱為進步派的人士。雖然這些團體反對常備軍、大海軍與對外干預，而且理論上也反對帝國主義、反對軍國主義與反對歐洲，但這些人同時也懷有反抗西班牙的熱情，他們把西班牙視為想在美國家門口踐踏自由的殘酷歐洲暴君。布萊恩與西奧多．羅斯福一樣支持戰爭，雖然沒那麼及時，但他的衷心支持使他被任命為內布拉斯加州第三志願軍上校，但他最後還是沒來得及參與古巴行動。在戰爭呼聲中，喊得最響亮的是一名來自印第安納波利斯（Indianapolis）的年輕律師，他在三十六歲時就已經因為擅長政治演說而聞名全國，而且迅速成為進步派的領袖。在阿爾伯特．貝弗里吉（Albert Beveridge）身上，我們聽到帝國的滋味最撼動人心的呼喊，熱血澎拜的民族主義則以進行廣泛的支配來呈現。與布萊恩一樣，貝弗里吉也具有危險的演說天賦，能把行動乃至於思想形容得活靈活現。戰爭的爆發把貝弗里吉送進了負責運載興奮的運輸船。

四月，早在馬尼拉灣勝利之前，貝弗里吉已經在波士頓宣稱，「我們是征服的民族」。「我們必須遵循我們的血統去占領新的市場，如果必要的話，還要占領新的土地……在全能的神的無窮計畫中……衰敗的文明與衰弱的種族」將消失在「較為尊貴與強健的人類類型的高等文明面前」。柏林的泛德意志同盟（Pan-Germans）與英國的約瑟夫．張伯倫也大談優越種族的使命，兩者各自指的是條頓民族與盎格魯—撒克遜民族；但貝弗里吉與他們毫無關連，他的說法完全是自創的。貝弗里吉不僅從當前事件看到「一個強大民族及其自由體制的進展」，也看到「上帝在傑弗遜、漢彌爾頓、約翰．布萊特（John Bright）、愛默生、尤利西斯．格蘭特（Ulysses S. Grant）與其他帝國才智之士的腦子裡放入的夢想」獲得實現；這個夢想是「美國將持續擴張，直到所有的海洋都綻放出自由的花朵，都飄揚著偉大共和國的旗幟」。然而，在旗幟飄揚的背後，貝弗里吉看到的與其說是自由，不如說是貿易。他表示，美國的工廠與土壤生產的商品遠超過美國人民的消費量。「命運之神已經為我們寫下政策；世界的貿易必須而且將由我們主導……我們的商船將遍布整個海洋。我們將建造一支與我們的偉大地位相稱的海軍……美國的法律、秩序、文明將在迄今為止仍滿布血腥與愚昧的海岸生根，此後，上帝將透過我們使這些地方變得美麗而光明。」

貝弗里吉看到美國成為偉大國家的良機，而他也因此得意忘形，赤裸裸地表現出他的好戰立場。他表示，太平洋「就是我們採取軍事行動的真正戰場。在那裡，西班牙在菲律賓擁有一個島嶼帝國……而在那裡，美國也擁有一支強大的分遣艦隊。因此邏輯上來說，菲律賓將成為我們第一個目標」。

同年夏天，當其他人自願前往古巴作戰，而且因為染上黃熱病而造成五千多人死亡時，貝弗里吉個人對血統召喚的服從依然停留在口頭上的說詞。他對反帝國主義者的論點嗤之以鼻。「古巴不與我們連接？波多黎各（Puerto Rico）不與我們連接？菲律賓不與我們連接？……杜威、桑普森（Sampson）與史利（Schley）將使它們與我們連接，美國的速度、槍砲、心、腦與神經將使它們與我們永遠保持連接！……誰敢阻止我們呢？現在我們終於成為一個民族，強大到足以勝任任何任務，偉大到足以承受任何傳承給我們的天命。」隔年，貝弗里吉當選參議員。諷刺漫畫裡的杜利先生說道：「我們是偉大的民族，而且最棒的是，我們知道我們是。」

這幾個月，西奧多．羅斯福一直待在前線。雖然他擔任重要的高層職位，但在此之前他已作了決定，一旦戰爭開打，他將辭去官職實際到前線作戰。羅斯福斯私底下寫信給朋友，他提到，像他這樣的人被譏笑是「安樂椅上與客廳裡的強硬外交主義者……如果我自己沒有親自實踐我要傳布的理念，那麼無論我仰賴什麼力量來推動這些理念，最後都將化為烏有」。馬尼拉勝利後，羅斯福立即辭去海軍部副部長的職位，戰爭部長阿爾傑（Alger）希望他能擔任志願騎兵團指揮官，也被他婉拒，羅斯福只要求在騎兵團擔任中校，條件是騎兵團必須由他的朋友正規陸軍的倫納德．伍德（Leonard Wood）上校指揮。這件事就這樣決定。兩個月後，六月二十四日，羅斯福參與了聖胡安山（San Juan Hill）戰役。七月三日，陸戰結束，這位熱情奔放的野騎士成了英雄，並且在同年十一月順利當選為紐約州州長。

在此同時，被戰爭熱潮淹沒的國會殿堂，支持併吞夏威夷的國會議員看到了全新的機會。由於仍然無法在參議院爭取到三分之二的多數，這些議員決定透過聯合決議案來推動併吞，因為聯合決議案只需要簡單多數決就能通過。決議案在三月十六日送進了參議院，但里德在四月眾人情緒高漲期間卻一直阻擋決議案進入眾議院。四月十五日，《華盛頓郵報》評論說，里德的無情領導使他成為「公共生活中最危險的反對者」。事實上，里德是唯一能讓天不怕地不怕的貝弗里吉也不願正面挑戰的人物。有人催促貝弗里吉寫信給里德，說服他不要反對擴張時，貝弗里吉回道：「我覺得無論花費多少唇舌，對於議長那種心智與意志如直布羅陀般難攻不破的人來說，完全是徒勞。」

然而，當戰爭延燒到太平洋時，就連里德也感到自己的鐵腕已難以掌控局面。惱怒之下，里德對密蘇里州眾議員錢普．克拉克表示，他希望杜威能「立刻將艦隊駛離那個地方，否則接下來會為我們帶來麻煩」。支持併吞的人認為，如果美國不取得夏威夷，英國就會取得夏威夷，或者日本也會出手，日本已經計畫透過政府補助，鼓勵日本人移居夏威夷，以此來取得夏威夷的控制權。此外，此時美國的路線已經非常清楚。五月四日，麥金利對秘書喬治．科特柳（George Cortelyou）說道：「我們需要夏威夷，正如我們需要加州一樣，或者說，我們更需要夏威夷。這是我們的昭昭天命。」

五月四日，聯合決議案送進了眾議院。里德頂住壓力，將決議案擱置了三個星期。有人主張，為了在太平洋擊敗西班牙，就必須控制夏威夷，但里德認為這不過是糖業托拉斯與帝國主義者的託詞。為此，里德與總統、國會裡幾乎所有的同黨議員，以及國會外的朋友起了衝突。洛吉在寫給羅斯福的信上說道：「現在只有里德一個人在反對，他傾盡全力反對併吞夏威夷。」里德甚至想辦法爭取民主黨議員的支持。當未來的議長錢普．克拉克——雖然是民主黨員，卻是里德的好友——希望里德安排他進入歲入委員會時，里德卻反過來懇求他進入外交委員會，他需要克拉克這種「與他擁有相同信念而且是個鬥士」的人在那裡協助他。

「你都這麼說了，」克拉克萬分感動地回答，「我當然會幫你。」他同意放棄自己渴望已久的位子來協助民主黨最不願妥協的對手。

共和黨內部越來越躁動不安。五月二十四日，共和黨眾議員採取了不尋常的舉動，他們簽署請願書，想召開黨團會議來討論決議案。議員們的舉動使里德必須面對自己在反對沉默法定人數的戰爭中曾奮力爭取的成果。反對沉默法定人數的戰爭與之後里德訂定的規則的基本前提是，眾議院多數議員表達的意志必須勝出。里德知道自己在眾議院無懈可擊的地位與自己對程序技術的精通，搭配克拉克的合作，足以阻止議員針對夏威夷決議案進行投票，儘管如此，他仍無法改變議會整體的情緒。他知道占多數的共和黨想併吞夏威夷，而眾議院整體而言也支持這麼做。里德只要運用他擁有的一切權威，就能挫敗決議案，但如果他這麼做，他的成功將使他先前贏得的一切完全落空：他過去進行改革是為了確保眾議院能擁有自身的控制權，任何程序上的投機取巧，任何議長的專橫裁定，都不會妨礙眾議院多數議員的意志。反對沉默法定人數的原始目的，在此受到了考驗，可悲而諷刺的是，這項考驗卻是里德自己要承受。他必須在他痛恨的對外征服與身為議長的職責之間做選擇，一個是他最深刻的信念，另一個則是他自己訂定的規則。

里德只有一條路可走。他很清楚自己在第五十一屆國會完成的改革意義有多重大，因此他決定服從多數。辯論於六月十一日展開，六月十五日，決議案以二百零九票對九十一票通過，共和黨幾乎無異議贊成。里德未出現在主席臺上。代理的眾議員達爾澤爾（Dalzell）在投票前宣布：「議長因病缺席。他要求我為他投下反對票。」《國家》表示，里德表達了他的立場，成了黨內「孤鳥」。「這種反對大多數人的狂熱，特別是反對自己的黨的勇氣，在政治美德上實屬罕見，我們不得不對表現出這項美德的人表達敬意。」

聖地牙哥海戰結束了古巴戰爭，四天後，七月七日，國會正式批准併吞夏威夷。在聖地牙哥海戰中，西班牙艦隊嘗試突破美軍封鎖，卻被五艘新建美軍戰艦印第安納號、奧勒岡號、麻薩諸塞號、愛荷華號與德克薩斯號的優越火力摧毀。聖地牙哥投降的兩個星期後，西班牙結束在古巴的統治，西班牙不是被古巴叛軍擊敗，而是被美國擊敗。協商和平條約時，過去三年來對於古巴自由運動投注的大量熱情、國會裡通過的所有支持古巴共和國獨立的決議與反對併吞的看法，此時都對洛吉參議員所謂古巴是「必爭之地」的說法構成嚴重挑戰。無論古巴的戰略與商業利益多麼誘人，把古巴當成征服的成果已不可能，但至少可以取得另一座小島波多黎各。西班牙放棄古巴與割讓波多黎各，從此退出西半球。在美軍占領下，古巴的獨立程度與古巴和美國的關係屬於何種性質仍留待日後解決。一九〇一年的普拉特修正案（Platt Amendment）實質確立古巴作為美國受保護國的地位。

在此同時，八月十二日，美國與西班牙在華府簽訂初步和平條款，並且將較為棘手的菲律賓問題留待雙方的和談代表在巴黎開會時商討，屆時再締結最終的和平協議。洛吉總結這場戰爭的損益，認為結果還算令人滿意：「我們已經躋身世界列強，我認為我們已經讓歐洲感受到誰才是真正的贏家。」馬漢在寫給羅斯福夫人的信上也提到相同的主題，但他的文字帶了點浮誇的氣息：「美國人無憂無慮的青春歲月已一去不復返，接下來等待我們的將是成年後必須肩負的憂心與焦慮。」

在國內，反帝國主義者透過集會、抗議、演說、文章、請願與公開會議，試圖阻止美國取得太平洋上的群島，在他們眼裡，這些小島宛如伊甸園的蘋果，散發著致命而邪惡的光澤。卡爾．舒爾茨敦促麥金利把菲律賓交給小國託管，例如比利時或荷蘭，這樣美國就可以維持「中立大國的地位」。此時法國正值「德雷福斯的夏天」，美國人也感受到自己的國家已經來到決定性格與未來的關鍵時刻。無論在公開場合還是私底下，民眾都熱烈討論該保留菲律賓還是將菲律賓交由菲律賓人自己管理。就連一向務實的馬漢也受到追求公義的熱潮感染，在寫給英國朋友的信中，馬漢談到美國有保留菲律賓的責任，「這是上帝的旨意！這是十字軍與清教徒的口號，我懷疑還有什麼比這個說法更高尚」。

八月，支持與反對擴張的公共領域領袖在薩拉托加（Saratoga）召開三天會議，討論「共和國歷史上幾個最重要的問題」。擴張主義者喜愛且最能引發他們熱烈討論的主題，就是廣大未開發的東方市場可以提供美國企業無窮的機會。西北大學校長與會議開幕主席亨利．韋德．羅傑斯（Henry Wade Rogers）為反帝國主義者發言，他強烈主張貿易並不需要併吞領土。但羅傑斯喚起熱情的能力遠不如曾在普爾曼大罷工發布禁制令的格羅斯卡普法官（Judge Grosscup），後者高唱「商業活動新事業」的頌歌，相信「我們即將進入一個全新的商業領域」。隨著菲律賓與夏威夷落入美國之手，美國即將控制通往亞洲的道路，整個亞洲將「門戶洞開，引領我們走向這個擁有世界二分之一令人垂涎的領土與三分之一人口的大陸」。

薩繆爾．龔帕斯反對征服外國領土，認為這麼做不只背叛美國的立國原則，也危及美國薪資工人的薪資水準。在反帝國主義的宗旨下，出現了奇怪的組合。之後在芝加哥的一場會議上，龔帕斯宣稱保留菲律賓將證明「我們從事的是一場不義的戰爭」，安德魯．卡內基發給他一份祝賀電文，上面寫著：「讓我們一起拯救共和國。」

麥金利總統在深刻省思與禱告之後，達成的決定不僅得到顧問支持，也獲得黨的歡迎：美國必須保留菲律賓。在巴黎，西班牙的和談代表得知已無討價還價的餘地，美國取得菲律賓已成定局。西班牙如果不服的話，就必須面對新一輪的戰爭。為了促使西班牙接受這項不可避免的決定，美國願意象徵性支付二千萬美元給西班牙。十二月十日，美國與西班牙簽訂巴黎和約，西班牙將菲律賓的主權轉移給美國，雙方條約批准後，美國將支付二千萬美元給西班牙。「我們毫無揀選地以一個人兩美元的代價買了一千萬名馬來人，」里德諷刺地說道，而里德的評論或許是當時最具有先見之明的，他又說：「沒有人知道揀選的話要花多少錢。」

雖然到目前為止，這一切幾乎是可預期的，但當阿奎納多與他的部隊得知美西達成和平協議時，仍感到痛心與苦惱，許多人幾乎無法相信他們的解放者與盟友居然成了新的征服者。在缺乏有組織的軍隊或現代武器的狀況下，他們仍準備再度作戰，但另一方面，他們也期待美國有可能不履行和約。他們知道美國存在著強大的反帝國主義潮流，他們希望參議院能拒絕批准和約。

一八九八年十二月五日，國會開議，整個冬季會期的重點完全集中在美西和約的攻防上，其激烈程度更甚於併吞夏威夷。每一張票都很重要。為了達到三分之二的多數，大黨鞭洛吉領導的共和黨必須運用每個策略、每個論點、每個施壓的機會來團結自身黨員與攏絡可能跑票的民主黨員，至於反對擴張的人士則要努力守住足夠的參議員使人數能夠達到三分之一再多一席。這個時候，在眾議院，一些議員向里德提議，讓民主黨議員與一些反帝國主義的共和黨議員組成同盟，在眾議院通過反對和約的決議，這樣可以促使參議院拒絕批准和約。雖然里德「瞧不起」行政部門在華府核心圈已是公開的秘密，但里德還是拒絕了。既然他還是行政部門的領航者，他就不準備對行政部門發動叛變。議長的職責使他非常苦惱。洛吉在給羅斯福的信上寫道：「里德非常痛苦，他私底下談話總是用不堪入耳的話痛罵行政部門及其擬定的政策，我因此不得不避開他，因為我喜歡他這個人，我必須承認，他的態度令我感到難過與沮喪，我幾乎無法形容那種感覺。」

民眾對於美國在菲律賓的軍事行動感到不悅，也對於美國對菲律賓負有責任感到困惑。民主黨人士與民粹主義者尤其覺得古巴戰爭是以自由為宗旨，現在，在陰錯陽差之下，戰爭轉變成透過征服的權利將主權強加在一個不願接受統治的民族身上。美國搖身一變成了新西班牙。在這個令人不滿的時刻，有兩位敏銳感受到歷史正在形成的人士，共同提出了令人印象深刻的建言。一八九九年二月一日，麥克盧爾在自己的雜誌上用整整兩頁的版面刊登了魯德亞德·吉卜林的詩文，用來告誡陷入徬徨不安的美國人。

挑起白種人的負擔

送出你們最優秀的子弟，
把你們的兒子細綁起來放逐
去滿足你們俘囚的需要；
讓他們背負沉重馬具隨侍一側
服務那躁動不安的群氓與粗鄙之人
剛被捕獲的慍怒之民，
半像惡魔又半像孩子……

挑起白種人的負擔
發起野蠻的和平戰爭，
餵飽飢民的嘴
命令疾病消除……

你們不要自甘墮落撿拾輕鬆的工作——

正義的語調重彈；吉卜林完美結合了高貴的天命與無私的使命。這首詩被廣泛刊載與引用，一個星期之內就流傳全美各地，許多人因此對於帝國任務不再感到猶豫。

在華府，反對和約的人似乎有可能獲勝，因為共和黨還差一票才能取得批准和約所需的三分之二多數。就在此時，威廉・詹寧斯・布萊恩（William Jennings Bryan）突然抵達華府，令支持者驚訝的是，布萊恩要求他們投票支持和約。身為民主黨領袖，布萊恩有充分的意願爭取參加一九〇〇年總統大選，但他也發現自己需要一面新的旗幟。考慮到重提自由鑄造銀幣可能沒有勝算，布萊恩已經準備好要放棄這個議題，轉而支持帝國主義這頂全新的荊棘王冠。他很清楚保留菲律賓將造成許多麻煩，而且會成為火熱的選戰話題，但這個議題無論如何都必須率先拋出。於是，布萊恩告訴他的黨員，反對和約是行不通的。這個不尋常的說法驚嚇甚至震撼了國會議員，他們認為這件事是原則問題。南達科他州支持自由鑄造銀幣的參議員佩提格魯（Pettigrew）「非常生氣」，「我最後告訴他，華府的事他管不著」。由於正反兩方維持著微妙的平衡，這個自南北分裂以來最重要的議題，最終的成敗決定在一兩名游移不定的參議員身上。當布萊恩表示，批准和約將結束戰爭時，有些參議員動搖了。

就在這個時候，當投票日訂在二月六日，結果仍在未定之天，雙方都努力遊說與拉攏每一張贊成與反對票時，菲律賓人發起了獨立戰爭。二月四日晚間，菲律賓的軍隊攻擊馬尼拉市郊的美軍。在華府，雖然這則消息引起大家的揣測，但沒有人確知會造成什麼影響。在投票的前一刻，前總統克里夫蘭、哈佛大學校長艾略特與其他二十二名國內重要人物簽署的請願書送到了參議院，這份情願書表明，除非和約明訂反對併吞菲律賓與波多黎各的條款，否則不該批准這份和約。請願書又提到，「根據我們共和國的立國原則，我們有責任承認住民要求獨立與自治的權利」，而如麥金利先前所言，如果以武力併吞古巴是「違反我們道德規章的一種侵略的犯罪行徑」，那麼併吞菲律賓也一樣。請願書的論點無懈可擊，但未能提供第三人裁決的機制、政治未來與洛吉和布萊恩提到的其他面向。

二月六日，參議院投票，和約以五十七票對二十七票通過，雙方的勝負只在一票之間。這是「我所見過差距最近、最艱困的一場投票」，洛吉說道。投票結束後，大家都同意一件事，那就是布萊恩扭轉了幾張決定性的選票。參議院計票的時候，菲律賓的美軍已死亡五十九人，受傷二百七十八人，菲律賓人傷亡約五百人。揀選馬來人的代價才剛開始支付。

「這個國家首次遭遇誘惑就馬上把古老的原則吐掉，實在令人作嘔」，威廉．詹姆斯在私人信件中如此寫道。而在公開場合，威廉．詹姆斯則在《波士頓晚報》撰文表示，「我們現在正公然破壞偉大的人類世界中最神聖的事物──一個長期被奴役的民族試圖」獲得自由與決定自己的命運。對詹姆斯這種人來說，最悲傷的事莫過於與美國夢決裂。諾頓寫道，美國「喪失了它在文明進展中獨一無二的領袖地位，而甘願與今日那些巧取豪奪的自私國家同列」。

對其他人來說，得知美國人對菲律賓人開槍，更是讓他們痛心。反帝國主義者的憤怒加深，成員也增加到五十萬人，而且在許多城市成立分部，包括波士頓、斯普林菲爾德、紐約、費城、巴爾的摩、華府、辛辛那提（Cincinnati）、克里夫蘭、底特律（Detroit）、聖路易斯、洛杉磯與奧勒岡州波特蘭。「我們背叛了我們相信的事物」，穆菲爾德．史都瑞寫道：「這個偉大的自由國度，一個多世紀以來提供了每個國家的受壓迫者避難之地，如今卻成了壓迫者。」史都瑞仍不願放棄，他希望里德出面領導，畢竟羅斯福曾說他是「國會最具影響力的人」。在給霍爾參議員的信上，史都瑞懇求他「說服里德先生出面。他萎靡不振，遇到大事也很不積極。若他能出面，我認為他將會是下任總統」。

然而為時已晚。里德的萎靡不振是因為這場政治鬥爭令他失望。換成主要興趣不是放在政治領域的人來說，政治鬥爭可能也會讓他們感到沮喪，卻不至於擊潰他們。然而里德一輩子都在國會與政壇，持續參與代議政府的運作，對他而言，代議政府必須朝著他相信的目的進行。他的黨與他的國家現在卻走上他極不信賴與極為憎惡的道路。一名記者說道，在里德面前提到擴張，就像「劃下一根火柴」，會引爆「毒辣的語言」。潮流已經與他背道而馳，他無法改變它的流向，也無法順從它。

與他的國家一樣，里德也來到抉擇的時刻。他可以繼續再當一任議長，但他已經可以看見眾議院裡日漸強烈的氣氛，大家都覺得他過於敵視行政部門，已不適合繼續擔任領導者。喬·坎農與其他老同事都對里德的態度與里德對總統的批評產生反感，但沒有人敢提出質疑要他下臺。總統也不敢公開支持其他人擔任議長。里德知道他可以牢牢掌握領導權，但他將會是一個處處受到敵視的議長。他變得「鬱鬱寡歡、面目可憎」，看到過去的老同事冷落他，他也擺出難看的臉色。

里德如果要繼續擔任議長，就必須完成他所厭惡的菲律賓政策。也就是說，他要繼續為林肯的政黨（林肯是共和黨員）背書，然而這個他已經待了這麼久的政黨，現在卻決定——與林肯的原意略有不同——「自甘墮落地失去這個世界上最後一個擁有最美好希望的地方」。里德對他一輩子的好友與秘書亞舍·辛德斯（Asher Hinds）說：「我已經嘗試過，或許不總是成功，我要讓我在公共領域的行為能符合我的良知，而現在我已經無法做到這一點。」對里德而言，他在政治圈裡生活的目的與樂趣已完全喪失。他已經發現了人類的悲劇：人類可以規劃善的藍圖，卻無法實現它。

一八九九年二月，和約投票通過之後，里德做了決定。雖然這一次他沒有公開說明，但有傳言指出，他打算退出政壇到新聞界工作。當記者問起他對菲律賓政策與尼加拉瓜運河法案的不滿時，里德只是做出「疲倦與厭惡」的表情，就把問題搪塞過去。四月，第五十五屆國會休會之後，里德授權做出宣示。難以置信的傳聞終於成為事實。里德議長將從國會退休，在歐洲度假之後，將在紐約的盛信律師事務所（Simpson, Thacher and Barnum）擔任資深合夥人。

「沒有湯姆・里德的國會！誰想像得到！」《紐約論壇報》（*New York Tribune*）的社論驚呼道。每個人都感到有些驚恐，彷彿某個巨大的地標被移除了，在眼前留下一個空蕩蕩的坑洞。《泰晤士報》從來沒讚美過里德，此時也用一個版面的社論形容這是「國家的損失」，並且覺得「政治情況一定出了什麼差錯」，才讓這樣的人離開公共領域到私人的法律事務所。《泰晤士報》駐華府通訊記者把這起事件稱為國會的「災難」，認為議長離開之後，將影響國會的議事能力。戈德金在《紐約晚郵報》哀悼這位傑出的人才、「成熟理性之人」離開政治界。

里德本人並未公開解釋自己為什麼離去，他只在給緬因州選民的告別信上寫著：「職位就像別在外套上的絲帶，沒有什麼好留戀的。」記者在紐約曼哈頓飯店圍住了里德，他們表示，民眾想聽聽他的說法，里德回道：「民眾！我對民眾沒興趣」，說完便轉身離去。

菲律賓的軍事行動規模持續擴大，野蠻程度也不斷上升。為了對抗菲律賓人頑固的游擊戰，美國陸

軍陸續投入團級、旅級與師級的兵力，直到同一時間在島上投入多達七萬五千人的軍隊為止，這已經是古巴戰爭兵力的四倍以上。菲律賓人縱火、埋伏、突襲、肢解，有時還會活埋俘虜。美國人也以殘暴的行為加以報復，如果一名美軍被割喉，那麼美軍會燒掉整座村莊，殺光所有村民，他們會使用「水刑」與其他酷刑來取得資訊。美軍士兵離家三千英里，還要遭受炎熱、瘧疾、熱帶暴雨、沼澤與蚊子的侵襲。他們唱著：「該死，該死，該死的菲律賓人，我們用槍來教育他們……有時軍官還會下令不要留下犯人。」美軍在每一次的小規模衝突中獲勝，但菲律賓人依然源源不絕地湧來。一支突擊小隊未能抓到阿奎納多，卻抓到他的兒子，這則消息登上了頭條。當天早上里德來到辦公室，他用嘲諷且驚訝的語氣對他的合夥人說：「怎麼，你今天還要上班嗎？我還以為你要去慶祝了呢！我看到報紙上說美軍抓到了阿奎納多還在襁褓中的兒子，新聞最後還說他們正在追捕孩子的母親。」

阿奎納多持續戰鬥以爭取時間，希望美國國內的反帝國主義情緒能夠迫使已經感到厭戰的海外部隊撤軍。戰爭拖得越久，反帝國主義的抗爭就會越激烈與越憤怒。一八九九年十月，芝加哥發起了反戰示威，要求「立刻停止反自由的戰爭」。示威者收集與報導美軍在菲律賓犯下的所有最惡劣的行徑，以及貪婪的帝國主義者曾經發表過的最糟糕的演說，而且還拿出最油腔滑調的白種人使命的說法作為對照。他們發放安德魯．卡內基出錢印製的小冊子，當反帝國主義同盟執行長愛德華．阿特金森（Edward Atkinson）向戰爭部申請，希望把小冊子寄到菲律賓時，遭到戰爭部拒絕，但阿特金森不管那麼多，他還是自行將小冊子寄到菲律賓。

行政部門急於結束戰爭與安撫「剛被捕獲的慍怒之民」以建立穩定的統治，於是派遣各種委員會前去調查美軍的殘暴行為，探查菲律賓人實際的需要——菲律賓缺乏自治政府，而菲律賓人說他們想要自治政府——並且在報告中指出應該給予菲律賓人何種形式的文人政府。一九〇〇年四月，靦腆、和善、重達三百磅的威廉・霍華德・塔虎脫法官（Judge William Howard Taft）被派往菲律賓建立文人政府，他手上拿著新任戰爭部長埃利胡・魯特（Elihu Root）擬定的特許，該特許給予菲律賓人相當程度的內部自治。然而菲律賓人與美國人還沒準備好要放棄戰鬥，因此這項嘗試來得有點太早，但塔虎脫還是繼續待在菲律賓，只要有機會，他絕不放棄以「棕色小兄弟」的利益為依歸來進行統治。塔虎脫在國內的朋友關心他在菲律賓過得如何，急切地詢問他的健康狀況，塔虎脫在發給埃利胡・魯特的電報上表示，他會騎馬外出，感覺很好。魯特回覆時還說：「馬覺得怎麼樣呢？」

儘管遭遇許多困難，主政的共和黨對於美國開展的新事業並沒有重新考慮的想法，也不感到猶豫。開鑿尼加拉瓜運河的法案送進了參議院，此時阿爾伯特・貝弗里吉也在參議院，他與全能上帝的關係變得更加密切。他在一九〇〇年一月八日指出：「我們絕不會放棄我們這個種族在世界文明中的使命，這是上帝交給我們的任務。」他向參議員們表示，上帝為「英語民族與條頓民族」準備了這項千年使命。

與貝弗里吉同世代的一些人對美國的新形象感到厭惡。聽到「太平洋彼岸鬱悶地」傳來「不高貴的戰爭」之聲，威廉・沃恩・穆迪（William Vaughn Moody）寫下〈躊躇時刻的頌歌〉（"Ode in a Time of Hesitation"），並且刊登於一九〇〇年五月的《大西洋月刊》上。他問道，我們是否仍是「鷹的族類」，還是說：

我們該分別一些較不高貴的鳥兒？
一些生活在肥沃沼澤裡，喙嘴寬大的水禽？
一些在陽光下飽食終日？還有一些跟蝙蝠一起在夜間潛行？

這是極少數人的良知，戈德金也有相同的感受，他在幻滅下提出一個奇怪卻具有洞察力的看法。一九〇〇年一月，他在寫給穆菲爾德．史都瑞的信上表示：「尚武精神已深入人心，權力已傳遞到群眾手上。」

戰爭過了一年，美軍更加擴大延伸，眼前有一件事很可能結束這場戰爭，那就是即將到來的總統大選。反帝國主義者與阿奎納多為此抱持希望。奇怪的是，最早出現的人選居然是海軍上將杜威，這大概是因為一些民主黨員不願推舉布萊恩，因此不顧一切地尋找其他可能人選。杜威在做了一番思考後表示，「總統這個職位其實不是那麼難擔任」，他說自己願意參選，但他說的話卻無法讓人產生信心，而且他在民主黨的形象也十分模糊，最後他還是沒能參選。布萊恩的機會又再次浮現。

反帝國主義者一時間進退兩難，內心極為苦悶。麥金利代表了帝國主義政黨；至於布萊恩，卡爾．舒爾茨說他是「反帝國主義運動的邪惡天才」，他憎恨布萊恩在批准和約時的背叛行徑，同時也憂心他的激進主義。一九〇〇年一月，舒爾茨與卡內基、加馬利爾．布拉德福德、參議員佩提格魯在紐約廣場飯店（Plaza Hotel）見面，準備組織第三個政黨，這樣美國人就不用「被兩個行屍走肉的腐敗老政黨逼迫，而要在兩個邪惡之間做選擇」。卡內基當場捐款二萬五千美元，其他人也共同捐出了相同的數字。

過了不久，與卡內基協商準備買進他的公司的鋼鐵托拉斯成員告訴卡內基，如果他反對麥金利，那麼這個交易就不可能達成。卡內基喜愛美國鋼鐵公司（United States Steel）更甚於第三黨，於是他撤回捐款，取得他的股份，然後退出企業經營。然而，舒爾茨與其他人還是在印第安納波利斯召開自由大會（Liberty Congress），他們在會中要求里德擔任他們的總統候選人，但里德或其他人都不想領導這個由獨立人士組成的政黨，認為這完全是徒勞。七月，在堪薩斯城，不可避免的事情發生了：布萊恩成為總統候選人。

布萊恩依照先前的計畫，以帝國主義作為選戰主軸，而跟過去一樣，他依然致力於鼓動國內的對立。他的名聲敗壞，但他的魅力、熱情與面對面時的誠懇，依然能傳遞到民眾身上，甚至跨越了太平洋。菲律賓人相信布萊恩，但當初要不是布萊恩，美西巴黎和約應該已經遭到否決。阿奎納多信誓旦旦地表示：「美國偉大的民主黨將會贏得明年秋天的大選。帝國主義瘋狂以武力征服我們的企圖終將失敗。」阿奎納多的士兵紛紛高呼：「阿奎納多！布萊恩！」

針對即將到來的總統大選，反帝國主義者在芝加哥發表政見時表示：「任何候選人或任何政黨，只要他們支持征服任何民族，就是我們要擊敗的對象。」有朋友在給前總統克里夫蘭的信中說道，什麼都別管，「含著眼淚投給布萊恩就對了」。這些人對於民主黨候選人的調整式支持，被人戲稱為「含淚投票」。《國家》對於兩黨候選人都極為厭惡，因此兩邊都不支持，一名不滿的讀者抱怨《國家》此舉是「兩邊批評，故作中立」。

共和黨員在調適上毫無困難。雖然他們比較喜歡被稱為擴張主義者而非帝國主義者，但無論哪一個名稱，他們都感到自豪，他們相信自己追求的目標是正確的。洛吉不改他一貫的坦率態度，他表示：「馬尼拉壯闊的港灣是東方的戰利品與珍珠……它能讓我們開啟中國市場……我們怎麼能猶豫，而且怯懦地做出但丁（Dante）所說的『大拒絕』呢？」國務卿海約翰提出門戶開放政策，顯示中國市場已是人們關注的焦點。選戰進行到夏天，北京發生義和團圍攻使館區事件，美國參與八國聯軍突顯美國已經開始扮演國際要角。共和黨最具說服力且最直言不諱的競選者是麥金利的新競選搭檔西奧多·羅斯福，他代替總統成為選戰的主要人物。羅斯福不確定選戰能否獲勝，因為「滿滿的飯盒」比較像是口號而非事實，他因此努力不懈地到處競選拉票，在民眾與諷刺漫畫家眼中，這位古巴戰爭的野騎士的堅定神情、夾鼻眼鏡與難以阻擋的熱忱，彷彿他才是真正的總統候選人。羅斯福嘲弄軍國主義幽靈，認為那不過是「難以捉摸的鬼魂」，而且堅稱擴張「絕不會影響我們的制度或我們的傳統政策」，他表示問題不在於「我們是否該擴張，因為我們已經擴張，而在於我們是否該緊縮」。

美國民眾聆聽了數千場演說與閱讀了數千篇報紙專欄，他們快速掃視每個支持與反對帝國主義的論點與菲律賓戰爭的各個面向。多虧反帝國主義者的努力，美國民眾因此能比一般戰時民眾知道更多自己國家軍隊的所作所為。在一年前，海牙和平會議（Hague Peace Conference）已經宣布禁止使用達姆彈（英國除外），但現在卻發現美軍部隊居然配發了這種子彈。最後，就像同年英國的卡其選舉一樣，美國人選擇支持現任總統。無論什麼時期，民眾的想法往往最清楚地反映在他們的行為上。麥金利與羅斯福順利當選，他們拿到百分之五十三的選票，與一八九六年總統大選相比，麥金利拉大了與布萊恩的票數差距。選民不僅接受擴張與征服，也同意與美國的過去決裂。美國就這樣一邊與菲律賓作戰，一邊邁入

圖十一　西奧多・羅斯福，John Singer Sargent繪，1903年

了二十世紀。

對阿奎納多來說，這場選舉結果使他的希望完全落空。阿奎納多撤退到山區繼續奮戰，一九〇一年三月，他中計被俘，四月，他在牢裡簽字，宣誓效忠美國，並且向他的人民發表宣言，要大家停止抵抗：「我們已經流夠了鮮血與眼淚，我們的家園不能再荒廢下去。」

諾頓教授為反帝國主義者唱起了輓歌。在阿奎納多被捕的那個月，諾頓寫信給朋友，他說：「我得出一個結論，對於美國，我過於理想主義，我懷抱過高的希望，我把美國可能變成的模樣想得太好。沒有任何國家像美國一樣擁有這麼好的機會，它是世界的希望。再也沒有任何國家能像美國一樣有機會提升文明的標準。」

六個月後，發生了喬戈什槍擊事件，麥金利的位子由羅斯福接替，馬克．漢納聽到這個消息時說了一句：「那個該死的牛仔。」這句話說得不夠敏銳。這位新時代的締造者，在四十三歲這年當上了總統。

里德寫信祝福他，但兩人的交流只是形式上的，彼此之間仍心存芥蒂。里德住在紐約，與馬克．吐溫意氣相投，馬克．吐溫的機智、思維方式與冷嘲熱諷剛好投其所好。里德與馬克．吐溫到擁有多個托拉斯的資本家亨利．羅傑斯（Henry H. Rogers）的遊艇上作客，享受一趟漫長的巡航之旅，而這次航行也留下一段讓人津津樂道的趣事，那就是里德連續贏了二十三場牌局。里德偶爾會前往華府，有一次，他到最高法院打訴訟，他傑出的演說技巧讓法官頗為滿意。里德再也沒走進眾議院，但他倒是曾在歲入委員會辦公室受到眾人的簇擁，以及與老朋友相見。在醫生的叮囑下，里德減重了四十磅，但他的健康依然堪憂。一九〇二年夏天，里德成為鮑登學院百年校慶的貴賓，他在這裡度過了「難得的快樂時光」，他說：「我們可以再慶祝一次，但理智上不允許我們這麼做。」十二月，里德回到華府，他在國會大廈歲入委員會辦公室時，突然感到身體不適。他證實罹患了末期的慢性腎炎。五天後，一九〇二年十二月六日，里德去世，享年六十二歲。在里德之後繼任議長的喬．坎農表示：「里德是我見過最聰明而且有著非凡勇氣的人。」聰明、勇氣加上「自力更生的成長經驗」，使里德得以在政治泥淖中站穩腳步，直到最後都不願妥協，一個孤獨的特例，一個特立獨行之人。

第四章　「賜我戰鬥！」：法國，一八九四年到一八九九年

「法國永遠榮耀」是一八九〇年代某個英國人使用的詞彙，這個英國人是德文郡公爵的秘書阿爾梅里克．費茨洛伊爵士。他覺得受西方文明影響的人都應該感謝法國，從法國產生的「衝動，痛苦地瓦解了舊世界，為今日的世界帶來生命與熱情」。然而，從一八九七年夏天到一八九九年夏天，兩年的時間，舊世界崩潰的痛苦又捲土重來。道德熱情再次揭開過去的傷口，不僅分裂了社會，也耗盡了思想、精力與榮譽，在這樣的撕裂下，法國陷入了歷史上最為嚴重的一場巨大動盪。

日後的法國總理萊昂．布魯姆（Léon Blum），當時才二十幾歲，他寫道，「在這兩年宛如永無止盡的歲月裡」，民眾持續努力為一個遭受不公正審判的個人爭取再審，「生命彷彿停留在原地」。「在那個動盪、形同內戰的時期……一切似乎都聚焦在一個問題上，至於最私密的情感與個人關係，則無處不受到干擾、顛覆、重新分類……德雷福斯事件是一場人性危機，與法國大革命相比，雖然影響範圍沒那麼廣，時間也沒那麼長，但撼動的力道卻不相上下。」

這「讓天使分裂成兩個陣營」，與布魯姆意見相反的沃居埃伯爵（Comte de Vogüé）寫道。「在可怕的衝突刺激下，法國最優秀的人士，超越了卑劣的動機與獸類的激情，各自秉持著高尚情操投身其中，相互對抗。」

主要人物置身於這場打擊他們的風暴之中，卻反而讓他們產生一種尊榮感。激越的情感驅除了衰頹的風氣，使他們再度感受到「崇高的原則與用之不竭的精力」。環繞在他們周圍的不只是仇恨、邪惡與恐懼，還有勇氣與犧牲。他們的戰鬥是壯烈的，他們爭論的是共和國的生命。正反雙方各自提出自己的理念，各自擁有一套對法國的看法：一方是反革命的法國，另一方是一七八九年的法國；一方認為這是他們制止進步社會趨勢與恢復舊價值的最後機會，另一方則想維護共和國的榮譽，以免落入反動派的魔掌。要求再審的修正主義者，他們把法國視為自由的泉源、光明的國度、理性的導師、法律的編纂者，對他們來說，發現法國犯下惡行與包庇司法不公是不可忍受的事。他們要求正義。反對再審的人則以「祖國」為名，一方面要求維護陸軍，因為陸軍是民族的盾牌與保護者，另一方面也要求維護教會，因為教會是民族的指引與指導者。這些人聚集在民族主義的大旗之下，在他們當中不乏誠實正直之人，但這些人卻淪為煽動家的夥伴，聽從了魯莽粗暴的方法與不堪入耳的惡言，世人看到這一幕咸感驚訝與輕視，法國的名聲因此蒙羞。雖然雙方的鬥爭已經造成國家內部的對立，也讓日夜窺伺邊界的敵人有機可乘，但爭論者深陷於相互暴力與最終信念之中，已經難以脫身。

「我們是英雄，」夏爾・佩吉（Charles Péguy）如此說道，他以聖女貞德（Joan of Arc）式的神秘語言來轉化與昇華政治運動。一九一〇年，佩吉寫道：「德雷福斯事件只能以我們需要英雄主義來解釋，英雄主義每隔一段時間就會吸引我們的民眾、我們的種族，讓我們一整個世代的人都為之著迷。其他的嚴峻考驗也有相同的效果，例如戰爭……當一場大戰或一場革命爆發時，那是因為一個偉大的民族或一個偉大的種族需要奮起，因為他們已經受夠了，特別是受夠了和平。這通常意謂著廣大群眾感受與體驗到強烈的需求，一種巨大運動的神秘需求……他們突然需要榮耀、需要戰爭、需要歷史，因此導致了爆炸、噴發……。」如果佩吉從德雷福斯事件中看到的價值與力量是巨大的，那是因為這些價值與力量屬於那個時代，屬於當時的體驗。德雷福斯事件使當時的人覺得自己不同凡響。

爭端的起因是某個猶太裔陸軍軍官被指控為德國蒐集情報而犯了叛國罪；雙方爭執的焦點是一方想阻止此案再審，另一方則想爭取再審。由於法國政府的孱弱，使得法國政府不得不傾全力打壓可能不利政府的人士來鞏固與支持原判決。法國政府不像英國政府那樣穩定、受尊敬與基礎深厚，相反地，法國政府很不穩定、未能獲得民眾信任、經常受到嘲弄，而且事事小心提防。一七八九年以來，法蘭西共和國曾經兩度因王室復辟而垮臺。一八七一年後法國成立了第三共和，法國開始復興、繁榮與取得帝國的地位。法國獎掖藝術，使藝術在巴黎這座最具文化素養的首都獲得發展，而在革命一百周年，法國建造了全世界最高的建築物，這座大膽而令人難以置信的高塔聳立在塞納河（Seine）畔，成為象徵法國生命力與創造力的信號旗。

然而，法國在政治領域總是自相牴觸，一方面，內部有不願妥協與不願順從的舊制度與第二帝國支持者的紛擾，另一方面，外部有強大德國的壓迫，德、法似乎還需要一場戰爭才能化解兩國的嫌隙，法國人雖然急欲復仇（*revanche*），卻沒有能力這麼做。一八八九年，對共和國的不滿來到緊要關頭，布朗熱將軍在反革命分子的支持下企圖發動政變，這些反革命分子由一群右派人士組成，包括教會、兩百個商業與金融家族、流亡貴族、保皇派，以及上述團體的追隨者與支持者。布朗熱的企圖政變最後以失敗收場，總理夏爾・弗洛凱（Charles Ploquet）為此說了一句令人難忘的名言：「將軍，拿破崙是在你這個年紀死的。」儘管如此，布朗熱的行動還是撼動了共和國，他讓右派產生期待，卻又使其挫敗。

——

被派到總參謀部的砲兵軍官陸軍上尉阿爾弗雷．德雷福斯（Alfred Dreyfus），他的逮捕、審判、定罪與判刑發生在一八九四年十月到十二月，整起事件並不是為了陷害無辜者而設計的陰謀，而是合理懷疑的結果，只是這個合理懷疑完全出自個人的嫌惡、間接證據與直覺偏見。證據顯示總參謀部有某個砲兵軍官將軍事機密洩漏給德國。德雷福斯除了符合條件，還是個猶太人，永遠的異邦人；因此，他理所當然沾染上叛國的汙點。就德雷福斯本人來說，他的同袍軍官不喜歡他。他死板、沉默寡言、冷淡、講求正確到了不近人情的地步，他沒有朋友，不發表意見，也不表露情感，他經常在職務上小題大作，讓同事們頗為不悅。一旦德雷福斯遭到懷疑，這些特質只會讓人對他落井下石。他的外表毫不引人注目，作為間諜似乎是個極佳的偽裝。他的身高中等、體重中等，常見的褐色頭髮，年紀中等，三十六歲，講話沒什麼口音，五官相當尋常，唯一醒目的是他戴了無框的夾鼻眼鏡，但那也是他那個階層常見的眼鏡款式。德雷福斯當下就被推定有罪。當找不到動機與物證時，負責調查的亨利少校與杜帕帝．德．克拉姆上校（Colonel du Paty de Clam）就開始從旁推敲與捏造。由於他們深信自己面對的是把國防機密賣給宿敵的可惡叛國賊，因此他們覺得只要能將他定罪，做什麼都是合理的。他們收集到的卷宗，之後被稱為「秘密檔案」，內容足以讓總參謀部的長官相信德雷福斯有罪，但這些資料缺乏合法證明。面對這個狀況，加上這個案子因為牽涉德國而格外敏感，同時也擔心報章雜誌的勒索敲詐，於是當時的戰爭部長梅西耶將軍（General Mercier）下令，而且在法國政府的准許下，負責審判德雷福斯上尉的軍事法庭將採取秘密審理。當五名軍事法官對案件提出質疑時，起訴方提交了秘密檔案，卻不讓被告知道有這份文件。法官相信了這些文件，五人一致達成有罪的判決。由於政治犯罪已於一八四八年廢除死刑，因此最後的判決為終生監禁。不過德雷福斯拒絕認罪且堅稱自己無辜，因此他被下令監禁在魔鬼島（Devil's Island），這是位於南美洲外海的三座監獄島之一，專門用來關押危險的犯人。魔鬼島是一塊寸草不生的岩石，長兩英里，寬五百碼，上面什麼都沒有，只有專門看管德雷福斯的守衛，德雷福斯被關在一間石屋裡，全天候受到監視。外頭流傳著軍事法院達成一致判決的傳言，傳言還指出德雷福斯已經認罪，報章雜誌於是爭相刊載，之後官方文件確認了這項消息，民眾也對判決感到滿意。

往後三年，挖掘真相的人與隱匿真相的人都未放棄努力。少數個人對於秘密審理感到不安，他們懷疑可能有司法不公的問題，於是開始有人為此長期而艱苦地尋求司法審查，當時稱為「再審」（Revision）。他們揭露了審判不合法的地方，如隱瞞物證不讓被告知道，此外累積的證據也指出可能的真兇，一名行為不檢、不尋常的軍官斐迪南．沃爾桑—埃斯特哈吉少校（Major Ferdinand Walsin-Esterhazy）。他們的施壓與調查促使先前捏造證據誣陷德雷福斯的軍官開始試圖補強證據。反情報局的亨利少校在局裡負責處理偽造與不受法律約束的程序，他偽造了一封義大利駐外武官帕尼扎爾迪少校（Major Panizzardi）在事件後寫給德國同事的信，信中表明德雷福斯有罪，陸軍根據這封偽造的信件，認為判決是成立的。要求再審的人士只要有什麼舉動，就會促使總參謀部尋找新的證據來補強，用新捏

圖十二 阿爾弗雷·德雷福斯，Aron Gerschel攝，1894年

造的證據來掩蓋過去在神秘檔案裡捏造的舊證據。這些軍官完全沉浸在陰謀者的心境之中。秘密會議、警告、敲詐勒索、杜帕帝．德．克拉姆與埃斯特哈吉不為人知的關係、戴上假鬍子與深色眼鏡進行喬裝，以及陸軍內部發生的一連串聳人聽聞、難以解釋的事件，這些都讓軍方無論如何都不願面對再審。只要是要求再審或質疑德雷福斯判決合法性的人，都會成為陸軍「事實上」（*ipso facto*）的敵人，進一步來說，還會成為全法國的敵人。

陸軍並沒有太多政治色彩，尤其與教士更無關係，陸軍既不完全由貴族掌控，也不是保皇派的人馬，也不一定反猶太人。雖然許多陸軍軍官確實具有上述的傾向，但陸軍這個組織本身是共和國的一部分，它不像教會一樣是共和國的反對者。儘管有個別軍官存有反共和國的心態，但陸軍仍接受自己是國家工具的角色。共和國需要陸軍，而且致力於讓陸軍成為更嚴謹與訓練更專業的組織，而不是像第二帝國的陸軍那樣僅憑血氣之勇。從克里米亞戰爭到色當之役（Sedan），第二帝國的陸軍只是橫衝直撞，從未做好運籌帷幄的工作。整體而言，陸軍軍官團仍受到聖西爾軍校（St-Cyr）畢業生的掌控，這些人絕大多數出身大家族，心態上仍然排斥法國大革命的觀念。這個小團體不屬於平民階級，他們既不關心也未察覺到國內其他階級的想法。軍官團是一個只忠於自身成員的俱樂部，致力於養成自身的獨特性，其中一個明顯特徵是他們的軍服。英國軍官不服勤時從不穿軍服，法國軍官不同，一九〇〇年之前，法國軍官從來不穿軍服以外的衣服。薪水微薄、晉升緩慢、長期駐紮在無聊的各省城鎮，能補償他們的只有聲望：榮譽、豁免權與階級身分；簡言之，他們可以得到尊榮。

這份尊榮是崇高的。在民眾眼中，陸軍超越政治；陸軍就是國家，陸軍就是法蘭西，陸軍象徵法國的偉大。陸軍是法國大革命的陸軍，同時也是帝國的陸軍，陸軍是一七九二年瓦爾米之役（Valmy）的陸軍，當時目睹這場戰役的歌德說道：「從這天起，世界史將開啟新的時代。」陸軍是馬倫戈（Marengo）、奧斯特利茨（Austerlitz）與瓦格拉姆（Wagram）之役的陸軍，拉維斯（Lavisse）自豪地稱這支大陸軍（*Grande Armée*）是「戰爭史上從未見過的最完美的軍隊」；陸軍是穿著胸甲佩戴軍刀、頭戴平頂軍帽身穿紅褲的陸軍，是塞瓦斯托波爾（Sebastopol）與馬拉科夫（Malakoff）、馬真塔（Magenta）與索爾費里諾（Solferino）之役的陸軍，陸軍使法國成為歐洲最強大的軍事力量，一直到普魯士興起為止。陸軍是悲壯的，也是榮耀的，陸軍在色當打完最後一發子彈，接下來的騎兵勇猛衝鋒，讓德國皇帝禁不住大喊，「喔，這群勇士！」（"*Oh, les braves gens!*"）二十五年後，在從未消退的德國陰影下，陸軍是法國的守護者與復仇的工具。陸軍是未來恢復國家榮耀的憑藉。當軍官與國旗率領部隊經過時，民眾紛紛脫帽致敬。安那托爾·佛朗士（Anatole France）曾在小說中嘲諷一個人物——這個嘲諷與事實相去不遠——這個人物說，陸軍是「我們碩果僅存的東西。它撫慰我們，使我們能面對現代，給我們希望，使我們能迎向未來」。陸軍是一群勇士。

在德雷福斯事件中，陸軍成了它的朋友的囚徒——教士、保皇派、反猶太主義者、民族主義者與所有反共和派團體全以維護陸軍的榮譽作為自身的宗旨，藉此滿足自身的目的。陸軍因為從一開始就咬定德雷福斯有罪而難以回頭，加上軍官們為了證明德雷福斯的罪行而偽造罪證，以及隨後的一連串陰謀詭計，使得陸軍的榮譽與維持原判決完全畫上了等號。因此陸軍無論如何都不允許再審。

反對再審的立論基礎在於，一旦再審，將會重創陸軍的威信，陸軍的威信一旦受創，就無法抵抗德國。保皇派的《法國公報》（*Gazette de France*）宣稱，「再審意謂著戰爭」，而用缺乏組織的陸軍打仗，將會是一場「潰敗」（“*la Débâcle*”），「潰敗」一詞原本是指一八七〇年普法戰爭的慘敗。多松維爾伯爵（Comte d'Haussonville）問道，如果教導士兵去輕視下令的軍官，那還怎麼打仗呢？多松維爾伯爵認為，無辜的人被關進牢裡是「不可忍受的」，反猶太運動也「令人厭惡」，儘管如此，他還是認為反陸軍的德雷福斯運動比前兩者更糟糕，因為它會破壞民眾對軍官團的信心。國會憂慮一旦陸軍不受信任會遭到削弱，而這樣的憂心也使民眾轉而反對再審。對民眾來說，陸軍是和平的保證。有人說，「法國熱愛和平而且更愛榮耀」，再審會破壞這樣的情感。總參謀部不會犯錯，提出再審的人如果懷疑這一點，等於褻瀆軍隊的榮譽，凡是支持再審的人，就算不是叛國賊，也算親德分子。

複雜的文件、摹本、審判與秘密檔案把民眾搞得團團轉，他們無法把刻意偽造證據陷害無辜的行為，與他們心目中與陸軍有關的閱兵、軍服、軍靴、肩章、槍砲與旗幟的形象聯想在一起。人們如何想像，驕傲地騎在馬背上，手持軍刀，在軍樂聲與鼓聲中前進的軍官，居然會在通風不良的辦公室裡，埋首努力地偽造筆跡，用剪刀漿糊將信件拼湊在一起？這種事跟勇武果敢或軍隊都扯不上關係，因此絕對是誣衊。民眾充滿愛國心而且支持共和體制，他們相信在報紙上讀到的內容，他們熱愛陸軍，痛恨而且恐懼「其他人」——眼裡沒有國家的人，煽動者、縱火焚燒教堂者，據說這些人發誓要摧毀陸軍。民眾高喊「陸軍萬歲！」（“*Vive l'Armée!*”）與「共和國萬歲！」（“*Vive la République!* ”）「打倒德雷福斯派！」「打倒猶太人！」「叛國賊去死！」「梅西耶萬歲！」（“*Vive Mercier!*”）與其他可以幫助他們驅除邪惡加強信念的口號。

在德雷福斯事件中，奧古斯特．梅西耶將軍儼然成為陸軍的代表，他在一八九四年擔任戰爭部長，是他下令逮捕德雷福斯，他也因為接下來的風波而成為陸軍支持者的偶像與陸軍的象徵。在上流社會的派對上，當梅西耶將軍走進房間時，女士們紛紛踮起腳尖，想一睹他的風采。梅西耶，六十一歲，身材高瘦挺拔，外表梳理得一絲不苟，鼻子有點彎曲，像「德皇」一樣留了上揚銳利的八字鬍，眼神不流露感情，眼皮經常是半闔著，但即使睜開也只是冷淡而直接地注視對方。梅西耶曾參加過墨西哥戰爭與一八七〇年的梅斯（Metz）戰役，當他在一八九三年被任命為戰爭部長時，總參謀部認為他是貨真價實的軍人而非政治人物，因此對他表示歡迎。無政府主義者瓦伊永在國會丟擲炸彈時，在爆炸聲中，梅西耶端坐在硝煙裡一動也不動，他把飛濺到他身後位子的炸彈破片撿起來，交給坐在位子上的副官，面無表情地說：「你可以留做紀念。」梅西耶堅定、有決斷力、深思熟慮，態度客氣而節制，隨著鬥爭越來越激烈，有些人開始口不擇言地辱罵對手，例如雖然稱呼對方先生，卻添入了「討厭的畜生」（"*sale bête*"）或「混蛋」（"*ce salaud*"）等詞彙，但梅西耶卻依然維持一貫的有禮，從不口出惡言。

一八九四年，面對總參謀部出現叛國情事，梅西耶了解德雷福斯的罪證不足，於是他下令逮捕德雷福斯，希望從他口中得到供詞。當德雷福斯不願認罪，而調查的軍官正努力補強證據時，逮捕的消息卻被反猶太報紙《言論自由報》得知，該報表示德雷福斯不會受到審判，因為梅西耶拿了猶太人的錢。在《言論自由報》與其他報紙刺激下，梅西耶找來《費加洛報》（*Figaro*）的軍事編輯，他告訴這位編輯他真正的想法：他從一開始就有「證據可以證明德雷福斯叛國」，他的「罪證確鑿」。因此，早在審判之前，梅西耶已經將陸軍與德雷福斯有罪牢牢綁在一起，使陸軍再無轉圜的空間。之後，德雷福斯事件的爭議隨即浮上檯面。「今天，人們不是支持梅西耶，就是支持德雷福斯，我支持梅西耶，」在國會爆炸案發生時，擔任梅西耶副官的里烏將軍（General Riu）對記者說道。「如果德雷福斯無罪，那麼梅西耶就該走人，」《權威報》（*l'Autorité*）保皇派主編卡薩尼亞克（Cassagnac）寫道，「如果德雷福斯無罪，那麼政府就有罪。」此後，每個重複的選擇只是加強了爭議。

審判時，梅西耶將軍授權提交秘密檔案而且隱瞞不讓被告知道有這份證物，這個行為造成審判不合法。梅西耶明知自己的所作所為造成的嚴重後果，往後兩年面對大量的偽證與錯誤判決，卻依然理直氣壯，他越來越傲慢，而且堅決認定德雷福斯有罪。一旦德雷福斯因為偽證而被定罪，那麼再審將會揭露戰爭部、總參謀部與梅西耶本人的一連串醜聞；簡言之，如一名同事所言，如果在再審中「德雷福斯上尉被判無罪，那麼梅西耶將軍將成為叛國賊」。歷經每一次的重新調查與聽取證詞、埃斯特哈吉的審判、左拉的審判、上訴法院的審理與在雷恩（Rennes）的最終審，梅西耶都擊退了再審的要求，守住了錯誤判決的堡壘。瘦削、高傲、冷冰冰的面孔，即使當他建立的整棟建築物搖搖欲墜，他依然自我克制毫不動搖，梅西耶讓人想起但丁地獄裡對某個人物的觀察，他輕蔑地看著四周，「彷彿視地獄如無物」。

所有的人都站在梅西耶這邊，除了真相。每當德雷福斯派拿出他們相信這一次一定可以獲得再審的證據時，他們就會遭到打擊、壓制、不予考慮，或者陸軍會拿出新偽造的證據與之對抗。陸軍得到各方面的支持，包括政府、教會裡所謂思想正統的報音信者與五分之四報章雜誌的搖旗吶喊。正是新聞媒體創造了德雷福斯事件，而且讓停戰永無可能。

各式各樣的、充滿敵意的、混亂的、文學的、創造的、個人的、毫無良知的與經常表現出惡意的，日報是巴黎公共生活最生動與最重要的元素。日報的種類基本上維持在二十五到三十五種之間。這些日報代表了各種想像得到的意見，例如共和派、保守派、天主教派、社會主義派、民族主義派、波拿巴主義派（Bonapartist）、正統派（Legitimist）、獨立派、絕對獨立派、保守天主教派、保守君主主義派、共和自由主義派、共和社會主義派、共和獨立派、共和進步主義派、共和激進社會主義派。日報有些是早報，有些是晚報，有些是插圖式的副刊。四到六頁的篇幅除了報導政治與外國新聞，也報導上流社會、賽馬、時尚、戲劇與歌劇、音樂會與藝術、沙龍與學術消息。所有最受讚賞的作家，包括安那托爾・佛朗士、朱爾・勒梅特（Jules Lemaître）、莫里斯・巴雷斯、馬塞爾・普雷沃（Marcel Prévost），他們的專欄、批評與小說都以連載的方式刊登在頭版的底部。主編對於重要議題也具名發表社論，像在宣洩情緒似地謾罵。對巴黎人來說，日報猶如每天必需的葡萄酒、肉類與麵包。因為新聞業而產生了許多重要職業與上千種小職業。從學院人士到有一餐沒一餐的無政府主義者，每個人都靠投稿到副刊賺錢度日。顯赫的政治人物在去職後也會轉向新聞業，一方面可以作為發言的管道，一方面可以取得收入。

一個人只要有精力、有財務支援、還有許多想發表的意見，那麼一夜之間成立一家報社並不是難事。寫作天分幾乎不能算是什麼特殊才能，因為在巴黎的政治撰述圈子，每個人都能寫，而且能立即而快速地寫出長篇作品。意見、批評與論戰，各種專欄如水一般源源不絕地湧出。權威而且負責的《時報》是報業的領導者。每個人在公共生活上都會閱讀《時報》的特大版面，它的評論決定了一齣劇作的命運。安德烈・塔爾迪厄（André Tardieu）針對外交事務撰寫的社論，其影響力之大，連德國外交大臣馮・比洛（Von Bülow）都說：「歐洲有三大強權，還有塔爾迪厄先生。」唯有地位崇高的《時報》才能在這場戰爭中保持超然，不過之後《時報》也逐漸傾向於支持再審。《費加洛報》的地位僅次於《時報》，卻經常遭受攻擊。《費加洛報》的主編費爾南．德．羅戴斯（Fernand de Rodays）在聽到德雷福斯於剝奪軍階的儀式中高呼自己無辜之後，便決定相信德雷福斯。三年後，德．羅戴斯刊出第一份不利於埃斯特哈吉的證據與左拉的第一篇文章。雖然德．羅戴斯的兒子與女婿都是軍官，他的做法還是引起民族主義派報紙的憤怒，他們認為德．羅戴斯誹謗陸軍，於是發起了退訂《費加洛報》的運動。報社的管理部門屈服於壓力開除了德．羅戴斯，巴黎各處都在謠傳德．羅戴斯拿了四十萬法郎支持德雷福斯，之後管理部門又付給他五十萬法郎請他走路。

民族主義派報紙的勒索讓左拉深受其害，左拉提到，這種行為就像一種「可恥的疾病，不斷地折磨法國，沒有人有勇氣治療這種疾病」。這些搬弄是非的傢伙要不是特殊利益團體私下資助的機關，就是個別的主編，他們要不是抱持著狂熱的原則，就是毫無原則。《小日報》（*Le Petit Journal*）的埃爾內斯特．朱戴（Ernest Judet）利用巴拿馬運河醜聞對克里蒙梭進行抹黑，當一九〇六年克里蒙梭當上總理時，他還在克里蒙梭位於納伊（Neuilly）的別墅設置路障，彷彿是要保衛它不讓任何人進入。朱戴一直覺得共濟會（Freemasons）想加害他，因此他隨身攜帶上膛的手槍與加了鉛重達十二磅的拐杖。老保皇派保羅．卡薩尼亞克開啟了在報紙上謾罵侮辱的歪風，他會習慣性且毫無道理地攻擊任何人任何事。亞瑟．梅耶（Arthur Meyer）是一名改信天主教的猶太人，他的父親是裁縫、祖父是拉比，他是個熱情的布朗熱主義者與保皇派人士，也是《高盧報》（*Le Gaulois*）的主編，專門報導上流社會動態。《高盧報》是普魯斯特筆下「蓋爾芒特家族」（Guermantes）世界的人會閱讀的報紙。梅耶毫無保留地接受上流社會的看法與偏見，他這麼做要不是真的具備勇氣，就是臉皮太厚，因為他不像夏爾．斯萬（Charles Swann）那樣能融入環境之中，反而像極了反猶太諷刺畫裡的猶太人。儘管如此，梅耶娶了圖恆伯爵（Comte de Turenne）沒有嫁妝的女兒為妻，成功打進了上流社會，他獲准進入於澤斯公爵夫人的圈子，成為已故王位候選人巴黎伯爵的朋友、顧問與親信，他對自己的晨禮服做了剪裁而且折起領巾，讓自己看起來有男子氣概。

《不妥協報》（*l'Intransigeant*）的亨利，羅什福爾伯爵（Henri, Comte de Rochefort）是個毫無原則一味搬弄是非的記者：越缺乏信念，文字越能出色尖刻。朋友形容羅什福爾天生「為反而反」，是個「不明所以的反動分子」，他憤世嫉俗，有著明亮的眼珠子，同時也是個「貴族」，留著尖銳的白鬍子與帶著熱情的笑容，他的身上融合了第三共和曾經存在過的幾乎所有潮流，無論這些潮流有多麼迥異對立。羅什福爾撰寫的《我的人生冒險》（*Adventures of My Life*）足足有五大冊。他的人生幾乎橫跨各種領域，從拿破崙三世的反對者到布朗熱將軍的夥伴，他每天撰寫的專欄文章鼓動了社會上最容易受影響與最容易亢奮的一群人。

一開始，德雷福斯派曾接觸羅什福爾，他們認為，當所有的人都相信德雷福斯有罪時，羅什福爾一定會願意接受挑戰，證明德雷福斯是無辜的，而羅什福爾起初也感到動心，但卻被他的報社經理埃爾內斯特．沃干（Ernest Vaughan）勸退，沃干認為輿論絕對不會容許對陸軍不敬。羅什福爾覺得加入德雷福斯派的反對陣營也同樣有趣，然而就在這個時候，沃干卻改變了主意，於是兩人發生爭吵，由此而產生了一項具有歷史意義的結果，沃干離開羅什福爾，創立了自己的報紙《黎明報》（*l'Aurore*），這份報紙成為德雷福斯派迫切需要的傳聲筒。為了報復，羅什福爾編造了德雷福斯事件中最無事生非的故事。他告訴讀者，有一封德皇寫給德雷福斯的信，共和國總統在戰爭的威脅下不得不把信交還給德國大使明斯特伯爵（Count Münster），但在那之前已經先將這封信拍照存證。《不妥協報》表示，這則消息來自軍方高層權威，因此有著「絕對真實性」，事實上這則消息就是所謂的「秘密檔案」，德雷福斯就是因為秘密檔案被定罪的。

德雷福斯事件傳出各種令人疑惑的說法與陰謀論，重重煙幕讓民眾無所適從，這則故事的出現反而讓民眾相信這就是事件的真相。它屢次成為要求再審的障礙，而且火上加油，把再審解釋成戰爭。在德雷福斯事件中，真正影響輿論的不是真相，而是民族主義派報紙與口耳相傳的流言加油添醋的故事。明斯特伯爵確實曾經介入此事，但他發表的官方聲明否認與德雷福斯有過任何接觸，然而民眾對於這件事的解讀卻是德國實際上發表的是最後通牒。軍事將領腦子裡經常記掛著德國問題，因此他們的想法不難理解，他們以德國的否認為藉口，主張不應該再審，他們提出的理由相當動聽，連他們自己都真的相信了。梅西耶將軍在作證時表示，在會見明斯特伯爵後，他與總統、總理一直等到半夜，「想知道最後會是戰爭還是和平。」瑪蒂爾德．波拿巴公主（Princess Mathilde Bonaparte）認為德雷福斯是無辜的，總參謀長布瓦德福爾將軍（General Boisdeffre）生氣地對她說：「妳怎麼能對我說這種話？我可是曾親眼看過而且親手拿到德雷福斯寫給德國皇帝的信。」這位著名的女主人也憤怒地吼道：「就算你曾經看過這類信件，那也是假的。你不可能說服我相信這種事。」隨後，布瓦德福爾將軍生氣地走出房間，公主則是鬆了一口氣，她大聲說道：「真是沒教養啊，這位將軍！」（"*Quel animal, ce général!*"）

令人絕望的是，實際的真相與民眾說服自己相信的真相，兩者之間的界線已經模糊不清。德國政府數次否認知道德雷福斯這個人，但這些否認都遭到忽視，因為民眾認為柏林當局不可能知道底下的特工接觸的間諜叫什麼名字。另一方面，民族主義派報紙認為，在德國否認下，法國依然判德雷福斯有罪，德國蒙受奇恥大辱，因此威脅要發動戰爭。凡是願意考慮再審的人都被抨擊為向德國壓力屈服的懦夫，而且證明了有「集團」（Syndicate）力量存在。

「集團」是反猶太報紙創造出來的東西，它反映了右派對邪惡的看法。「集團」是猶太人的地下組織，是黑暗而邪惡的陰謀團體，他們動員起來準備顛覆德雷福斯的判決，而且要找基督徒取代德雷福斯充當叛國賊。案情的發展只要稍微不合民族主義者的意，就會被歸類為「集團」所為。任何有名望或受尊敬的人物，只要他宣稱支持再審，就是拿了「集團」的錢。陸軍作偽證的證據，本身就是「集團」偽造的。民族主義者指出，一八九五年以來，「集團」花了一千萬法郎賄賂法官與筆跡鑑識專家，買通記者與部長。他們說，「集團」的資金由猶太大銀行家提供，存放在柏林的跨國銀行金庫裡。他們說，「集團」的德國顧問是根特牧師（Pastor Günther），他同時也是德皇的私人牧師。「集團」的目標是瓦解民眾對陸軍的信心，洩露陸軍的軍事機密，在國防出現漏洞時，向敵人開城投降。諷刺畫家將「集團」擬人化成一個帶有猶太人特徵的胖子，他戴著戒指與錶鏈，臉上掛著勝利的邪惡表情，一隻腳踩在俯臥的瑪麗安娜（Marianne，法國共和國的象徵）的脖子上。隨著德雷福斯事件造成的敵意逐漸升高，在民族主義者眼中，「集團」也逐漸膨脹成巨大的同盟，不只是猶太人，同盟中還包括了共濟會、社會主義者、外國人與其他邪惡的人們。據說「集團」從法國的所有敵人得到資金，他們以德雷福斯為藉口來敗壞陸軍的名聲與分裂國家。法國在法紹達遭英國羞辱，也被認為是「集團」策畫的。「集團」無所不在，它是右派憎恨與恐懼的具體象徵，它代表了敵人。

法國反猶太主義突然蓬勃興起造成各種危害，其實是整個大環境使然。十九世紀晚期，反猶太主義作為一種社會與政治力量，開始從其他不斷擴張造成階級與階級、國家與國家之間緊張關係的力量中脫穎而出。工業化、帝國主義、城市的成長、鄉村的衰退、金錢的力量、機器的力量、工人階級握緊的拳頭、社會主義的紅旗、貴族的式微，所有這些力量與因素像在火山深處劇烈翻騰一樣，隨時準備爆發。當時的人提到，「一些非常偉大的事物，例如古代的、世界主義的、封建的與農業的歐洲」正在消亡，在消亡的過程中產生了衝突、恐懼與新興的力量，這些力量都需要一個宣洩的出口。

典型的宣洩方式就是反猶太主義。如同替罪羊，可以轉移民眾對統治階級的不滿，同樣的情況也出現在一八七〇年代俾斯麥治下的德國，以及一八八〇年代的俄羅斯。在俄國，一八八一年的反猶太騷亂與隨後剝奪猶太人權力的五月法（May Laws）讓猶太人想起馬志尼（Mazzini）的名言：「沒有國家，你們不過是人類的劣等貨。」反猶太主義同樣可以做為有產階級的替罪羊論述，它所帶來的傷害反映了舊秩序即將瓦解時的普遍不安。無政府主義的攻擊、社會主義的騷動、不斷成長的勞工自我意識，開始威脅人們的地位與財產，而最能產生敵意的，莫過於對財產的威脅。在西方，這種對猶太人的厭惡讓一些有教養的人感到不適，例如貝爾福的秘書喬治・溫德姆與西奧多・羅斯福的朋友英國外交官塞西爾・斯普林—萊斯（Cecil Spring-Rice）。亨利・亞當斯狂熱且持續地表達對猶太人的厭惡：他活著只為了看到「可惡的猶太人」與「把黃金當成投資商品的人」死光；「我們都在猶太人的控制之下，他們可以隨心所欲處分我們的價值」；「我閱讀《猶太法國》（*France juive*）、《言論自由報》與所有的反猶太作品，感覺樂趣無窮」；「為了解悶，我閱讀德呂蒙的反猶太作品。」

像亞當斯這種人，他們的恨意主要來自於對金錢新力量的敵視（儘管亞當斯自己最關心的也是錢），意即從股市、股份與金融操作中獲取金錢，而非他們能夠接受的從土地與地租獲取金錢。德雷福斯事件期間，奧爾良公爵（Duc d'Orléans）解釋說，猶太問題其實是經濟戰爭的一環。總有一天，所有與土地有著緊密關係的人（這種人通常與國家也有著緊密關係）都必須捍衛自己對抗猶太人「匿名與流動的」財富，猶太人將在總同盟銀行（Union Générale）的廢墟上狼吞虎嚥，而政府將會是他們的幫兇。總同盟銀行是在教宗良十三世祝福下成立的天主教銀行，目的是吸引天主教徒投資。在教士建議下，貴族投入了資本，而一般的天主教家庭則投入了儲蓄。然而，在對手（如羅斯柴爾德家族）優越的資源與精明的操作手法之下，總同盟銀行於一八八二年破產，天主教徒不論貧富都血本無歸。猶太人成了被指責的對象。猶太「問題」開始成為教士與保皇派報紙討論的主題。人們把陰謀與邪惡力量都歸咎於猶太人。猶太人曾經引發的話題，例如猶太人是永恆的異邦人，猶太人總是堅定維持自己的民族認同，又捲土重來。猶太人不是法國人；猶太人是存在於法國內部的異邦人，他們或許正在陰謀反對法國，而他們顯然一定反對天主教會；猶太人是反教權運動的宣傳者，是天主教會正統思想的敵人。

法國的反猶太主義就像歷史上對其他地區構成危害的反猶太主義一樣，需要在適當時機出現一個煽動者。法國反猶太主義的煽動者是一直名不見經傳的愛德華．德呂蒙，他在總同盟銀行破產後寫了兩冊《猶太法國》，一八八六年出版後馬上獲得成功。《猶太法國》是一本論戰性質的作品，裡面提到羅斯柴爾德家族與儀式謀殺（謠傳猶太人會殺害基督徒的孩子，用他們的血來進行宗教儀式），這本書與戈比諾（Gobineau）先前的《論人種的不平等》（*Essay in Racial Inequality*）不同，《論人種的不平等》在萊茵河兩岸獲得廣泛迴響，促使當地居民建立一套優越種族理論。德呂蒙的中心主題是猶太金融的邪惡力量。德呂蒙精力充沛、紅臉、身體厚實，一臉茂密的黑鬍子，他的作品暢銷而且再版，他自己也成了知名人物。一八八九年，德呂蒙與莫雷斯侯爵（Marquis de Morès）一起創立法國反猶太同盟（National Anti-Semitic League），共同對抗猶太資本「秘密而無情的陰謀」，因為後者「每天都在危害法國的福祉、榮譽與安全」。在同盟第一次大會上，於澤斯公爵、呂因公爵（Duc de Luynes）、波尼亞托夫斯基親王（Prince Poniatowski）、布勒特伊伯爵（Comte de Breteuil）與其他貴族成員因為能與實際在肉舖與屠宰場工作的人坐在一起而感到高興，而這些工人也很高興能跟貴族分享自己的看法。

德呂蒙的作品與同盟均獲成功，之後他不可避免地走上辦報之路。一八九二年，德呂蒙創辦《言論自由報》，此時正好爆發巴拿馬運河醜聞，被倒債的投資人把怒氣宣洩在兩名主導者科內里厄斯．赫茨（Cornelius Herz）與雷納赫男爵（Baron de Reinach）身上，這兩個人都是猶太人。德呂蒙的報紙因為猛烈抨擊這項醜聞與鍥而不捨地追查為惡之人而開始具有影響力。在此同時，《言論自由報》也發起將猶太軍官逐出陸軍的運動，有兩名軍官因此要求與德呂蒙和莫雷斯侯爵決鬥。侯爵花了很長的時間才殺死他的對手，他被指控犯下謀殺罪，但在法院被無罪釋放。

當德雷福斯被宣判有罪時，《言論自由報》向民眾解釋他的犯罪動機：為了報復自己受到輕視與猶太人想毀了法國。當剝奪德雷福斯軍階的儀式正在進行時，群眾在閱兵場欄杆外大喊，「殺死他！殺死猶太人！」(*"A mort! A mort les juifs!"*)

群眾的喊叫聲被維也納《新自由報》(*Neue Freie Presse*) 駐巴黎通訊記者西奧多·赫茨爾 (Theodor Herzl) 聽見，他當時就站在人群中。「這是哪裡？」赫茨爾日後寫道。「這是法國。是共和的、現代的、文明的法國，而且是人權宣言發表一百年後的法國。」這個震撼讓他想通了心中的老問題。他回國之後，寫下了《猶太國》(*Der Judenstaat*) 一書，開頭第一句話闡明了全書宗旨，「重建猶太國」，十八個月後，他把世界上最散漫、最分崩離析的社群組織起來，集合了十五個國家兩百名代表召開第一次錫安主義代表大會 (Zionist Congress)。德雷福斯事件提供了動力，促使消失了一千八百年的猶太國重新出現在世界舞臺。

最早支持德雷福斯的是貝爾納·拉扎爾，他是一名左派知識分子與記者，在一份小評論雜誌《政治與文學對話》(*Political and Literary Conversations*) 擔任主編，同時也為天主教與保守派報紙《巴黎回聲報》(*Echo de Paris*) 工作。拉扎爾在政治上是無政府主義者，在文學上是象徵主義者，他是猶太人，有

近視眼，戴著雙焦眼鏡，他的朋友佩吉說，拉扎爾的眼神「被五千年的火焰照亮著」。拉扎爾從一開始就對判決感到懷疑，他從典獄長口中得知，德雷福斯非但沒有認罪，反而一直表明自己是無辜的。拉扎爾在馬蒂厄・德雷福斯（Mathieu Dreyfus）——德雷福斯的兄長，他相信自己的弟弟是無辜的——的協助下，加上自己長時間的搜尋證據，過程中遭遇了緘默、混淆與閉門羹，拉扎爾終於完成了一本小冊子，書名叫《冤獄：德雷福斯案件真相》（*A Judicial Error: the Truth About the Dreyfus Case*）。雖然拉扎爾印製了三千本，分送給部長、議員、主編、記者與其他意見領袖，但他的書並沒有引起重視。拉扎爾與馬蒂厄・德雷福斯拜訪了幾個有影響力的人，也沒有獲得回應。「他們拿他們的猶太人來煩我們，」克里蒙梭說道。知名的天主教社會改革者阿爾伯特・德・蒙伯爵（Comte Albert de Mun）拒絕接見他們，社會主義領袖尚・饒勒斯（Jean Jaurès）則態度冷淡。社會主義報紙《小共和國報》（*La Petite République*）評論拉扎爾的小冊子並且得出制式的馬克思主義結論：「罷工者每天遭受不公正的判決，但他們從未犯下叛國罪，相較於德雷福斯，罷工者值得更多的同情。」社會主義者找不到他們應該關切德雷福斯事件的理由。在階級戰爭下，某個資產階級的不幸不是他們該關注的事。社會主義傳統是反軍國主義，而德雷福斯除了是資產階級，也是陸軍軍官。統治階級的成員遭遇司法不安是一個意外轉折，社會主義者對此與其說是難過，不如說是感謝。

但是，拉扎爾提出的懷疑逐漸蔓延，人們開始發起支持德雷福斯的運動。這件事引起了學術重鎮高等師範學校（Ecole Normale Supérieure）圖書館館長呂西安・埃爾（Lucien Herr）的注意。高等師範學校匯聚了全法國最優秀的學生，他們接受最博學的教授栽培，成為法國未來的教師。埃爾是社會主義信徒，在學生的世界裡，他是朋友也是導師。一八九七年暑假，埃爾每天下午都會去找他的年輕朋友萊昂·布魯姆討論。有一天，埃爾直接了當地說：「你知道德雷福斯是無辜的嗎？」布魯姆一開始還在想這個人是誰，後來他才想起來，德雷福斯是那個被宣判犯下叛國罪的軍官。布魯姆感到吃驚，他像大部分民眾一樣，相信官方的說法，認為德雷福斯已經認罪。埃爾的影響力是深刻的。「他指引我們的良知與思想，」布魯姆寫道。「他洞悉真相，毫不費力地傳達真相。」

另一方面，對於曾經與甘必大（Gambetta）一起創立第三共和的人士來說，第三共和建立的原則神聖不可侵犯，因此德雷福斯事件特別讓他們感到激動與不安。其中有兩個人特別活躍：參議員蘭克（Ranc），他是激進派重要人物與第三共和第一屆政府成員；年紀較輕的約瑟夫·雷納赫（Joseph Reinach），他在二十幾歲時曾擔任甘必大的主任秘書。約瑟夫·雷納赫是巴拿馬運河醜聞案中犯下貪汙罪行的雷納赫男爵的外甥與女婿，因此約瑟夫有理由格外謹慎，不過他對德雷福斯事件的關注與其說是出於對猶太人的同情，不如說是法國的司法不公引起他的重視。蘭克與約瑟夫·雷納赫獲得一位受全國民眾敬重的人物的支持，這個人是參議員舍勒—凱斯特納（Scheurer-Kestner），他是參議院副議長，也是共和國的創立者，曾經擔任甘比大的報紙《法蘭西共和國報》（*La République Française*）的主編。

舍勒—凱斯特納出生於亞爾薩斯（Alsace），一八七一年後，他選擇在法國生活。舍勒—凱斯特納被任命為終生參議員，他的存在象徵著失去的亞爾薩斯省。舍勒—凱斯特納是個威嚴的士紳，頗具資產，出身古老的家族，溫和而優雅，他代表了共和國的貴族。當《言論自由報》的記者來採訪他，而且一屁股坐在扶手椅上時，據說「即使是聖西蒙公爵（Duc de Saint-Simon）也不會像舍勒—凱斯特納那樣毫不掩飾內心的反感」，對於這類報紙記者走進他的家門，舍勒—凱斯特納一概不歡迎。當舍勒—凱斯特納得知陸軍隱瞞德雷福斯無辜的證據，繼續將他囚禁在魔鬼島，而且埃斯特哈吉偽造了各種檔案，讓德雷福斯蒙上不白之冤時，他感到驚恐不已。

偽證的發現者是皮卡爾上校（Colonel Picquart），他在德雷福斯被判刑後的幾個月接掌反情報局。當皮卡爾上校將這項發現告知總參謀長布瓦德福爾將軍與次長貢斯將軍（General Gonse）時，兩位長官卻拒絕起訴埃斯特哈吉，也拒絕釋放德雷福斯。皮卡爾堅持公開證據，貢斯問他為什麼一定要讓德雷福斯離開魔鬼島？

「但是，將軍，他是無辜的！」皮卡爾回道。貢斯告訴皮卡爾，這「不重要」，這件案子絕不能再審，梅西耶將軍涉入其中，而且不利於埃斯特哈吉的證據也不具決定性。皮卡爾表示，眾所皆知德雷福斯的家人正在追查此事，一旦被查出真相，事情可能會更糟。貢斯回道：「如果你什麼都不說，不會有人知道。」

皮卡爾瞪著貢斯。「將軍，這實在糟透了，我不會帶著這個秘密進墳墓的，」說完話，轉身離開房間。皮卡爾受訓成為一名軍人，與其他軍官一樣忠於且服從自己的勤務。皮卡爾與後來參與德雷福斯事件的行動者不同，他不謀私利，沒有個人動機，也不對外賺取名聲，他之所以願意賭上自己的軍隊生涯，完全是基於對正義的尊重。嚴格說起來，皮卡爾其實是個反猶太主義者，有一回，有人要求皮卡爾讓當時擔任預備軍官的雷納赫在演習中擔任他的參謀人員，被皮卡爾拒絕了，他說：「我無法忍受猶太人。」皮卡爾看待德雷福斯其實跟他看待雷納赫沒什麼兩樣。事實上，陸軍明知道德雷福斯是無辜的，卻還是對於這起冤案睜一隻眼閉一隻眼，這才是皮卡爾無法接受的。皮卡爾的不願罷手，使他被轉調到突尼西亞的步兵團。礙於陸軍紀律，皮卡爾無法公開真相，但他計畫在休假短暫返回巴黎時將真相透露給一個擔任律師的朋友知道，他離開時留下一個密封的報告，要求他的朋友，一旦自己死亡，就將此事上告法國總統。之後，當他揭露的真相廣為人知時，皮卡爾遭陸軍召回、逮捕、審判與冠上行為不當的罪名，他被陸軍開除，之後又遭到逮捕，囚禁了一年。

在此同時，律師將皮卡爾的報告交給與他有私交的參議員舍勒—凱斯特納，舍勒—凱斯特納立即向幾位參議員表明德雷福斯是無辜的，並且要求進行司法審查。他逼問政府，糾纏戰爭部長與司法部長，不斷地面見總理與總統。這些人進退兩難，不斷敷衍他，承諾會進行「調查」。全國大選將於一八九八年五月舉行，離現在只剩八個月的時間。再審將使唯恐天下不亂的報章雜誌群起叫囂，也會迫使對陸軍事件進行公開調查，但調查可能產生難以預見的結果，對於即將與法國締結盟約的俄國，以及敵對的德國都可能產生不樂見的影響。這些牽涉到國家、外交與內政的事務，遠比關在遙遠荒島上的某個人的正義問題來得重要；不僅如此，對於戀棧權位的人來說，正義的性質可不像不在其位的人那麼黑白分明。部長接受了總參謀部的說詞，總參謀部的說法雖然根據的是亨利少校偽造的書信，但部長沒有理由懷疑這些書信的真假，他們的看法是，德雷福斯無論如何都是有罪的，至於埃斯特哈吉則可能是他的共犯，又或者兩人有著某種陰錯陽差的複雜關係，然而無論哪一種說法都無法構成再審的合理事由，更何況再審很可能造成可怕的混亂局面。

舍勒—凱斯特納徒勞無功。他於是在《時報》發表公開信，告訴民眾根據現存的檔案「可以證明叛國者並非德雷福斯上尉」，他要求戰爭部進行正式調查以「查明元兇」。

在此同時，《費加洛報》刊載了埃斯特哈吉寫給已經被他拋棄的情婦的書信，其中一封是摹本，寫於布朗熱主義時期，信中以令人吃驚的字眼表達了對自己國家的厭惡。埃斯特哈吉寫道，「如果有人告訴我，明天我將以烏蘭騎兵隊長的身分砍殺法國人並且戰死，我將十分高興，」他又表示希望看到巴黎「籠罩在戰爭的紅色太陽下遭受攻擊，並且被十萬名醉醺醺的士兵掠奪」。這封流露出對法國強烈憎惡與怨恨的信件，其字跡與摘錄簿（*bordereau*）＊上的字跡相同，而摘錄簿正是德雷福斯遭到定罪的根據，因此這封信件的出現，對德雷福斯派來說猶如一場奇蹟。他們覺得他們即將贏得戰爭。但如雷納赫所言，他們後來體會到，「正義不會從天上掉下來，而需要靠自己去爭取。」右派報紙立刻抨擊這些信件是「集團」偽造的。埃斯特哈吉是個債臺高築的賭徒，是交易所裡的投機客，是時尚而機智的無賴，卻娶了侯爵之女為妻。埃斯特哈吉的臉色泛黃，面容枯槁，彎曲的鼻梁，留著馬札爾人（Magyar）的八字鬍。一名觀察者寫道，他有著「盜賊的雙手與吉普賽人優雅而奸詐的氣質，他像一頭龐大的野獸，時時警戒與克制自己」。像他這樣的人，現在卻被民族主義派報紙塑造成一名英雄，讓民眾相信他是無辜的。

此外，民族主義派報紙也開始誹謗舍勒—凱斯特納，在他前往參議院進行陳述時鼓動群眾抗議。舍勒—凱斯特納高大挺拔、皮膚蒼白、高額頭，有著十六世紀雨格諾派（Huguenot）教徒樸實謹嚴的氣質，他慎重地走上講壇，彷彿踏上絞刑臺一樣。在參議院外，冬日起霧的午後，群眾聚集在盧森堡公園

＊ 摘錄簿是在德國駐外武官的字紙簍裡找到的，是叛國罪的原始物證。裡面記載了各項軍事資訊清單。——作者註

（Luxembourg Gardens），他們大聲呼喊，反對一個他們一無所知的人。舍勒—凱斯特納用緩慢而沉重的聲音，向反對的參議員宣讀他的理由，而對方則不時以噓聲與嘲弄的笑聲來打斷他。舍勒—凱斯特納提醒他們，他是亞爾薩斯最後的代表，這句話在任何時刻都可以打動他們，但此時舍勒—凱斯特納得到的卻是冷冰冰的沉默，當他結束陳述，回到自己的座位時，迎來的卻是眾人敵視的眼神。一個月後，在參議院幾個職位的年度改選中，舍勒—凱斯特納喪失了他從第三共和成立以來就一直擔任的副議長職位。

舍勒—凱斯特納的戰爭獲得克里蒙梭的奧援，克里蒙梭素有政府破壞者之稱，保守派也說他是「陰險之人」，克里蒙梭在各方面都令人恐懼，無論是辯論的時候，成為反對黨的時候，與他交談的時候，還是用手槍或劍和他決鬥的時候。他為了巴拿馬醜聞和保羅．德魯雷德（Paul Déroulède）決鬥，之後又為了德雷福斯事件和德呂蒙決鬥。克里蒙梭是受過訓練的醫生，是曾經推薦過易卜生的戲劇評論家，是克洛德．莫內（Claude Monet）的多年好友，他曾於一八九五年寫道，莫內的作品引領人類的視覺感官「走向更微妙與更具穿透力的世界景象」。克里蒙梭委託土魯斯—羅特列克（Toulouse-Lautrec）為他的作品繪製插圖，也委託加布里埃爾．佛瑞（Gabriel Fauré）為他的劇作譜寫樂曲。他在臨終時說道：「只有藝術家走在正確的道路上。也許只有藝術家才能給予這個世界些許美麗，但要提供理性則是不可能的。」

巴拿馬醜聞之後，克里蒙梭離開政府與國會，當舍勒—凱斯特納拿出德雷福斯事件的各項事實來說服他時，克里蒙梭看到這起事件可能帶來的發展機會，他決定抓住這個機會，當然他這麼做也不只是為了滿足個人的政治野心而已。對克里蒙梭來說，德國的威脅是政治生活最主要的現實。「誰？」克里蒙梭問道，他被埃斯特哈吉憧憬的普魯士烏蘭騎兵砍殺法國人的景象所激怒，「我們的領導人中有誰跟這個人有聯繫？誰在袒護埃斯特哈吉？……法國士兵的生命與法國的國防要交到誰的手上？」德國人都已經反教權了，但「法國陸軍還掌握在耶穌會的手裡……這就是德雷福斯案件的根源」。克里蒙梭每天都在《黎明報》上針對德雷福斯事件與人唇槍舌劍，往後一百零九天裡，他寫了一百零二篇文章，往後三年，總共寫了將近五百篇文章，收集起來足以印成五本書。自始至終，克里蒙梭持續敲響正義的警鐘。「愛國主義不能缺少正義……只要有一個人的權利遭到侵害，每個人的權利就有可能受到危害……因此，我們才是真正的愛國者，我們努力維護正義，讓法國擺脫高階軍官不會犯錯這個教條的束縛。」

德雷福斯派裡也有投機分子。於爾班・戈耶（Urbain Gohier）過去曾是君主主義者，現在卻宣稱自己是社會主義者，並且在《黎明報》上譴責陸軍。陸軍軍官是「潰敗的將軍」，是只知道「逃跑與投降」的「德皇士兵」，除了法國人，他們誰都打不贏；他們是「所多瑪（Sodom）的騎兵」，養了一堆情婦充當自己的隨從。「整個法國分成兩批人，彼此惡言相向，」來自柏林，出生於法國，原姓卡特蘭（Castellan）的拉齊維爾王妃（Princess Radziwill）擔心地表示。拉齊維爾王妃嫁給安東・拉齊維爾親王（Prince Anton Radziwill），親王出身波蘭的一個跨國家族，他是普魯士人，「喜歡說英語，他的弟弟是俄國人，喜歡說法語」，公主一直致力於促成法德和解。公主在信中繼續提到：「沒有人知道這樣的爭吵何時會結束，但這樣下去，很難不發生真正的道德危險。」

這個危險不只是道德上的。德國審慎留意這場吸引法國所有注意力的內部衝突。德國不斷否認曾與德雷福斯來往，這麼做與其說是為了正義，不如說是為了激化法國的分裂。德皇很清楚德雷福斯是無辜的，而他也樂於告知訪客與王室親戚，法國把一個無辜的人關進監獄。透過歐洲各國王室之間的家族網絡關係，德皇的說法逐漸傳開。一八九七年八月，在聖彼得堡，當時德雷福斯的案子尚未在法國演變成事件，俄國的重要大臣威特伯爵（Count Witte）曾對來訪的法國使節團成員說道：「我可以看到有一件事可能在貴國引起軒然大波。三年前，有個上尉被判刑了，他其實是無辜的。」

在聖彼得堡，德雷福斯無罪的說法被輕易接受了，但到了十二月，卻被法國國會一名誠懇、受尊敬與懷抱崇高理想的人激動地否定了。對阿爾伯特．德．蒙伯爵來說，德雷福斯是無辜還是有罪，混雜著其他意義，就像聖餐禮中麵包與葡萄酒轉化成基督的身體與血一樣，它也將轉化成另一種性質。相信德雷福斯有罪，就像相信上帝一樣。

這些觀念的混合與天主教會和法蘭西共和國之間的長期鬥爭有關。法國大革命以來，天主教會一直抵禦著共和國的成立目的，用朱爾．費里（Jule Ferry）的話來說，共和國想「不仰賴上帝或國王，靠自己將人類組織起來」。共和國不讓宗教團體把持教育，而宗教團體堅決抗拒這點，宗教團體將希望寄託在天主教君主的復辟上。而也因為這一點，使得法國天主教會介入了德雷福斯事件。無論是天主教會自身的想法還是共和國經常宣傳的「寶劍與香爐」，都認為天主教會是陸軍的盟友。共和國在耶穌會中看到了支持教權主義、好戰且具威脅性的總參謀部，這些人是推動德雷福斯陰謀的幕後黑手。耶穌會的領導人是杜拉克神父（Father du Lac），他是布瓦德福爾將軍與德．蒙伯爵的告解神父，兩人均被視為是他的傳聲筒。

教宗良十三世並未捲入法國內部的糾紛之中，他從現實的角度觀察，認為共和國很可能就此生根發展。布朗熱政變失敗之後，教宗不再相信君主制度有復辟的可能。此外，教宗需要法國的支持來與義大利爭鬥。在一八九二年的通諭（Encyclical）中，教宗敦促法國天主教徒在「團結」（*Ralliement*）的政策下與共和國和解，支持、滲透、最終奪取共和國。天主教進步派起而響應，其他人靜觀其變，左派則是不相信這項政策。激進派領袖萊昂．布儒瓦（Léon Bourgeois）在「團結派」（*Ralliés*）集會上說道：「你們接受共和國，很好。那你們接受大革命嗎？」德．蒙伯爵完全不接受大革命。

在德雷福斯事件鬧得滿城風雨之際，德．蒙登上了生涯的巔峰，當選為法蘭西學術院（French Academy）院士，並且以反法國大革命為題發表演說。德．蒙表示，法國大革命是「本世紀所有邪惡的肇因與根源」，它是「人類對上帝的反叛」。他相信古代的理想與觀念將「在我們這個時代重現，而且將出現無可抵禦的發展」，這些理想與觀念將重新恢復「十三世紀的社會概念」。德．蒙表示，工人階級因社會不公而受苦，消除社會不公，讓因為大革命而感到疏離的群眾重新信仰天主教，一直是他的政治事業的目標。

德．蒙從聖西爾軍校畢業後擔任騎兵軍官，年輕時的他在駐紮的城鎮透過聖文生．德．保祿協會（Society of St-Vincent de Paul）的慈善工作首次了解到窮人的生活與問題。在巴黎公社期間，德．蒙擔任加利費將軍（General Galliffet）的副官，加利費將軍命令部隊向公社叛軍開火，德．蒙看到一名垂死的人被放在擔架上抬了進來。衛兵說這個人是「叛軍」，但這個人努力挺起身子，用盡最後的力氣喊道：「不，你們才是叛軍！」說完便斷氣了。從那個人對德．蒙、德．蒙的軍服、德．蒙的家人、德．蒙的教會的呼喊中，德．蒙領悟了這場內戰的原因，他發誓一定要彌縫這樣的裂痕。德．蒙把巴黎公社的出現歸咎於「資產階級的冷漠與工人階級對社會的強烈怨恨」。聖文生協會的弟兄告訴他，該負責任的人是「你、有錢人、大人物、生活無虞的人，你們走過這些人的身旁，卻不願注視他們」。德・蒙在窮人中工作，好讓自己能看見與發現他們。德・蒙表示：「光是看到錯的事物與發現其中的根源是不夠的。我們必須承認自己必須負責，而且承認社會未能善盡對工人階級的責任。」德・蒙決心進入政壇，但他參選議員的決定與各項活動卻讓陸軍感到不滿。德・蒙不得不做出選擇，最後他只能辭去軍職，結束軍人生涯。

然而在國會裡，德・蒙幾次最激動人心的演說，從主題依然可以看出他對陸軍的關愛。他的語氣不僅帶有追隨者的仰慕之情，也表現出擁護者的激昂熱情，聽過他演說的人都稱他是「神秘的胸甲騎兵」。德・蒙是他的陣營裡最優秀的演說家，有「右派的饒勒斯」之稱，他努力學習演講技巧，並使其臻於完美。高大的身材、尊貴的體態、審慎的舉止與講究的外表，這些特質使德・蒙一旦起身，就具有難以匹敵的權威。他的演說傳達出堅定的信念，遣詞用字也十分嚴密，他的聲音宛如小提琴，時而鏗鏘有力、清脆響亮，時而低聲細語，塑造出綿長而和諧的韻律感，有時則突然中斷、停頓，以強烈的情感表現方式作結。德・蒙與兩名主要反對者克里蒙梭與饒勒斯在演說上的對決讓許多人趨之若鶩，就像爭睹莎拉・伯恩納（Sarah Bernhardt）演出《埃格隆》（*l'Aiglon*）一樣。

雖然死硬派指控德・蒙是社會主義者，說他鼓吹顛覆性的觀念與破壞既有秩序，但其實德・蒙內心效忠的仍是自己的階級。德・蒙曾是布朗熱的支持者，而且直到一八九二年為止，他一直是堅定的保皇派人士，他甚至讓香波伯爵（Come de Chambord）擔任自己孩子的教父。＊然而，當教宗良十三世要求團結時，雖然絕大多數法國保皇派人士感到震驚與憤怒，德．蒙還是放棄了保皇派的政治立場，儘管他不完全支持團結派，他卻成了團結派的領袖。雖然德．蒙的目標是社會正義，但他卻反對社會主義，他認為社會主義「否定了上帝的權威，而我們則肯定上帝的權威……社會主義認為人類是獨立的，我們則反對人類是獨立的……社會主義理所當然支持法國大革命，我們則反對法國大革命。我們與社會主義毫無共通點，而在我們與社會主義之間也沒有自由主義容身的餘地」。

德．蒙的說法顯示陣營之間的涇渭分明，而他也不可避免要選邊站。這使得德．蒙在德雷福斯事件上投向盜匪這一邊，而且在德呂蒙設定的條件下奮戰。正是德．蒙在國會首次辯論德雷福斯事件時引進了「集團」一詞。「這個神秘而難解的力量究竟是什麼？」德．蒙問道，眼睛直視著雷納赫，「居然強大到足以瓦解整個國家，過去兩個星期它已經做到這一點，讓我們的陸軍領導人飽受懷疑」——說到這裡德．蒙突然停住，彷彿他因為過於激動而說不出話來——「這些領導人總有一天要率領國家對抗敵人。這不是政治問題。在這裡，我們不是政府的朋友，也不是政府的敵人；在這裡，只有急切想保護自身最珍貴財產的法國人……這個最珍貴的財產就是陸軍的榮譽！」

德．蒙自豪的態度與激昂的聲音，使議員們紛紛起立熱烈鼓掌。雷納赫覺得整個國會已經被盲目的激情所淹沒，無法靜下心來進行個人的反思。「我感覺到三百個被催眠的聽眾的敵意。我雙手抱胸；一個字，一個動作，都有可能將這股狂熱轉變成憤怒。人怎麼能敵得過旋風呢？」饒勒斯沉默不語，

* 波旁王朝最後一位王位候選人，他是查理十世（Charles X）的孫子，自稱為亨利五世，於一八八三年去世。——作者註

許多左派分子因為「恐懼產生的熱情」而鼓掌。此時德．蒙跋扈地要求政府明確表示德雷福斯有罪。戰爭部長比約將軍（General Billot）同意了，他表示：「身為軍人與陸軍領導人，我嚴正而誠懇地相信德雷福斯有罪。」總理隨後也呼籲所有良善的法國人，為了國家與陸軍的利益，務必支持政府「克服當前的困境與排除憤怒激情的騷擾」。這種激情立刻反映在雷納赫與社會主義者亞歷山大．米勒蘭（Alexandre Millerand）的決鬥上，米勒蘭抨擊德雷福斯派指控陸軍「不忠誠」，這是首次有社會主義者支持政府。

除了德．蒙之外，還有一些貴族也擔任議員，但他們身為保皇派，通常站在反對政府的立場。在共和國時期，這些人從來不參與實際政務。在這些貴族中有一位德．拉．羅什福可公爵（Duc de la Rochefoucauld），他是法蘭西帝國時期之前的舊貴族代表，他的財富來自於波莫華（Pommeroy）香檳與勝家（Singer）縫紉機，身為賽馬會主席，他被公認是法國上流社會的領袖。其他貴族如布勒特伊侯爵（Marquis de Breteuil），他是上庇里牛斯省（Hautes-Pyrénées）某個區的議員，他的朋友格雷富勒伯爵（Comte de Greffulhe）留著泛黃的鬍子，帶有一種憤怒與威嚴兼容的氣質，像極了撲克牌上的老K。格雷富勒伯爵擁有法國數一數二的財富，他的妻子是法國上流社會最美麗的女子，這對夫婦成了馬塞爾．普魯斯特筆下蓋爾芒特公爵與公爵夫人的原型。另一名議員是伯尼．德．卡特蘭伯爵（Count Boni de Castellane），他是上流社會的時髦人物與品味的權威人士。伯尼伯爵身材高瘦、皮膚紅潤，藍色的眼珠，留著整齊的金色小八字鬍，他娶了個性嚴肅的美國女繼承人安娜．古爾德（Anna Gould），用她的嫁妝興建了一棟大理石豪宅，裡面的珍貴古董完美顯示金錢確實可以買到品味。在慶祝新居落成的宴會上，一名披著緋紅色斗篷的男僕站在樓梯的彎曲處，弗拉基米爾大公問道：「那個披著深紅色斗篷的人是誰？」伯尼伯爵回道：「喔，他站在那裡只是為了與大理石做對比，這樣整體的顏色會讓人看了覺得舒服。」對於德雷福斯事件，伯尼伯爵的看法是，猶太人「無理地要求釋放與他們信仰同一宗教的人」，傲慢地妨害司法程序，同時或者交替地以德雷福斯「為藉口來反對陸軍，這無疑出自柏林當局的授意」。無論是哪種狀況，「我都不會支持」。整體而言，這種說法可以代表法國上流社會的觀點，用加利費侯爵（Marquis de Galliffet）這位上流社會叛離者的話來說：「他們還是跟以前一樣不解世事。」

有些貴族擁有文學或其他才能。羅貝爾·德·孟德斯鳩伯爵（Comte Robert de Montesquieu）是一名非凡的審美家，他將金錢揮霍在淡紫與金色的絲綢上，耗費心力創作象徵主義的詩句，他就像普魯斯特與於斯曼（Huysmans）筆下的夏呂斯男爵（Baron de Charlus）與德·塞桑特（des Esseintes）一樣，是當代頹廢的縮影。奧斯卡·王爾德可能會想成為像孟德斯鳩伯爵這樣的人物，只要王爾德錢多一點、才華少一點而且毫無幽默感就行。薩根親王（Prince de Sagan）這位惡名昭彰的戀童癖總是在胸前別著新鮮花朵，為自己的完美八字鬍上蠟，而且與自己的外甥伯尼伯爵互別苗頭，身為優雅的提倡者，薩根親王曾與阿貝爾·埃爾曼（Abel Hermant）決鬥，因為後者的諷刺小說曾描述一名富有而放蕩之人的生平軼事，薩根親王覺得那是在誹謗自己。安娜·德·諾埃伊伯爵夫人（Comtesse Anne de Noailles）寫詩而且時常穿著輕盈的白色衣物，拖著長長的裙襬，來回穿梭於各個可愛的房間，「她就像鬼魅一樣，美得不像是真的」。在她的宴會上，一切以她為中心，她不需要招呼賓客，「賓客抵達時，她會對他們微笑，當她看到賓客離開時，她會輕聲嘆氣」。沃居埃伯爵是小說家與學術院院士，他對屠格涅夫（Turgenev）、托爾斯泰與杜斯妥也夫斯基（Dostoevsky）的研究使法國人注意到這些偉大的俄國作家，因此影響了法國文學的發展。

這些都是才華出眾的貴族成員。至於其他一千多名構成上流社會的貴族，如其中一人所言，他們的卓越之處主要在於，「儘管表面上並非如此，但他們仍深信自己比其他人來得優越」。埃梅里．德．拉．羅什福可伯爵（Comte Aimery de La Rochefoucauld）以他「如化石般頑固的貴族偏見」著稱，他到某人家中拜訪，對方的失禮令他感到不悅，他對同為貴族的朋友說：「我們一起走路回家吧，我們來談談身分這個東西。」在談到呂因公爵時，羅什福可伯爵說他的家族「在西元一千年時還沒出現呢！」同樣類型的還有於澤斯公爵，當法國國王驚訝於他的家族居然沒有人擔任過法國的高級將官時，於澤斯公爵的祖先回道：「陛下，我們在戰場上總是太快陣亡。」

法國上流社會並不好客，有些家族儘管再怎麼有錢，「連一杯檸檬水也不願拿出來招待朋友」。這些貴族認為在男性中只有他們才懂得如何穿著或做愛，也只有他們才能與高級交際花禮尚往來。他們根據自身階級的等級來排定次序，他們在禮儀與習慣上都熱切崇拜英國。格雷富勒家族與布勒特伊家族是英國威爾斯親王的至交，賭馬是隆尚（Longchamps）這個地方的習尚，另外還有香緹伊（Chantilly）的賽馬與奧特伊（Auteuil）的障礙賽馬。在賽馬會中，不受歡迎的成員會在投票時被投入較多的黑球而被開除會籍。夏爾．阿斯（Charles Haas）是斯萬的原型人物，他在自己的名片上刻了「先生」二字。

一名英國人拜訪了呂因公爵位於丹皮耶（Dampierre）的城堡，他看到了汽車、撞球室、男人身上的倫敦服飾與女人的喋喋不休這些現代外觀，「但在薄薄的一層釉彩下，卻如死海般毫無生氣。所有的書籍全完好地緊鎖在屋外的書房裡。屋內沒有書籍、沒有報紙、沒有可供書寫的紙張，只有一枝筆」。

呂因公爵夫人與布里薩克公爵夫人（Duchess de Brissac）這對姊妹與她們的朋友沃居埃伯爵夫人都即將臨盆，她們都是「很好的人」，如果只跟她們聊消遣娛樂的話，她們都非常好相處。宴會的主人是王位候選人的宮務大臣。這些人「就像受聰明才智吸引的孩子，他們憎恨猶太人、美國人、現在、過去兩百年、政府、未來與美術」。

根據共和國法律，所有法國王位候選人都必須流亡國外。波拿巴主義者把希望寄託在傑羅姆·波拿巴（Jerome Bonaparte）的孫子維克多·拿破崙親王（Prince Victor Napoleon）身上，至於正統派則效忠路易—菲利普（Louis-Philippe）的孫子巴黎伯爵（Comte de Paris），梯也爾說他「從遠處看像個普魯士人，近看卻像個傻子」。一八九四年，巴黎伯爵去世，繼承者是他的兒子奧爾良公爵，這個心浮氣躁的年輕人在一八九〇年時曾神采奕奕地在法國現身，他表示「要與法國士兵分享伙食」，意思是，他想回國服兵役。奧爾良公爵另一件知名軼事是他與歌劇名伶內莉·梅爾巴的羅曼史，之後他被羅什福爾伯爵戲稱為「加梅爾巴」（Gamelba）。在德雷福斯事件之前，奧爾良公爵幾乎沒什麼號召力，德雷福斯事件發生之後，保皇派找到了著力點，藉此召喚出新的希望與熱情，同時也從反猶太主義者身上尋找新的夥伴與力量。反猶太主義雖然對社會帶來某種有害的影響，卻成了流行時尚，一些暴發戶藉由支持反猶太主義嶄露頭角。「跟德雷福斯有關的一切事物正在摧毀整個社會，」夏呂斯男爵抱怨說，而蓋爾芒特公爵夫人則「完全無法忍受」，這輩子一直不願接觸的人，現在卻必須接受他們，只因為這些人杯葛猶太商人，而且在自己的陽傘上印上「打倒猶太人」幾個大字。

法國上流社會在政府與文化上均無影響力，他們唯一重要的地方是為反動派提供背景、動機、激勵與資金援助。在德雷福斯事件中，貴族階級唯一真正參與的領袖是德．蒙。正是德．蒙逼迫政府起訴左拉在公開信《我控訴》（*J'Accuse*）中對陸軍的誹謗，而這場審判也使德雷福斯事件成為全國性而非僅限於少數人的議題。如果政府能依照自己的做法，那麼政府將不會採取任何行動，無論討論、作證乃至於交互詰問都會予以避免。然而，在德．蒙領導下，憤怒的右派要求報復，德．蒙的權威也發揮極大的影響力。由於戰爭部沒有派人出席國會針對左拉的抨擊提出回應，德．蒙於是要求在戰爭部接受傳喚前來報告前，所有議事暫時中止，任何事都不能優先於維護陸軍的榮譽。一名議員表示，這件事可以先等等，讓其他的議案繼續進行討論。「陸軍不能等！」德．蒙傲慢地說道。議員們相當聽話地魚貫而出直到部長抵達才繼續開會，之後，在德．蒙熱情演說的激勵下，議員們投票支持起訴左拉。

「巨人即使腳髒了，也依然是巨人，」福樓拜曾這麼形容左拉。雖然左拉也許是當時讀者最多與收入最優渥的法國作家，但他的小說呈現的赤裸裸的寫實主義卻引起許多人的厭惡與憎恨。從貧民窟到參議院，左拉無情地挖掘社會每個階級卑鄙、骯髒與腐敗的一面。農民、娼妓、礦工、資產階級商人、酒鬼、醫生、軍官、教士與政治人物都被鉅細靡遺地加以揭露。更糟的是，原本應該帶給眾人好處的十九世紀，在左拉的小說中卻被描寫成因為工業化而讓廣大群眾陷入可怕的貧困之中。法蘭西學術院的大門從未為左拉開啟。左拉在《潰敗》（*La Débâcle*）中對一八七〇年的描述激怒了陸軍，在完成《萌芽》之後，左拉被歸類為反對既有秩序的工人支持者。左拉是不可知論者，他相信科學是促進社會進步的唯一工具。然而，當時的文學界已經開始對寫實主義產生反動，而「科學破產」的呼聲也甚囂塵上。

在德雷福斯遭到逮捕的前一年，左拉的名聲達到巔峰，他出版了最後一本小說，完成了前後共二十

圖十三 左拉，Édouard Manet繪，1868年

冊對法國生活全景的描述。出版社在布洛涅森林（Bois de Boulogne）的大湖（Grand Lac）上為左拉舉辦慶祝派對，與會者有作家、政治家、各國大使、女演員與美女，還有從普恩加萊到伊薇特・吉爾伯特（Yvette Guilbert）等各界名流。左拉接下來要做什麼呢？德雷福斯案件開啟了一條通往偉大的新道路，但唯有能者才能踏上這條道路。必須要有足夠的勇氣才能挑戰國家，必須具備一名偉大作家的訓練與才華才能寫出《我控訴》，必須對受難者感到同情才能憤而採取行動。左拉知道受苦是什麼滋味：他年輕的時候，曾有兩年的時間沒有工作，一直待在寄宿房屋的破爛閣樓裡，他曾經肚子餓到試圖去捕捉屋頂的麻雀，然後將麻雀綁在窗簾桿子的尾端，放在蠟燭上烤。

左拉總結對埃斯特哈吉不利的證據，包括筆跡、藍紙條（*petit bleu*）、烏蘭信件，然後他發表了第一篇關於德雷福斯事件的文章，他表示：「真相正在前進，任何人都無法阻止。」一個月後，當陸軍召開軍事法庭審理埃斯特哈吉時，德雷福斯派認為軍方已經接受再審，只是採取迂迴的方式，大家的內心都受到鼓舞。事實上，這是陸軍處理埃斯特哈吉問題的一種伎倆，因為軍事法庭的判決完全受陸軍的掌控。埃斯特哈吉被判無罪，而且獲得暴民的歡呼，他們說埃斯特哈吉是「猶太人迫害下的受難者」。我們聽到判決結果，「彷彿被打了一記悶棍，」布魯姆說道，就好像德雷福斯第二次被判有罪一樣。真相前進的腳步還是被擋下了。

要將證據公開在大家面前，就必須在民事法庭審理。為此，左拉寫了一封公開信給法國總統。在埃斯特哈吉被宣判無罪那天，左拉開始構思這封信，他打算讓自己走上法庭。他只將自己的想法透露給妻子知道，他的意志十分堅決。左拉把自己關在書房裡，一連工作二十四小時，他詳細剖析這起迄今為止最複雜難解的疑案，用四千多字寫下他的指控。一月十二日傍晚，他把稿子交給《黎明報》，第二天早上，在埃爾內斯特・沃干（也有人說是克里蒙梭）的建議下，公開信以《我控訴》為題刊載在《黎明報》上。報紙一共賣出三十萬份，許多是民族主義者買的，他們買來是為了在街上燒掉它。

左拉在信中的每一段都用「我控訴」開頭，他明確指出兩位戰爭部長梅西耶將軍與比約將軍，一個是「本世紀最大罪行的共犯」，另一個「手握德雷福斯無辜的證據，卻隱匿這些證據」。他指控總參謀部的首長布瓦德福爾將軍與貢斯將軍都是相同罪行的共犯，他指控杜帕帝・德・克拉姆上校（當時他還不知道亨利少校涉入）「偽造證據」。他指控戰爭部在報章雜誌發起「令人作嘔的活動」，企圖誤導民眾，隱匿自身的惡行。他指控第一次軍事法庭做出違法審判，而審判埃斯特哈吉的軍事法庭則「奉命」掩蓋第一次的違法判決，而且犯下明知犯人有罪卻判其無罪的司法罪行。左拉很清楚自己的指控觸犯了誹謗罪，但他這麼做是為了「加速真相與正義的爆發」。「讓他們把我送上法院。讓調查公諸於世。我等著。」

民眾感到驚恐，這種指控國家軍事領袖的行為幾乎等同於叛亂。許多支持再審的人也覺得左拉做得太過火。他讓原本已經火爆的局勢變得更加難以忍受，中產階級對於他的說法感到吃驚與憤怒，因此更堅定了支持陸軍與反對德雷福斯派的立場。第二天，德・蒙在國會通過決議，政府於是宣布左拉將遭到起訴。報章雜誌紛紛以各種惡意、髒話與侮辱攻擊左拉，街上也販售著嘲弄左拉的歌曲。他受到惡意的漫畫諷刺。有人罵他「色情的豬」，而這還算客氣的。還有人寄了糞便包裹給他。他的肖像遭到焚毀。許多人高舉標語，上面寫著：「所有好法國人給左拉的回答：去吃屎吧！」德雷福斯事件最強的情緒感受也被挑起，有些人罵他「外國人」，因為他的父親是義大利人。事實上，左拉的母親是法國人，他在巴黎出生，在普羅旺斯艾克斯（Aix-en-Provence）的父母家長大。

政府以戰爭部長比約將軍的名義提告，但起訴的內容完全與德雷福斯無關，而且僅限於法院「奉命」判決埃斯特哈吉無罪這部分。透過這個方式，首席法官可以排除掉所有與這項起訴無關的證詞。饒勒斯抗議法院的做法，並且在國會裡抨擊政府：「你們把共和國交到耶穌會將軍手裡！」民族主義派議員貝米伯爵（Comte de Bernis）聞言上前毆打饒勒斯，議場頓時大亂，必須動用警衛才得以恢復秩序。

《我控訴》使全世界注意到了德雷福斯事件，而且為這起事件增添了些許英雄戲劇的色彩。法國陸軍被指控這些罪名已經讓人吃驚，外國民眾最耳熟能詳的法國作家受到這樣的攻擊也同樣讓人震撼。全世界都「嚇得說不出話來，而且感到無比沉痛」，挪威作家比約恩斯徹納．比昂松（Björnstjerne Björnson）寫道。審判開始時，德雷福斯派可以感受到來自世界各地的目光。「場景在法國，但劇場裡的觀眾卻來自全世界，」他們說道。這場審判使德雷福斯事件從法國的本國事務轉變成全球矚目的焦點。

左拉同時代的作家中，真正最具有世界知名度的是契訶夫，左拉介入德雷福斯事件對契訶夫產生了深遠的影響。當時契訶夫人在尼斯，他興致勃勃地留意審判進度，閱讀所有證詞的逐字稿，他在給家中的信上寫道：「我們在這裡談的全是左拉與德雷福斯。」契訶夫發現最常刊登他的小說的俄國重要日報《聖彼得堡新時報》(*St. Petersburg New Times*) 有許多反猶太與反德雷福斯的攻擊性言論，「令他感到不悅」，他因此與該報主編同時也是他的多年好友大吵一架。

外國的輿論，姑且不論他們對猶太人的看法，認為德雷福斯事件主要是司法問題，因此他們無法理解法國人為何如此頑固地拒絕再審。仇外本身成了拒絕再審的一項因素。

拉齊維爾王妃提到：「法國的報紙問道，為什麼外國對德雷福斯事件這麼感興趣，彷彿司法問題無法引起他們的關注。」事實上，外國確實關注司法問題，只是德雷福斯事件涉及的不只是司法。這起事件不是右派與左派的鬥爭，因為支持德雷福斯的舍勒—凱斯特納、雷納赫、克里蒙梭與安那托爾・佛朗士並非左派。這起事件看似與司法及愛國主義有關，但本質上卻是右派與理性的鬥爭。

左拉的審判於一八九八年二月七日開庭，持續了十六天。一名目擊者表示，西堤島（Ile de la Cité）司法宮裡「充斥著肅殺之氣」。「人們臉上洋溢著熱情！當某些人目光相遇時，則是相互怒目而視！」記者、律師、軍官與穿著皮草的貴婦都來旁聽，法庭裡人滿為患，人都擠到了窗臺邊。馬塞爾・普魯斯特每天都登上旁聽席，他隨身帶著咖啡與三明治，不想錯過任何片段。德呂蒙以一個人四十蘇的代價請來的走路工，在法院外發出噓聲與出言嘲弄。與德雷福斯的審判和調查相關的所有陸軍軍官，如埃斯特哈吉與皮卡爾，全都起立宣誓文件的真實性，特別是帕尼扎爾迪的信件，這封書信是證明德雷福斯有罪的「直接證據」。（外交部長已經收到義大利人的通知，說這封信是假的，他想取消這次審判，但政府因為害怕陸軍叛變而不敢這麼做。）梅西耶將軍站得筆直、態度傲慢、完全不為所動，「堅信自己絕對不會犯錯」，他以自己的軍人榮譽擔保，德雷福斯的判決是正確且合法的。辯方不斷提出交互詰問的要求，卻一再被首席法官以「不需要提問」為由拒絕。左拉或他的律師拉伯里或代表《黎明報》出庭的克里蒙梭，在進行陳述時往往受到擁擠的旁聽群眾叫聲的干擾。左拉看起來緊張與不悅，他一直按捺自己的怒氣，直到他再也忍受不住了，他突然罵了一句：「吃人的東西！」——這是伏爾泰（Voltaire）在卡拉事件（Calas Affair）說的話。當傳喚埃斯特哈吉作證時，群眾對他歡呼，口中喊著：「榮耀歸於集團的受害者！」（"*Gloire au victime du Syndicat!*"）在法院臺階上，王位候選人的表親亨利·奧爾良親王與這位烏蘭信件的作者握手，而且向他身上的「法國軍服」行禮。

「在巴黎，人們惶惶不可終日，」一名英國人寫道，從空氣中，他可以聞到一股嗜血的味道。暴民打破左拉住宅與《黎明報》辦公室的窗戶。商店關門，外國人逃離。德呂蒙的助手朱爾·蓋杭（Jules Guérin）掀起的反猶太浪潮在勒阿弗爾、奧爾良、南錫（Nancy）、里昂、波爾多（Bordeaux）、土魯斯、馬賽與其他小城市爆發，阿爾及爾（Algiers）的狀況最為慘重，猶太區被掠奪與搶劫了四天，許多人遭到毆打，還有人因此死亡。巴黎一間職業介紹所以一天五法郎或一晚二法郎的代價雇用暴徒，要他們高喊：「打倒猶太人！」「陸軍萬歲！」「唾棄左拉！」有一次，當左拉在雷納赫的陪同下離開法院時，群眾蜂擁而上高喊：「打倒叛徒！猶太人去死！」他們必須在警察協助下才得以脫身。之後，左拉每天搭乘馬車往返法院與住家時，都需要騎警從旁護送，有時騎警還必須朝威脅攻擊馬車的暴徒衝鋒。左拉的朋友德穆蘭（Desmoulins）隨身攜帶手槍，充當他的貼身保鑣。

在法庭上，儘管遭遇阻礙與嘲弄，但真相依然持續前進。拉伯里律師年輕有幹勁，大家都說他「才智並不出眾，卻是個性情中人」，克里蒙梭堅毅、無情、辯論時毫無對手，這兩個人都無法被欺凌，也沒有人能使他們默不作聲。有傳言說陪審團傾向於判左拉無罪。布瓦德福爾將軍堅持立場，他警告：「如果民眾對陸軍首長沒有信心……那麼陸軍首長大可將肩上的重擔交給其他人。你們只要說一聲就行。」這是一種威脅，如果陪審團判決無罪，那麼總參謀部將集體辭職。布瓦德福爾明白表示：選擇左拉或是我們。陪審團要面對的是這個議題，而不是德雷福斯有罪或無罪。陪審團成員絕大多數來自小資產階級：一名製革工人、一名商品蔬菜園主、一名酒商、一名辦事員、一名地主與兩名工人。《言論自由報》以間接的方式威脅陪審員，他們公布陪審員的姓名與商家地址，而且刊登讀者的信件，警告他們如果「義大利人」被判無罪，他們會遭到報復。

左拉在進行結案陳詞時，依然不斷被噓聲打斷，他以自己四十年的努力與四十冊的法國文學作品做擔保，堅信德雷福斯是無辜的。他採取行動是為了不讓法國「被謊言與不公義脅持」，雖然他被定罪，但「法國總有一天會感謝我協助挽救它的名譽」。克里蒙梭最後表示：「陪審員先生們，你們的任務與其說是宣布對我們的判決，不如說是宣布對你們自己的判決。我們現在站在你們面前。而你們未來將站在歷史面前。」

左拉以七票對五票被判有罪，奇蹟的是居然有五名陪審員有勇氣投下無罪票。在法院外，太子廣場（Place Dauphine）擠滿黑壓壓的人潮，他們全因為勝利而歡呼。當左拉準備離開法院時，他說道：「聽他們的喊聲，聽他們的喊聲，聽起來他們好像正等著某人丟肉給他們。」克里蒙梭對朋友說，如果被判無罪，他「很確定在法庭上或在走廊上的德雷福斯派將很難保住自己的性命」。左拉被判處最大的刑度，亦即一年有期徒刑、罰金三千法郎與不准上訴，朋友堅持勸說他逃往英國。亨利．亞當斯評論說，左拉應該被送到「魔鬼島與他的朋友德雷福斯作伴」，「魔鬼島應該關押越多的法國腐敗分子越好，舉例來說，包括絕大多數的報社人士、大部分的劇院人士、所有的股票經紀人與一兩個羅斯柴爾德家族的人」。這些全是亨利．亞當斯發自內心的感受，與那些拿錢吶喊的巴黎暴民的感受不謀而合。

這場審判如同一場龍捲風，把社會所有的聲音全捲進漩渦之中。「每個良心都感到苦惱，」《小巴黎人報》（*Le Petit Parisien*）寫道。「再也沒有人據理力爭，沒有任何討論的可能，每個人都堅守自己的立場。」不僅家人，就連僕人也變得界線分明。在卡宏．達什（Caran d'Ache）最有名的一幅諷刺漫畫中，大家庭的父親在晚餐時下令：「任何人都不准提那件事！」到了下一格，卻出現瘋狂互毆的場面，掀翻的桌子，刀子與叉子齊飛，椅子被用來充當武器，標題寫著：「他們提了那件事！」

德雷福斯派在進行組織之後，創立了人權同盟（League for the Rights of Man），他們贊助抗議示威與集會遊行，而且派遣講者到全國各地演講。他們擬定了再審請願書，這麼做不僅突顯了社會的裂痕，也使其更加難以彌合。這份請願書稱為〈知識分子的抗議〉（"Protest of the Intellectuals"），一開始每天刊登在《黎明報》上，而且每天持續有人進行連署。這份請願書在願意與不願意連署的人之間劃出一道參差不齊的口子。連署的發起人是馬塞爾．普魯斯特與弟弟羅貝爾（Robert，他們的父親為此有一個星期不跟他們說話）、埃利．阿勒維（Elie Halévy）與弟弟丹尼爾及他們的表親賈克．比才（Jacques Bizet，作曲家比才的兒子），這些人都未滿三十歲。他們幾乎一開始爭取連署的時候，就已經獲得非常大的成功：最早參與連署的人是「拉丁世界最後一個天才」，也是「法蘭西學術院的領袖」，安那托爾．佛朗士。「他感冒了，但還是下床穿著拖鞋接見我們，」阿勒維寫道。「『把請願書給我』，他說道。『我會簽名。我什麼都簽。這一切令我感到厭惡。』」佛朗士是理性主義者，不理性令他感到厭惡。佛朗士經常以憤世嫉俗與嘲弄的手法表現人類的愚蠢，他既不支持這場運動，也不支持德雷福斯個人，他頗具洞見地指出，德雷福斯「與將他定罪的軍官是同一類人，如果德雷福斯是他們，他也會判自己有罪」。但佛朗士痛恨群眾，而且出於好辯的個性，他經常站在反對政府的立場。

佛朗士的散文如流淌的溪流般清晰明澈。他原本住在家裡，有時會到情婦阿爾曼・德・卡雅薇夫人（Mme Arman de Caillavet）的沙龍作客，一八九九年，在與妻子最後一次爭吵之後，佛朗士穿著晨衣、腳踩拖鞋走出家門，手裡拿著一個托盤，上面放著鵝毛筆、墨水瓶架與既有的手稿，他順著大街走到旅館，然後叫人把家中的衣物拿過來，他從此再也沒回家。阿爾曼夫人關愛佛朗士到專橫的程度，乃至於處處控制他的行動，當佛朗士想偷懶的時候，阿爾曼夫人會把他關起來，逼他寫作。從一八九五年起，佛朗士開始撰寫以貝傑瑞先生（M. Bergeret）為主角，情節環繞著當時社會的一系列小說，這些小說在極右派的《巴黎回聲報》上連載，即使在德雷福斯事件期間也繼續刊登，在他的小說周圍則是一些嘲諷的評論。佛朗士的連署讓再審主義者士氣大振，而且震驚了雙方陣營。他是「我們的人」，他不應該支持「他們」，利昂・多代哀嘆說。

最初，〈知識分子的抗議〉有一百零四人連署，一個月後，連署人數達到三千人，包括安德烈・紀德（André Gide）、夏爾・佩吉、埃利澤・雷克呂斯、加布里埃爾・莫諾（Gabriel Monod）、學者、詩人、哲學家、醫生、教授與畫家克洛德・莫內，莫內是因為支持克里蒙梭才這麼做。這是莫內一生唯一一次的政治行動，而他的連署導致與竇加（Degas）的爭論，兩人有好幾年互不連絡。此時幾乎已經眼盲的竇加，每天早上都會讓人閱讀《言論自由報》給他聽，他蔑視那些共和國時代的「新貴」。「在我那個年代，」他輕視地說，「沒有人能輕輕鬆鬆就博取地位名聲。」

藝術家與音樂家一般來說並不關心政治，然而如果要他們表態的話，通常還是傾向於支持民族主義陣營。克洛德．德布西（Claude Debussy）在皇家路（Rue Royale）的韋伯咖啡廳（Café Weber）與利昂．多代的圈子聚會。皮維．德．夏凡納（Puvis de Chavannes）也是民族主義的支持者。

索邦大學（Sorbonne）、高等師範學校、醫學院、中學與各省大學的教授與老師紛紛連署，但也有許多人反對，有些人不願連署是因為害怕遭到報復。一名中學校長告訴克里蒙梭，「如果我簽名，朗博（Rambaud，當時的教育部長）那個蠢貨會把我流放到布列塔尼。」巴斯德（Pasteur）的後繼者，傑出的科學家埃米爾．杜克勞（Émile Duclaux）馬上就簽名了，他表示，如果他們在實驗室裡害怕修正，那麼就只能仰賴運氣才能發現真理。在杜克勞率先連署下，科學家紛紛連署，有些人因此受害。巴黎綜合理工學院的格里莫（Grimaux）教授，他除了連署，也在左拉的審判上作證，卻因此失去化學系教席。當時人們熱烈爭論一個假設性的問題：雨果（Hugo）、勒南（Renan）、泰納（Taine）或巴斯德這些大師如果還在世的話，會不會參加連署。學生與老師不合，學生之間也發生衝突，支持者與反對者各自成立了委員會，特別在深受天主教勢力影響的省份，當地的學校往往採取反對的立場。

就像浮冰碎裂一樣，知識分子的世界也因為〈知識分子的抗議〉而分裂，隨著德雷福斯事件的進行，雙方的嫌隙也越來越大。原先的朋友在擦身而過時也不打招呼，就算有話要說，「也無法越過橫亙在兩人之間的世界，傳到對方耳裡」。《阿芙蘿狄特》（*Aphrodite*）的作者皮耶．路易斯（Pierre Louÿs）採取了與萊昂．布魯姆相反的立場之後，兩人便不再連絡，從此再也不見面。〈知識分子的抗議〉流通的同時，利昂·多代的三個記者朋友試著說服他，他們利用三個小時的午餐時間要喚起「我的愛國主義、理智與情感」。在德雷福斯事件發生前，多代曾經受邀到拉伯里家吃晚餐，拉伯里夫人在席間唱起舒曼（Schumann）的曲子，那是個令人難忘的美好夜晚，「拉伯里先生妙語如珠、談笑風生，拉伯里夫人才華洋溢、充滿魅力而且好客。」多代也曾受邀前往奧克塔夫·米爾博位於蓬德拉爾什（Pont-de-l'Arche）的美麗自宅，米爾博收藏了梵谷（Van Gogh）的畫作〈鳶尾花盛開的原野〉（"Field of Iris"），夫人則是「盛情款待」，「從奶油到葡萄酒，從食用油到湯」，端出了一道道無可比擬的美味佳餚。德雷福斯事件之後，對米爾博來說，「民族主義者」這個詞就等同於「刺客」，對多代來說，民主就等於「有毒的土壤」。而在左拉受審後不久，多代每週都會撰寫極其惡毒的誹謗文章，投稿到《言論自由報》與《高盧報》。

莫里斯·巴雷斯是一位兼顧文學與政治事業的傑出小說家，他的朋友都以為他會支持再審。萊昂·布魯姆請他連署，他相信巴雷斯一定會簽名，但巴雷斯卻說他要考慮一下，結果他給的答覆是不。雖然巴雷斯表示他與左拉是朋友，而且也尊敬左拉，但他對這件事有所疑慮，在疑慮下，他決定相信「愛國主義的直覺」。幾個月後，巴雷斯得出了血統與土壤的神秘解答，他說左拉是個「無國籍的威尼斯人」，同樣的原則也可以用來解釋猶太人：眾所周知，他們「沒有國家。對我們來說，我們的國家是我們祖先生活過的地方，是先人埋骨之所。對他們來說，這裡只是他們尋求最佳利益的場所」。在成為民族主義者的知識分子領袖之後，巴雷斯提出各項主張，讓右派站穩了愛國主義立場。

佛蘭（Forain）與卡宏·達什共同創立了一份名叫《噓！》（*Psst!*）的刊物，這份刊物雖然小但極其辛辣，它是一份每週出刊篇幅有四頁的諷刺畫報，由佛蘭與卡宏・達什在韋伯咖啡廳裡同坐在一張桌子旁繪製完成。卡宏・達什的連環漫畫線條簡潔，富有啟發性。佛蘭是一個對於巴黎社會有著尖銳觀點的藝術家，才華也受到認可，不過他的油畫卻讓人想起竇加的致命評論：「他是靠我才能畫出那些作品。」他的封面設計是一個普魯士軍官站在陰沉而憤世嫉俗的人後面，前面這個人正是集團的代表，臉上帶著左拉的面具，這幅圖畫濃縮了民族主義者眼中德雷福斯事件的所有元素。雷納赫是《噓！》喜歡針對的目標，他經常被描繪成戴著大禮帽、有著明顯猶太人相貌的紅毛猩猩，不斷前往柏林與戴著釘盔的普魯士人商議。舍勒—凱斯特納與其他再審主義者被描繪成鷹勾鼻的猶太人，穿著銀行家的毛領大衣，支付德國資金，把陸軍平頂軍帽當成足球踢，或割下拉瓦喬爾墳墓上的雜草當作「花束送給左拉」。陸軍往往被描繪成健壯、僵硬的士兵，勇敢直挺挺地站立著，毫不畏懼地面對惡棍，永遠展現出勇者的形象。知識分子被畫成身材瘦長的人物，長了一顆特大號的頭顱，額頭上有一個大衛星，而且拿了一支比他的身體還大的筆，流露出「對法國一切事物感到厭惡的表情」。唯一與德雷福斯事件無關的主題是偶爾出現的「山姆大叔」，他被描繪成「新加岡圖瓦（Gargantua，文藝復興時期作品中的巨人）」，正在吞噬西班牙、夏威夷、波多黎各與菲律賓。

德雷福斯事件隨時隨地滲透到生活的各個層面。萊昂・布魯姆去看牙醫，他發現一名舉止外表像是騎兵軍官的年輕人，當病人坐下時，年輕人突然說道：「還是老樣子，他們不敢動皮卡爾一根汗毛！」加斯東・帕里斯（Gaston Paris）是研究中世紀的學者與法蘭西學術院院士，他在一篇討論好人菲利普（Philip the Good）的旁徵博引的文章中，在結尾以激勵人心的語氣祈求正義降臨，結果馬上就被人扣帽子。保羅．斯戴普福（Paul Stapfer）是波爾多大學文學院院長，他因為在同事葬禮上發表演說提及死者支持再審而被暫停職務。法國榮譽軍團勳章（Légion d'Honneur）也引發一場風波，左拉的勳章被「暫時撤銷」，但此舉同時激怒了要求剝奪他的勳章的軍方人員與支持左拉的軍方人員。安那托爾．佛朗士與其他人則是自行取下外套上的法國榮譽軍團勳章。在咖啡廳，民族主義者與再審主義者分坐露臺兩側，各自盤踞不同的桌子。各地村落也選邊站。距離巴黎十四英里的薩穆瓦（Samois），當地居民表示，村裡每個人都是德雷福斯派，但離他們村子三到四英里的弗朗科維爾（Francoville）則幾乎毫無例外，每個人都是反德雷福斯派。

一八九八年二月，在比克西歐餐廳（Dîner Bixio）這家會員制晚餐俱樂部裡，人們在此總能在交談中獲得樂趣，但德雷福斯事件卻讓每個人「感到心煩與難受」；三月，加利費侯爵表示，他不會外出或到餐廳用餐，因為大家都在談德雷福斯的事；五月，有一段時間大家轉而討論這個問題，「緬因號是不是美國人自己炸掉的？」除此之外，討論的主題還是德雷福斯事件；十一月，每個人都心情沮喪：「我不記得有哪一次的晚餐這麼讓人悶悶不樂，」一名會員在日記裡寫道。

羅曼．羅蘭（Romain Rolland）的劇作《狼》（*Les Loups*）在開演當晚儼然成了戰場。羅蘭只花了六天時間就完成這齣劇作，他要向世界顯示法國被「一個最令人敬畏的問題」撕裂，這個問題「挑戰人類的良知，兩難的局面足以充當高乃依（Corneille）的創作素材：該犧牲祖國，還是犧牲正義」。皮卡爾上校出現在劇院包廂，而杜帕帝．德．克拉姆上校坐在戲院樓下的座位，兩人的出席令現場觀眾情緒亢奮到了極點。皮卡爾在首次遭到逮捕之後，已經被迫從陸軍退役，他這次來到戲院，是受到埃德蒙．

羅斯丹（Edmond Rostand）的邀請，羅斯丹在幾個月前完成了《希拉諾．德．貝爾傑拉克》（*Cyrano de Bergerac*），這部作品使他聲譽鵲起，成了眾所矚目的名人。十年來，愛看戲的法國人已經受夠了自由劇場（Théâtre Libre）的懷疑主義、象徵主義與易卜生主義。一名評論者寫道：「我們需要安慰、理想、派頭，然後希拉諾出現了！我們的渴望得到滿足。」那一晚，希拉諾的精神充分在戲院裡展現。

在這齣戲裡，當代表皮卡爾的角色面對他的對手時，觀眾情緒爆發，淹沒了演員的聲音。「整座戲院，從地板到屋頂都在震動。」平日聽到的「萬歲！」（"*Vive!*"）與「下去！」（"*A bas!*"）的喊聲，逐漸演變成激昂憤怒，此時某人禁不住喊道，「打倒祖國！」（"*A bas la patrie!*"）而包廂一名十三歲的無政府主義者則尖叫，「打倒基督教！」羅蘭心想：「我的理念完全失焦了，但沒關係，重要的不是這齣戲。真正精采的部分其實是觀眾，觀眾席正上演著一齣歷史！」

這場衝突持續到第二天。《巴黎回聲報》與《新聞報》（*La Presse*）開除了它們的戲劇評論家，斯坦尼斯拉斯學院（Collège Stanislas）取消了羅斯丹夫人的歡迎會，兩份報紙公開杯葛《希拉諾》，然而，儘管《希拉諾》的作者與皮卡爾有往來，《希拉諾》還是依然受到歡迎。羅蘭在日記裡寫道：「我寧可一輩子生活在戰鬥之中，也不願渾渾噩噩、意氣消沉地度過晚年。願上帝賜給我鬥爭、敵人、咆哮的群眾，以及所有我能夠參與的戰鬥。」

佩吉的看法呈現出相同的感受：對和平感到厭倦。其他人也是如此。蘭克參議員回憶說，那年夏天，大家都在期待一場奇襲。「某天，我們收到警告，不要回家睡覺，因為反猶太的惡棍可能發動攻擊，還有一天，則是被警告可能被警察逮捕。這些都讓人感到興奮，讓人有活著的感覺，再沒有比採取行動的時刻與懷抱著某種宗旨進行戰鬥更令人覺得美好的了。」

德雷福斯事件剛發生時，約瑟夫・雷納赫受邀前往埃米爾・斯特勞斯夫人（Mme Emile Straus）的沙龍，他當場表示德雷福斯的判決並不公正，此後沙龍便開始分裂成兩派。在此之前，沙龍一直充當連結時尚與知性世界，溝通階級與群體之間尖銳政治嫌隙的角色。沙龍之於法國，猶如鄉村宅邸派對之於英國。沙龍是觀念的市集，是社會與政治選擇的交易所，在沙龍裡，人們最關心的是：誰能當上下一屆法蘭西學術院院士，誰會穿上深綠色的軍服，誰會在某位大師死後繼承他的位子，並且在巴黎菁英的注視下，在大師紀念會上發表悼詞？而現在，沙龍開始分裂成各自分立的小團體，原本意見的統一與融合是沙龍帶來的最大貢獻，但這項貢獻卻一下子被摧毀了。

原則上，每個沙龍都有自己的「大人物」（*grand homme*）。奧貝農夫人（Mme Aubernon）是巴黎資格最老的沙龍女主人，她的沙龍最初的大人物是小仲馬（Dumas fils），最後的大人物是鄧南遮（D'Annunzio）。另一方面，美麗的埃米爾・斯特勞斯夫人，本名傑娜維也芙（Geneviève），有著水汪汪的黑色眼睛與熱切的眼神，她吸引了太多大人物到她的沙龍，人們因此不知該聚焦在誰的身上。埃米爾・斯特勞斯夫人是作曲家阿萊維（Halévy）的女兒與喬治・比才（Georges Bizet）的遺孀，之後，她改嫁斯特勞斯，讓許多仰慕者失望不已。在德雷福斯事件之前，埃米爾・斯特勞斯夫人的沙龍聚集了巴黎各界菁英，如哲學家亨利・柏格森（Henri Bergson）、女演員雷珍（Réjane）、英國大使里頓勳爵（Lord Lytton）、外科醫生波齊（Pozzi）教授、亨利・梅亞克（Henri Meilhac）、奧芬巴哈（Offenbach）歌劇的作詞者，朱爾・勒梅特、馬塞爾・普雷沃與瑪蒂爾德公主，其中瑪蒂爾德會在每週三舉辦沙龍，而埃米爾·斯特勞斯夫人則是在每週六下午於奧斯曼大道（Boulevard Haussmann）的宅邸舉辦沙龍，大家在此討論國會、奧賽碼頭（Quai d'Orsay，指外交界）、劇院與各報社主編辦公室最近傳出的熱門事件。雷納赫表明立場後，勒梅特便不再參加斯特勞斯夫人的沙龍，此後他只參加洛安伯爵夫人（Comtesse de Loynes）的右翼沙龍。其他人也跟著選邊站。

阿爾曼·德·卡雅薇夫人位於奧什大街（Avenue Hoche）的週日沙龍是再審主義者的中心，安那托爾·佛朗士是這裡的重要嘉賓。此外，克里蒙梭、白里安（Briand）、雷納赫、饒勒斯與呂西安·埃爾也是這裡的常客。阿爾曼夫人只歡迎作家與政治人物，除了諾埃伊夫人（Mme de Noailles）以外，她不願接待任何貴族。諾埃伊夫人是德雷福斯派，她「就像走出轎子的東方公主……只要注視著她的眼神，就會覺得她說的話充滿吸引力」。沙龍的每一張桌子上都擺著安那托爾·佛朗士的作品，他本人則站在來來往往以他為中心聚集起來的群眾當中，他講述選定的主題，有時中斷向到場的賓客打招呼，有時往左往右鞠躬致意，忙著介紹賓客，或低頭親吻一名裹著絨鼠毛皮舉止優雅的女士的手，但另一方面又持續不斷地討論拉辛（Jean Racine）的詩、羅伯斯比（Maximilien Robespierre）的矛盾與拉伯雷（François Rabelais）的警句。

德雷福斯事件取代拉伯雷成為沙龍的主題。奧貝農夫人依然邀請雙方陣營參加她的沙龍，只要討論觸及德雷福斯事件，場面立刻變得激動起來。權威的《兩個世界的評論》（*Revue des Deux Mondes*）主編費迪南·布呂內提耶（Ferdinand Brunetière）表示：「這個所謂的〈知識分子的抗議〉的請願書是荒謬而無禮的。他們創造出這個詞彙，好讓自己的地位高於其他人，彷彿作家、科學家與教授比其他人更優越……他們有什麼權利干預軍事司法？」索邦大學古代哲學教授維克多．布洛夏（Victor Brochard）激烈地回應：「正義不是基於法院，而是基於法律……以隱匿的證據判決被告有罪，不僅違法，而且是司法謀殺……今日，代表法國良心的不是陸軍將領或羅什福爾或《言論自由報》的爭論者或埃斯特哈吉或你的奧爾良公爵，而是我們，知識分子。」

右派的大本營是位於香榭麗舍大道（Avenue des Champs Elysées）的洛安夫人沙龍，朱爾．勒梅特是這裡的主導者。洛安夫人原本是知名的交際花，之後嫁給年邁的洛安伯爵，眾所周知，她的沙龍造就了數名學術院院士，而她自己也歷經各種身分的轉變，從女家庭教師、母親、姊妹到傳聞中的勒梅特的情婦，不過有些刻薄的小道消息說他們的友誼是柏拉圖式的。洛安夫人的客人固定每週五共進晚餐，他們所在的房間裝飾著珍貴絨布，壁爐臺上擺著一尊米娜瓦（Minerva）的大理石裸體雕像，伯尼．德．卡特蘭提到牆上掛著一幅梅索尼埃（Meissonier）的贗品。勒梅特是《辯論日報》（*Journal des Débats*）著名的戲劇評論家，他是個文字冗長的作家，能夠撰寫劇作、詩、短篇小說、評論、傳記、各種演說、政治文章、觀點意見與論戰。勒梅特最後所有的作品收集起來，足足有五十冊之多。雖然勒梅特樣樣稀鬆，但他在《兩個世界的評論》的著名警告，使法國戲劇免於遭受北方劇作巨浪的衝擊——易卜生、霍普特曼（Gerhart Hauptmann）、蘇德曼（Hermann Sudermann）與史特林堡（August Strindberg）——並因

此成了法蘭西學術院院士。勒梅特對於民主與成年男子普選制感到幻滅。「共和國讓我對共和國不抱期望，」他寫道，「生活早已讓我拋棄了浪漫主義。」勒梅特也對「文字遊戲」感到厭倦，他渴望行動者的出現，要實現目標不能只是在紙上夸夸其談，而是要讓活生生的人產生熱情。在洛安夫人的餐廳裡進行了簡單的儀式與歡呼之後，勒梅特被推舉為法蘭西祖國同盟（Ligue de la Patrie Française）主席，民族主義者想透過這個組織來整合右派知識分子的勢力以對抗「祖國的敵人」。同盟的委員會包括了沃居埃、巴雷斯、佛蘭、普羅旺斯語復興詩人密斯特拉（Mistral）、作曲家樊尚・丹第（Vincent d'Indy）、畫家卡羅勒斯・杜蘭（Carolus Duran）。祖國同盟首次大會吸引了一萬五千人參加，第一個月就有三萬人加入。勒梅特被選為同盟主席，如此可讓同盟擁有一個能與安那托爾・佛朗士匹敵的法蘭西學術院院士，但由於勒梅特生性喜愛嘲諷與抱怨，使得他缺乏領袖氣度，而且他在討論時有個毛病，那就是如果他無法在五分鐘內清楚說明自己的觀點，那麼接下來的說明就會嚴重離題。

個性溫和的副主席法蘭索瓦・科佩（François Coppée）也好不到哪裡去。他可以說是在朋友的恫嚇下才接受這個職位，沉浸在懷舊鄉愁的他，喜歡用浪漫詩來描述古時候的簡單純樸。英國朋友問他：「你跟那群人在做什麼？」（"*Que faites vous, Maître, dans cette galère?*"）他回道：「說真的，我也不知道。」科佩只解釋說，他隱約感受到使法國偉大的宗教與愛國主義正在衰微，除非加以復興，否則一定會在物質主義的浪潮下消失無蹤。

祖國同盟真正的力量與領導來自於巴雷斯、德呂蒙、羅什福爾與德魯雷德，他們都是過去愛國者同盟（Ligue des Patriotes）的成員。在進行政策討論時，德呂蒙大笑說：「那些傢伙會把我搞死。」只聆聽自己意見的羅什福爾會在冗長的討論後不耐地說：「是，是，令人討厭，那個人真壞啊！」然後他會說些奇聞軼事吸引科佩注意。勒梅特向洛安夫人坦承：「我們獨自一人的時候都很嚴肅，但聚在一起的時候就變得很輕佻。」

不過，他們都認為必須認真看待這項行動。利昂．多代寫道，在「摘錄簿」與「藍紙條」這些爭議的背後，「可以聽見蠻族大軍的腳步聲」。德雷福斯主義是已經逼近到我們門前的外國人，是一場革命，是猶太人、共濟會、自由思想家、新教徒、無政府主義者、國際主義者。每個人都可以從中看到自己的敵人。巴雷斯從中看到了所有「非法蘭西」的事物；亞瑟．梅耶從中看到了「無政府主義與德雷福斯主義的同盟」，「這兩個醜惡邪教」的祭司分別是安那托爾．佛朗士與奧克塔夫．米爾博；布呂內提耶從中看到了「個人主義……這是我們這個時代的痼疾……是尼采口中的超人，是無政府主義者，是自我崇拜」。

一八九八年五月大選之後，激進派政府出現了一名強人，他就是剛上任的戰爭部長戈德弗瓦．卡維尼亞克（Godefroy Cavaignac）。卡維尼亞克並非軍人出身，他認為共和國必須符合公義，要做到「絕對的清廉」，因此他誓言清除國會的腐敗。卡維尼亞克曾針對巴拿馬運河醜聞進行調查，他憎惡克里蒙梭。一八九五年，卡維尼亞克曾擔任了六個月的戰爭部長，他相信秘密檔案的真實性，也堅信德雷福斯

有罪。即將去職的總理梅林（Jules Méline）在判決後曾經否認有任何檔案存在，但卡維尼亞克決定直接面對這個議題。他重新調查文件而且相信埃斯特哈吉偽造了證據，但他仍認為德雷福斯的判決是公正的。卡維尼亞克於是下令逮捕埃斯特哈吉與皮卡爾，並且前往國會，決心徹底解決再審這件事。卡維尼亞克堅定而嚴肅地告訴國會議員，埃斯特哈吉被判無罪是錯誤的，他將以共犯的身分受到起訴，而且「我完全確定德雷福斯有罪」。卡維尼亞克回顧這起案件，把已經被德雷福斯派一點一滴證明為虛假的內容又再說了一次，最後他還以德雷福斯的供詞與帕尼扎爾迪的信件做為證據，然而兩個星期前卸任的梅林現在正坐在臺下，他明明已經從義大利人口中得知這份書信是偽造的。卡維尼亞克演說結束，國會議員全體起立歡呼。他終於卸下這可怕的重擔，國會以五百四十五票對零票（十九票棄權，包括沉默的梅林）同意將卡維尼亞克的講稿「張貼」在法國每座城市的市政廳外。「這個可恨的案子終於結束了，」當晚，沃居埃在俱樂部裡說道，「看來德雷福斯會被關在那座小島上，直到他死為止。」

對德雷福斯派來說，這是個難以置信的打擊，是「令人震驚的時刻」。一名記者在聽完演說後立刻從國會帶著這個消息去找呂西安．埃爾，當時他正與萊昂．布魯姆在書房裡。兩人驚訝得說不出話來，眼淚幾乎就要流出來，兩人一動也不動，震驚與絕望讓他們全身僵硬。突然間，門鈴響了，饒勒斯衝了進來，他完全不管朋友向他傳達噩耗，反而用勝利的語氣訓斥他們。「怎麼連你們也這樣？……你們還不明白嗎？終於，我們終於等到勝利的大好機會。梅林無懈可擊，因為他從頭到尾什麼都沒說出來。但卡維尼亞克卻把事情說出來了，所以我們有了攻擊他的根據……現在，卡維尼亞克提到檔案，而我，沒錯就是我，我要告訴你們，那些檔案是假的，它們感覺起來是假的，聞起來也是假的。它們是偽造的檔案……我很確定這點，我也將證明這點。偽造者已經曝光，我們將掐住他們的脖子。別再哭喪著臉，照我說的做，讓我們慶祝一下。」

就在同一個星期，饒勒斯開始在社會主義報紙《小共和國報》發表一系列文章，這些文章集結成書，書名稱為《證據》(*Les Preuves*)。這一系列文章震驚了報紙讀者，也標誌著社會主義首次與資產階級世界的運動合作。透過德雷福斯事件，階級間的敵意得以化解。

早在左拉審判之前，饒勒斯已經公開表明支持德雷福斯。矮小、結實、強壯、臉色紅潤與生性樂觀，饒勒斯全身散發著鬥爭的喜悅。他的大頭、蓬亂的鬍子、漫不經心的穿著與鬆垮的白襪，使他看起來完全符合公認的勞工領袖形象。然而，饒勒斯並非出身工人階級，而是來自體面但沒那麼富裕的資產階級家庭，他就讀高等師範學院的時候，在希臘文、拉丁文與人文學科上表現傑出，他是亨利·柏格森的朋友與同學，兩人是校內最高榮譽的競爭對手。左拉受審時，他在法庭外等候作證，他與安那托爾·佛朗士在走廊上來回踱步，背誦十七世紀詩文。在國會裡，當他踏著沉重而果斷的腳步走上講壇，並且在演講前將紅酒一飲而盡時，聽眾們因懷抱著期待而心情緊繃，無論這個期待是來自於崇拜還是敵視。饒勒斯的「聲音宏亮」，幾乎可以說是過於大聲，因此無論在哪裡，他只要稍微降低一下音量，還是能讓最後一排的聽眾聽見他的聲音，不過羅蘭曾經說過，對饒勒斯而言，能盡情地大聲說話，才是最開心的事。他可以用最大的音量講話達一個半小時到兩個小時之久。他演說時沒有講稿，因此他不怕被打斷，相反地，這麼做反而會給予他新的靈感。當遭受詰問時，饒勒斯會玩弄他的對手，「就像一隻大貓玩弄一隻老鼠，撫摸牠，讓牠東跑西跳……然後給予致命的一擊，在結語時將對方擊倒」。

饒勒斯從來不是宗派成員，他不會在自己的終極目標之上另立一個正統觀念，因此他不會像社會主義運動那樣飽受宗派思維習慣的掣肘。饒勒斯曾經親自帶領卡爾莫礦業公司的工人罷工，對他而言，工人階級的終極目的不是理論而是可實現的目標，而社會主義的統一乃是實現目標的必要條件。一旦饒勒斯被呂西安．埃爾與其他人說服，相信德雷福斯是無辜的，他便認為，如果社會主義不願介入這場反抗不公不義的戰鬥，那麼社會主義將不會有出路。社會主義如果能為了正義本身而努力，那麼社會主義最終的勝利也將帶有正義的性質，不僅能讓社會主義邁向新的權力之路，也能使其獲得道德的榮耀。饒勒斯認為，德雷福斯事件可以促使左派結合成聯合陣線，社會主義者將可以成為這個陣線的領導者。

饒勒斯的社會主義政黨同志完全不認同他的想法。溫和派如米勒蘭與維維亞尼（Viviani）不想摻和到這件「模糊而危險」的事件裡；朱爾．蓋德（Jules Guesde）本身是德雷福斯派，但他領導的極端主義者卻反對黨採取行動，他們認為工人階級不該分散力量去從事與自己無關的運動。在《我控訴》之後的政黨幹部會議上，眾人討論一旦右派要求起訴左拉，他們該採取什麼行動，溫和派對此感到侷促不安，認為在大選前夕，一動不如一靜。溫和派表示：「為什麼要為了左拉而冒敗選的風險？他又不是社會主義者；……不管怎麼說，他都是資產階級。」當眾人爭論之時，感到不耐且嫌惡的蓋德打開窗戶，擺出需要一點新鮮空氣的動作，然後高聲說道：「左拉的信是本世紀最偉大的革命行動！」然而這僅僅是口頭的說詞，最終蓋德簽署了宣言表示：「讓資產階級為了祖國、法律、正義與其他的詞彙去自我撕裂吧，只要資本主義社會存在一天，這些不過是毫無意義的空話。」德雷福斯事件的不公義應該當成打擊資產階級的武器，而非「動員無產階級支持資產階級世界某個派系」的理由。德雷福斯的案子不過是兩個資產階級派系的權力鬥爭：一個是教士，一個是猶太資本家及其友人。社會主義者如果幫著一方對抗另一方，就違反了階級鬥爭的原則。蓋德表示：「處於德．蒙與雷納赫之間，你應該保持完全的自由。」

但如德．蒙所言，雙方陣營之間並無自由的餘地。「你絕對無法想像我有多痛苦！」饒勒斯對佩吉說道。「我們的敵人不是別人，正是我們的朋友！他們害怕選不上，所以要折磨我。他們從背後拉住我的外套，不讓我上講臺。」饒勒斯不顧社會主義者的反對，執意為德雷福斯發聲，結果他真的在一八九八年五月的選舉中丟掉席位，不過他敗選的原因與其說是德雷福斯事件，不如說是選區內實業家對他的反對。之後，與克里蒙梭投稿《黎明報》一樣，饒勒斯向《小共和報》尋求發言的空間，並且擁有每日的政治專欄。當饒勒斯撰寫《證據》時，階級仇恨深植於社會主義傳統之中，如果要號召左派為正義而戰，就要先去除德雷福斯的階級色彩。「德雷福斯已經不是軍官，也不是資產階級，」饒勒斯寫道。「他所遭遇的苦難已經去除掉他所有的階級特質……他是當局犯罪的活見證……他是活生生的人。」饒勒斯嚴厲抨擊證據，仔細檢視卡維尼亞克的每個論點與文件，找出傳言與勒索的部分，追溯偽造的源頭。他有條有理的考察與努力不懈的精神使德雷福斯派重整旗鼓。卡維尼亞克被饒勒斯的行為激怒。在內閣晚餐時，卡維尼亞克提議以陰謀對抗國家的罪名逮捕再審主義所有的領導分子，並且指名馬蒂厄．德雷福斯、貝爾納．拉扎爾、蘭克、雷納赫、舍勒—凱斯特納、皮卡爾、克里蒙梭、左拉與其他人。他的同事諷刺地問道，怎麼沒包括那些律師，卡維尼亞克回道，「當然，」然後又添上了拉伯里與德雷福斯的律師德蒙吉（Demange）。

儘管如此，《證據》還是令卡維尼亞克感到震驚。為了回應饒勒斯的指控，卡維尼亞克下令對文件再次進行調查，並且交由先前完全未涉入本案的軍官進行。這名軍官工作到深夜，在燈光照射下，軍官發現帕尼扎爾迪的關鍵書信是由兩張相同品牌的信紙拼貼而成，上面畫的分行線，顏色有些微的不同。亨利上校*將帕尼扎爾迪實際信件的空白部分拼貼起來，偽造了這份文件。帕尼扎爾迪的關鍵書信是偽造的。負責調查的軍官意識到事情有點不對勁，於是更詳細地檢查，結果發現更多不一致的地方，他將調查結果據實呈報，由戰爭部長自己做出裁斷。

卡維尼亞克，德雷福斯事件的征服者，看到自己向國會與國家報告的整起案子如玻璃般摔個粉碎，它的核心完全是騙局，他獲得全國喝采的演說完全是騙局。卡維尼亞克是個堅守原則的人，要他掩蓋這件事是不可能的，他必須面對錯誤的悲劇。卡維尼亞克不是陸軍的人，這讓事情變得簡單一點。他下令逮捕亨利上校，並且將他關押在德雷福斯曾經待過的謝爾什米迪（Cherche Midi）監獄。一八九八年八月三十一日晚間，亨利上校利用獄方遺留下來的剃刀自殺身亡。

陸軍軍官在聽到這件事時都感到十分驚訝，有些人還哭了。有人說，這是陸軍榮譽的汙點，「比色當之役還糟糕」。萊昂．布魯姆此時正在蘇黎世（Zurich）度假，他在晚上十點打開旅館房門讓服務員送報紙給他。「我想我這輩子從來沒這麼興奮過……我全身上下充滿強烈而無盡的喜悅，原因在於理性大獲全勝。真相獲得了勝利。」這一次，德雷福斯派終於能確定他們已經完成任務。就某種意義來說，確實是如此，因為真相已經揭露。但要讓所有人接受真相則是另一回事。

卡維尼亞克辭職，兩個月後，他的繼任者，德雷福斯被逮捕後的第六任戰爭部長，也辭職了。政府騎虎難下，不得不將案子送到最高法院（Cour de Cassation），由最高法院判斷德雷福斯案的判決是否該維持還是撤銷。這項行動被視為對陸軍將領的不信任，結果又讓一名戰爭部長下臺。在等待最高法院判決期間，整個巴黎陷入極度亢奮的狀態。如果最高法院受理這件案子，那麼秘密檔案一定要接受民事檢驗，陸軍一定會盡可能阻止這件事情發生。在英國，《旁觀者》審慎認為，依照這個局勢來看，陸軍很可能會發動政變。在巴黎，保皇派與右派同盟的狂人們希望的正是如此，他們散布各種陰謀論，召開會議，雇用走路工上街叫囂。而這也是德魯雷德長久期盼的時刻。

德魯雷德是個難以壓制的煽動者，他是詩人，也是國會議員，他如堂吉訶德（Don Quixote）一樣有著長腿與長鼻子，他把整個共和國看成一座巨大風車，隨時準備向它衝鋒。德魯雷德參加過普法戰爭，他在一八八二年成立愛國者同盟以維繫「復仇」精神。在同盟的銘文上刻著「一八七〇到一八□□」，後面的年代故意留下空白，並且留有一段高尚但卻沒什麼意義的警句，「法國，總是一樣！」（*"France Quand Même"*）德魯雷德寫了愛國主義詩，他厭惡保皇派也厭惡共和國，而且懷抱著「幼稚的政治願景」。為了挑起危機，德魯雷德加入朱爾．蓋杭的隊伍，朱爾．蓋杭是活躍的反猶太同盟領袖，同盟獲得奧爾良公爵的資助，而公爵自己想利用這場危機獲取利益。當兩萬名建築工人在一九〇〇年萬國博覽會場地發動罷工，導致政府調動軍隊占領火車站與巡邏各個大道時，情勢開始變得緊張。有傳言說，十月二十五日國會開議時可能會發生政變。德魯雷德與蓋杭號召在波旁宮前發起大型的抗議集會，提出「相信陸軍與憎惡叛國者」的主張。

---

* 他已獲得晉升。——作者註

社會主義者，或者說一部分社會主義者，突然發覺共和國值得挽救。無論他們過去投入多少心力推翻既有體制，他們就是不願意這個體制被右派推翻。此外，社會主義者也從各地方委員會得知，他們在德雷福斯事件上採取的中立態度，使他們流失了部分選票。省區的一名黨工寫道：「由於我們似乎反對一切形式的資產階級共和主義，許多人以為我們是君主主義反對分子的盟友。」

社會主義領袖緊急發出通知，召集幾個團體召開緊急會議，準備組織聯合陣線來面對這次危機，由於事態緊急，因此各個團體成功組成了聯合（雖然為時不長）警戒委員會（Committee of Vigilance）。在經過一定的革命程序之後，大家決定每晚開會與號召群眾進行大規模抗議。與右派同盟衝突、暴動乃至於內戰，似乎就近在眼前。在極度焦慮下，德雷福斯派的人權同盟要求所有共和派人士不要在街上鬧事，饒勒斯則認為社會主義者的機會來了：「巴黎人因為下定決心而渾身顫抖……無產階級正組織起來。」然而蓋德警告說，發起暴動將正中陸軍將領下懷，他們就等這個機會奪權。警戒委員會改變看法，宣布社會主義者將不會發起抗爭，「革命團體將視情況採取行動」。

保皇派深信「起事的日子」已經來臨，王位候選人奧爾良公爵的內閣大臣安德烈．布費（André Buffet）發電報給公爵，要他在十月二十四日前往鄰近的布魯塞爾，並且表示他是「必不可少的人物」。公爵當時正在波希米亞打獵，他回電表示，「我該立刻前往還是待在這裡？緊急。」布費回電時堅決表示：「前往邊境，必要。」但公爵得到更好的建議，他決定與法國保持距離。

日子終於到來，群眾圍住國會，擠滿了協和廣場（Place de la Concorde）與鄰近街道，他們高呼口號，揮舞紅旗。「整個場面看起來像是新巴黎公社成立前夕或獨裁者發動政變的前兆。」空氣中潛伏著威脅：軍隊與警察遍布各處。然而，一天過去了，共和國依然穩如泰山，因為右派缺乏政變必要的化學反應：領袖。右派雖然喊聲震天，卻只有一小群狂熱分子；要推翻民主政府，要不是需要外力協助，就是要有獨裁者的資質。當布朗熱在情婦墓前舉槍自盡時，克里蒙梭嚴厲批評說，這名「騎在馬背上的男子」只擁有「一個少尉的靈魂」。

事件急速演變。十月二十九日，最高法院宣布將受理德雷福斯案並且開始進行調查。「勝利！」《黎明報》以與《我控訴》相同的字體刊出這則頭條。再審主義者對於最高法院的決定表示歡迎，認為這麼做是讓人民的權力重新凌駕於軍隊之上。最高法院接下來要求調查秘密檔案。戰爭部長拒絕並且辭職。政府倒臺。往後七個月，最高法院成為爭議的焦點。此後，右派逐漸居於守勢，德雷福斯事件也將迎來最狂暴的時期。民族主義派報紙辱罵最高法院是「叛國的聖殿」、「猶太會堂的分支」、「猶大的巢穴」、「交易所與妓院的結合」。法官們是「拿德國的錢辦事的人」、「猶太會堂的僕從」與「披著法袍的惡棍」。壓力從四面八方湧來，支持與反對陣營都被指控賄賂法官，民族主義者成功迫使案件從有利案情調查的刑事法庭移送到容易受壓力影響的聯合法庭上。

在此同時，德雷福斯派的怒火也延燒到皮卡爾事件上。為了不讓皮卡爾到最高法院作證，陸軍將他移送到由軍事法庭掌管的謝爾什米迪監獄。人權同盟每晚在各省城市與巴黎舉行民眾示威遊行。饒勒斯的名字與聲望在馬賽糾集了三萬人上街抗議。饒勒斯、科學家杜克勞、安那托爾·佛朗士、奧克塔夫·米爾博與賽巴斯蒂安·佛爾是受歡迎的講者。工人與資產階級、大學生與教授、女工與貴婦，全擠進演講廳，擠不進去的就在外面的人行道聆聽，他們為著名的演說者鼓掌，並且一起上街到謝爾什米迪監獄高牆外高喊：「皮卡爾萬歲！」（“*Vive Picquart!*”）這一次，連署支持皮卡爾的人數已經不是數百人，而是數千人，其中包括法蘭西學會（Institut de France）三十四名成員，雷納赫認為這足以證明真相已經往前邁進了一大步。連署者當中出現了一些新面孔，如莎拉・伯恩納與《太陽報》（*Soleil*）主編埃爾維・德・克羅昂（Hervé de Kerohant），其中克羅昂原本是反對再審，現在他卻加入連署，並且簽上「愛國者、保皇派與天主教徒」。歷史學家與法蘭西學術院院士埃爾內斯特・拉維斯（Ernest Lavisse）也覺得必須採取行動，除了加入連署之外，為了表明個人立場，他還辭去聖西爾軍校的教席。

就連對德雷福斯事件一向感到輕視與冷漠的無政府主義者，也紛紛加入連署。在此之前，無政府主義者在他們的報紙《潘納神父》抨擊德雷福斯「遊行」不過是克里蒙梭還有「老剝削者舍勒—凱斯特納、卑鄙的《時代報》（*Le Siècle*）主編伊夫・居約（Yves Guyot）與令人厭惡的雷納赫，這三個協助制訂惡法（*lois scélérates*）的壞蛋」領導下「一群髒東西的集合」。然而現在，當他們的資產階級敵人為在魔鬼島與謝爾什米迪的兩名受難犯人呼救時，無政府主義者也在為他們在法屬圭亞那（French Fuiana）服勞役的受難者呼救。有了無政府主義者的投入，人權同盟成功讓其中五個人獲得特赦。

有些右派人士無法無視真相的存在。格雷富勒夫人在法國上流社會極受尊崇，她私底下相信德雷福斯是無辜的，她曾寫信給德皇，要求與他見上一面，確認德國人是否真的曾經雇用德雷福斯擔任間諜。格雷富勒夫人得到回應只是一大籃的蘭花。普魯斯特也透過小說人物呈現這種轉變，蓋爾芒特親王向斯萬坦承，亨利上校自殺之後，他開始每天偷偷閱讀《時代報》與《黎明報》。親王與妻子不知道彼此都曾要求神父為德雷福斯與他的家人做彌撒，而兩人驚訝地發現，連神父也相信德雷福斯是無辜的。親王在樓梯間遇到端早餐給親王夫人的女僕，他發現餐巾底下藏著東西，仔細一看原來是《黎明報》。

在頑固的陸軍將領底下，有些陸軍人員感到十分苦惱。一名軍官對加利費將軍說：「沒有外人在的時候，我們其實不像人們所想的那麼反對再審。相反地，我們也希望事情查清楚，希望犯人能受到懲處，如此一旦有人犯罪，就不用什麼事都要由陸軍負責。」他認為，如果皮卡爾接受審判而且被判決有罪，陸軍一定會受到輿論攻擊。

陸軍遇到的糟糕事還不只一樁，同一個星期，最高法院開始調查馬爾尚上校（Colonel Marchand）奉命撤離法紹達的事件。饒勒斯指責這場帝國主義冒險是一起資本主義罪行，在完全未考慮挑戰英國會帶來什麼結果的狀況下，輕易地破壞和平。饒勒斯的直覺與洞察在德雷福斯事件磨練下似乎變得十分敏銳，他的說法帶有一種不祥的預感，「和平往往因為一時興起就遭到破壞。一旦戰爭爆發，戰事將會是大規模而且恐怖的。這是人類史上第一次，戰爭將演變成世界大戰，每個大陸都無法逃脫。資本主義擴大了戰場，整個地球將被無數人類的鮮血染紅。這是對資本主義這個社會體制所做的最恐怖的指控」。在饒勒斯的時代，人們仍然認為問題出在體制而非人性。

德雷福斯事件依然狂暴進行著。當雷納赫在《時代報》發表一系列文章指控亨利上校為了「一己之私」陷害德雷福斯時，德呂蒙說服亨利夫人告他誹謗，並且以她為名開設捐款專戶，這個專戶也成了民族主義者力量的集結點。一面寫著「為了亨利上校的遺孀與孤兒，我們要起而對抗猶太人雷納赫」的旗幟懸掛在《言論自由報》位於蒙馬特大道（Boulevard Montmartre）的辦公室的窗戶上，到了晚上則會開燈照亮旗幟。一個月的時間，總共有一萬五千人捐款，金額達到十三萬法郎。捐款人的姓名與評論見證了右派的歷史——無論是當時還是任何時期。最高的金額是五百法郎，捐款人是奧東．德．孟德斯鳩伯爵夫人（Countess Odon de Montesquiou），原姓比貝斯科（Bibesco），一名中尉「雖然貧困但充滿恨意」，他捐了三十蘇。評論反映了各種不同的仇恨，主要是針對猶太人，他們建議剝下猶太人的皮，在他們的身體上烙印，油炸他們，潑他們硫酸，閹割與其他各種形式的邪惡或身體的懲罰。還有一些是對外國人與知識分子的仇恨，甚至還有「對英國長達五百年的血海深仇」，但還有許多人捐款純粹基於對遺孀與孩子的愛與憐憫。一名神父捐款「讓永恆法對抗猶太—基督教的欺騙」，一名音樂系教授捐款「讓法國人對抗外國人」，一名公僕捐款「希望上帝在學校裡」，一名匿名的捐款人「因為與猶太人結婚六個月而身敗名裂」，一名工人是「無政府主義資本家饒勒斯與雷納赫的受害者」。這裡面有無數「真正的愛國者」，還有一名「悲傷的法國人」。有人為德呂蒙、羅什福爾、德魯雷德、蓋杭、埃斯特哈吉、奧爾良公爵、皇帝、國王、奧斯特利茨的英雄與聖女貞德高呼「萬歲」。雷納赫是他們的主要目標，德雷福斯則幾乎沒有提及。梅西耶將軍捐了一百法郎，但未做評論；詩人保羅．瓦勒里捐了三法郎，「並且做了反思」。

令人詫異的是，法國總統菲利克斯．福爾（Félix Faure）突然在此紛擾之時去世。民眾覺得這當中一定發生了某種無法對外解釋的事，事實上，真相十分困窘，令人羞於啟齒。福爾總統一向以自己的性能力自豪，結果卻在愛麗舍宮（Elysée）一樓房間進行性行為時死亡。由於政府對此事三緘其口，致使已經充滿威脅與猜疑的社會氣氛變得更加浮動。

總統大選在人們針對最高法院管轄權進行歇斯底里的爭論中進行，參議院議長埃米爾．盧貝

（Émile Loubet）是可靠、純樸的共和派，他是農家子弟，他擊敗保守派的梅林成為法國總統。身為巴拿馬運河醜聞發生時的總理，盧貝受到民族主義者的輕視。他們認為盧貝的勝選是「對法國的侮辱」、「對陸軍的挑戰」與「猶太人叛國的勝利」。他們雇用暴民對盧貝從聖拉扎爾車站前往愛麗舍宮的行進隊伍喝倒采，他們的喧鬧聲甚至蓋過了樂隊演奏的〈馬賽曲〉。「共和國不會在我手上垮掉，」盧貝冷靜地說。「他們知道這點，所以特別生氣。」

然而極度亢奮的右派卻準備要讓共和國垮掉。「一個星期後，我們會將盧貝趕下臺，」朱爾．勒梅特誇口說。福爾國葬那天被定為發動政變的日子。必須說服陸軍來挽救這個國家。「同盟者」以為光憑喊叫、姿態與某個場合就能成功，完全不進行有組織的行動。他們打算在護送送葬隊伍的衛隊從墓園返回位於民族廣場（Place de la Nation）的營區時加以攔截，然後率領衛隊攻進愛麗舍宮。在蓋杭加入下，德魯雷德率領兩百名愛國者上街，他抓住衛隊指揮官羅傑將軍的馬轡，大聲說道：「將軍，到愛麗舍宮！跟我們走，將軍，跟著我們！到巴士底廣場（Place Bastille）！到巴黎市政廳（Hotel de Ville）！到愛麗舍宮！朋友正等著我們。將軍，我求你，拯救法國，建立人民的共和國，驅逐那些國會議員！」將軍的頭一動也不動，繼續往前移動，無知但熱情的群眾喊著：「拯救法國！陸軍萬歲！」軍隊不理會德魯雷德與他的追隨者，直接進入營區。儘管德魯雷德拉開外套，露出他的議員領巾，主張自己擁有國會議員的豁免權，卻還是被抓進警察局，並且被指控犯下叛亂的罪名，但這也讓他在審判中產生更大的戰鬥熱情。這場可恥的失敗並未粉碎右派的期望。往後一個月，反猶太同盟收到奧爾良公爵五萬六千法郎與伯尼．德．卡特蘭十萬法郎的捐款。

這場鬧劇還沒結束，最高法院就宣布了全法國民眾引頸期盼的判決。四十六名身穿法袍的法官宣布再審。政府派出巡洋艦到魔鬼島將德雷福斯接回法國進行再審。左拉從英國返國，他寫了一篇文章，《黎明報》將它放在頭條，斗大的字體寫著「正義！」。左拉發現所有的派系與黨派路線都已經消融並且分裂成兩大陣營：反動與過去的力量對抗正義與未來的力量。為了完成一七八九年的任務，這場紛爭不可避免。德雷福斯派樂觀地相信，這是屬於他們的時代，他們歡呼最高法院的裁定，認為新世紀的社會正義即將誕生。背負的汙名似乎已經洗刷，取而代之的是對法國的驕傲。負責採訪海牙和平會議的《時報》通訊記者寫道：「有哪個國家跟我們一樣有這個特權，能在過去三年讓全世界的心跳加速？」再審不僅代表正義的勝利，也代表「人類的自由」。除了法國人之外，其他國家的人也感受到這件事對全世界的影響。威廉．詹姆斯當時正在歐洲旅行，當他看到德雷福斯事件露出曙光時，他寫道：「這場道德危機是起點也是頂點，它將傳統、號召與新面孔遠拋在後。」

民族主義者陷入極度的憤怒。卡宏．達什的諷刺畫顯示德雷福斯正在傻笑，而雷納赫拿著鞭子下令：「過來，瑪麗安娜。」在對開頁上，卡宏．達什描繪的左拉從馬桶裡鑽出來，手裡拿著德雷福斯人偶，圖片的說明寫道，「真相從井裡出來。」

對於最高法院裁定的不滿，在第二天發洩在總統盧貝頭上，當時他正前往奧特伊出席一場賽馬。這場賽事是星期日舉辦的大障礙賽（*le Grand Steeple*），是當季最受矚目的賽馬活動。當總統馬車來到正面看臺時，一群穿著得體的紳士，鈕扣孔別著象徵保皇派的白色康乃馨與象徵反猶太同盟的藍色矢車菊，他們揮舞手杖有節奏地喊道，「辭—職！巴拿馬！辭—職！巴拿馬！」（“*Dé-mis-sion! Pa-na-ma! Dé-mis-*

sion! Pa-na-ma!”）盧貝在咆哮與威脅聲中就座。突然間，一名留著金色八字鬍、佩戴白色康乃馨與白色領巾的高大男子，日後確認此人就是費爾南．德．克里斯蒂安尼男爵（Baron Fernand de Christiani），他脫離人群，兩步併做一步地衝上臺階，舉起沉重的手杖敲擊總統的頭部。女士們驚聲尖叫，現場人員陷入短暫的恍惚與沉默，接著是一陣騷動，攻擊者的同伴衝上前去想將他從警衛手中救出來。有些人被捕，有些人則吼叫著成群圍住警察，用他們的手杖進行攻擊。混亂的狀態宛如「地獄裡的場景」（“*un charivari infernal*”）。巴黎總督楚林登將軍（General Zurlinden）打電話派三個騎兵隊前來增援。盧貝雖然受到驚嚇，仍為了這場騷動向身旁的義大利大使夫人托尼耶里伯爵夫人（Countess Tornielli）致歉。「能坐在這裡是我的榮幸」，夫人回道。

盧貝在盛裝出席下遭受攻擊，等同於共和國遭受攻擊，民眾對此感到吃驚與憤怒。來自全國各地委員會與市議會的電報大量湧入，一致表達對國家的忠誠，這是過去幾年未有的現象。盧貝表示，身為受邀的來賓，他還是會參加下星期日在隆尚舉辦的賽馬。總統既然已經事先告知，雙方陣營的同盟與報紙也開始號召群眾抗議與集結自己的人馬。政府則採取更嚴格的防範措施。三十個騎兵隊與一個旅的步兵穿著戰鬥服裝，列隊在從愛麗舍宮到隆尚的路上，在賽馬場上，共和國衛隊的龍騎兵佩備步槍，每十碼一人環繞著賽馬道與每個下注窗口。騎警負責看守草坪。在前往賽馬場的路上與賽馬場內足足有十萬名以上的民眾，許多人佩戴象徵左派的紅玫瑰。右派的威脅再度促使工人（與上一次相比，人數或許少了一點）起而捍衛資產階級國家而非反抗統治階級的代表。超過六千名執法人員阻止了大規模衝突爆發，但一整天下來，示威群眾還是出現了爭端、小規模暴動與互毆，雙方彼此叫罵，數百人被捕，記者、警察與示威群眾紛紛掛彩。到了傍晚，群眾開始回流到巴黎，騷動開始波及市內的咖啡廳；「共和國萬歲！」對上「陸軍萬歲！」民眾丟擲瓶子與玻璃杯、水瓶與托盤，利用桌椅作為武器，警察衝鋒；憤怒、頭破血流與民眾之間的仇恨一下子迸發出來。即使在巴黎以外的地方，例如在布雷斯特（Brest）一棟軍官與教授寄宿的小旅館裡，「年輕人同樣被愛國的情緒所激發」，彼此無法透過談話來理解，只能進行決鬥。《時報》呼籲，此時已到了「上帝的停戰」的時候。

隆尚賽馬後過了一個星期，政府再度垮臺，由於內閣要面臨的恐懼與困難十分巨大，因此有八天的時間沒有人能組織政府。在這段空窗期，有個想「清算」德雷福斯事件的男子出來組閣，他藉機提出過去絕不可能接受的條件。這個人是勒內．瓦爾德克—盧梭（René Waldeck-Rousseau），五十三歲，是巴黎知名律師，也是個能言善道的演說家，人稱「共和國的伯里克里斯（Pericles）」。他是來自布列塔尼的天主教徒，富有且出身名門，舉止令人印象深刻，外表看起來像英國人，他留著短頭髮與八字鬍，喜愛打獵與釣魚，擅長水彩畫，穿衣的品味無可挑剔。羅什福爾叫他油膏瓦爾德克，因為他的頭髮總是梳得光滑油亮。瓦爾德克得到激進派的讚美與中間派的認可，因此是各黨派都能接受的人選。

隨著德雷福斯再審的日子逐漸接近，德雷福斯事件也即將達到高潮。瓦爾德克預期他的內閣將會受到一連串可怕的打擊，因此謹慎選擇組成政府的人選，例如，他找了左派與右派同樣討厭的人入閣，藉此抵銷兩方的攻擊。瓦爾德克找社會主義者米勒蘭擔任商務部長，以及軍事英雄人稱巴黎公社「屠夫」的加利費侯爵擔任戰爭部長。這兩個令人矚目的權宜人選在新聞界與國會引起極大的騷動。「簡直瘋了……愚蠢……荒謬……真丟人！」左派與右派同聲譴責。米勒蘭的任命案不僅激怒了右派，他的上任也讓米勒蘭自己的黨派與勢力龐大具有歷史意義的社會主義國際出現醜聞與陷入分裂。同意在資本主義政府任官，這種背叛就跟猶大出賣耶穌一樣嚴重。心痛的饒勒斯乞求米勒蘭拒絕瓦爾德克的邀請，然而瓦爾德克知道這個官職對於米勒蘭的誘惑極大，因此他才故意選擇米勒蘭。現在社會主義者面臨選擇，一旦國會要對瓦爾德克政府進行信任投票，社會主義者應該支持還是反對。如果瓦爾德克政府未能過關，接下來又會是一團亂。呂西安・埃爾的論點說服了饒勒斯：「共和國必須號召無產階級政黨才能存續，這已經是社會主義的一大勝利！」然而蓋德的派系仍堅持階級鬥爭。蓋德表示，社會主義者「進入國會，就好像是為了與敵對階級戰鬥，結果卻加入了敵對的國家」。饒勒斯提醒他們，如果社會主義堅持這種態度，社會主義將會沉淪到「毫無建樹且毫不妥協的無政府主義」的水準，但他的勸說未能見效。社會主義同盟因此分裂；二十五名國會議員同意支持政府，十七名反對支持政府。蓋德向自己的派系提出一個令人興奮的建議，當新政府在國會露面時，他們要高喊「巴黎公社萬歲！」（"*Vive la Commune!*"）但是，由於他們無法與右派結盟，因此在投票時只好棄權。

第二天，蓋德與他的派系起身朝新任部長痛罵了十分鐘，「巴黎公社萬歲！打倒劊子手！打倒行刺者！」（"*Vive la Commune! A bas les fusilleurs! A bas l'assassin!*"）身為眾矢之的的加利費侯爵暨馬蒂格親王(Prince de Martigues) 已年近七旬，有著古銅色的臉與明亮的眼睛，他嘲諷地看了一下現場，臉上表情似乎既滿意又嫌惡。加利費曾經參與克里米亞、義大利、墨西哥、阿爾及利亞與色當戰役，在色當戰役中，他率領他的騎兵團做最後一次騎兵衝鋒，當時他對他的長官說：「只要我們一息尚存，必將執行你的命令。」加利費受到偉大的甘必大的愛國主義與奮戰精神感召，從此成為忠誠的共和派，而且公然鄙視布朗熱。在他深紅色的臉上，鼻子宛如猛禽的鉤喙，銳利的雙眼深陷於鼻子兩側，他的身形依然充滿活力而且年輕，他整個人仍然「帶有勢不可擋的威嚴，既像天不怕地不怕的強盜頭子，又像什麼都不在乎的莊園領主」。儘管他因為胃部有傷而在肚子上綁了銀盤，也因為舊傷而瘸腿，但他仍然會到杜樂麗花園（Tuileries Garden）打網球，他充滿活力地以下流詞彙講述的風流韻事，則成了比克西歐餐廳的趣談。加利費提到卡斯提里歐尼夫人（Mme de Castiglione）曾經向他展示波德里（Baudry）為她畫的裸體肖像，當加利費問夫人，她實際上是不是跟畫一樣美麗時，她馬上脫掉衣服，在沙發上擺出相同的姿勢。「畫比較好看，」這是加利費的結論。加利費有「演說的劍客」的稱號，因為他說故事的時候，「彷彿他正在帶頭衝鋒」。加利費致力於改善陸軍的作戰效率，同時也想幫助曾在他底下做事的皮卡爾，因此他成了一名再審主義者。加利費決定支持再審之後，便被趕出賽馬會，而當他成為戰爭部長時，他也主動退出同盟圈俱樂部（Cercle de l'Union），並不是因為他的意見與成員相左，而是因為一些「愚蠢」的俱樂部成員在奧特伊鬧事遭到逮捕，加利費說：「如果我必須逮捕這些成員，那麼我就不可能繼續待在俱樂部裡，那不符合社交禮節。」加利費說話刻薄、個性古怪，在享受過富裕的生活之後，他對於自己最後僅能靠退休金過活仍感到驕傲，他具有「勇氣、肆無忌憚、聰明、輕視死亡、渴望生命」。

在德雷福斯事件鬧得不可開交之際，加利費正需要這些特質才能擔任戰爭部長一職。面對國會中蓋德的極端主義分子不斷奚落，加利費突然站起來吼道：「行刺者就在這裡！」（"*L'assassin, présent!*"）吵鬧聲蔓延開來。民族主義者、激進派、中間派大聲叫罵與揮舞拳頭。米勒蘭與瓦爾德克一樣是律師，他的灰色頭髮像刷毛一樣挺立，戴著帶柄眼鏡，黑色八字鬍梳得整整齊齊，舉手投足總是精準而帶有威脅性，此時的他看到國會的場面，開始有點畏縮。他的八字鬍顫抖著，整個人看起來像是「不巧碰上傾盆大雨的大貓」。有人看到加利費把一些人的名字記下，他後來解釋：「我在考慮找這些人共進晚餐。」瓦爾德克想要發言，他在講臺上站了一個小時，大概有十多分鐘的時間沒有人聽見他說什麼。他努力建立政府，最後以二十六票的多數獲勝。

加利費在給拉齊維爾王妃的信上寫道，他加入政府「不是基於幻想」，而是因為政府承諾要為法國帶來和平，「如果還有可能的話。右派報紙求我成為另一個布朗熱，左派報紙則要我砍了那些讓他們不高興的將領們的腦袋。民眾就像白癡一樣。如果我法辦一個有罪的將領，我會被指控屠殺陸軍；如果我不辦這些人，我會被指控叛國。這真是兩難。可憐可憐我吧！」事實上，雖然加利費覺得盧貝「太資產階級」，他還是很高興能擔任部長，而且之後在比克西歐餐廳聚會時，他也顯得「開心而風趣」。加利費講了一則生動的故事，一個相當肥胖但可愛的四十五歲女士來到他的辦公室，她提議做一樁小買賣，讓陸軍購買兩萬匹軍馬。他可以從中拿到一百萬回扣。「一百萬，」加利費對她說。「大家都說我從集團那裡拿了二千五百萬，與這個數字相比，一百萬太少了。妳去找瓦爾德克吧！他正因為只拿了一千七百萬而嫉妒我呢。」

———

六個星期後，一八九九年八月八日，再審德雷福斯的新軍事法庭排定於軍隊屯駐城鎮雷恩召開，這座城市位於有著反革命傳統的布列塔尼，是天主教與貴族的大本營。全法國因為期待而顫抖，隨著每個星期過去，審判的時刻也逐漸到來，緊張的情緒隨之升高。全世界的目光都轉而集中到雷恩。所有重要的外國報紙都派了他們的王牌記者前來採訪。英國首席法官基洛溫的羅素勳爵（Lord Russell of Killowen）也前來旁聽。德雷福斯事件的所有重要人物、數百名法國記者與重要政治、社會、文學人士蜂擁而至。秘密檔案存放在鐵箱子裡，由火砲彈藥車從巴黎運到雷恩。無論在哪裡，人們談論的話題只有一個，就是即將到來的判決。無罪對德雷福斯派來說，意謂著德雷福斯終於可以洗刷冤屈，對民族主義者來說則是致命的，是難以想像且絕不能發生的打擊。彷彿接到命令一樣，民族主義者不約而同的回到最初的恐嚇勒索：支持德雷福斯還是支持陸軍。「必須做出選擇，」巴雷斯在《新聞報》裡寫道；他說，雷恩就是盧比孔河（Rubicon）。「如果德雷福斯是無辜的，那麼前後七任戰爭部長都有罪，而且最後一任比第一任的罪還重，」梅耶在《高盧報》呼應說。梅西耶將軍在離開前往雷恩擔任證人時，重申他過去的說法：「德雷福斯將再度被判有罪。因為在這起事件中，一定有人犯罪，而這個犯罪的人要不是德雷福斯，就會是我。然而這個犯罪的人絕不是我，所以犯罪的人一定是德雷福斯……德雷福斯是叛國者，我將證明這點。」

八月八日早上六點，軍事法庭在中學大講堂召開，有六百人入內旁聽，這是雷恩唯一能容納這麼多人的地方。在前排座位上，坐在前總統卡西米爾—佩里埃（Casimir-Périer）身旁的是梅西耶將軍，他那滿是皺紋的泛黃臉孔依然面無表情，附近則坐著亨利上校的遺孀，她戴上黑色的長面紗。後面幾排座椅則坐滿了達官顯貴、軍官、穿著輕便夏日服裝的貴婦與四百名以上的記者。朱沃上校（Colonel

Jouaust)，七名軍事法官的審判長，在現場壓力下，用沙啞的聲音說道：「帶被告進來。」

就在此時，房間裡交談的聲音全靜止了，每個人都閉上嘴，大家似乎都屏住呼吸，旁聽者的頭不約而同地朝向右側牆壁的小門。每個人的目光都集中在門上，但卻帶有一種畏縮與恐懼，彷彿害怕看見鬼魂出現。因為這名被告確實是個鬼魂，房間裡的人這五年來幾乎未曾見過他，事實上，除了他的家人、律師與原告，房間裡根本沒人見過他。這五年來，他出現在每個人的心中，但不是以人的形貌顯現，而是一種觀念；現在，他即將走出那扇門，而大家即將看到這位拉薩路（Lazarus）。一分鐘過去了，然後又是一分鐘，等待的民眾保持沉默，那是一種令人焦慮不安的沉默，「這是第一次，群眾們徹底被沉默壓制」。

小門開啟，首先映入眼簾的是兩名守衛；在兩名守衛之間是一個細瘦、憔悴、乾癟的人，一個詭異的條狀人形，看不出是年輕還是年老，他的臉孔皺巴巴的，皮膚看起來毫無水份，他的身子似乎已經被掏空，整個人僅剩站立的力氣，他努力支撐著，想走完從小門到證人席這最後短短數碼的距離。只有人們從照片上看到的那副夾鼻眼鏡依然完好無缺。「驚駭與憐憫」的情緒傳遍了現場的旁聽者，因為這起事件而徹底毀了人生的皮卡爾，在場的人都能感受到他正以強烈的目光注視著眼前這個人。其他在場的人當中，事業因他而遭遇劇變或毀滅的人，如克里蒙梭與卡維尼亞克，則是第一次看到他。

四年半的時間，德雷福斯幾乎很少說話，也很少聽到人們說話。疾病、熱病、熱帶烈日、長期的枷鎖，以及在法國陷入混亂時，看守的獄卒也殘暴地對待他，這一切都使得他虛弱不堪。他幾乎無法說話，而且必須花費很長的時間才能理解別人說的話。他爬了三個臺階，走上講臺，他的身體有些搖晃，但他還是挺直身子，舉起戴了手套的手宣誓，他摘下帽子，露出了早衰的白髮。德雷福斯靜止不動，宛如雕像一般。德雷福斯不知道之後發生的事件、報章雜誌的戰爭、決鬥與請願、暴動、街頭暴民、同盟、審判、誹謗官司、上訴、政變；不知道舍勒—凱斯特納、雷納赫、皮卡爾被逮捕、左拉的審判、埃斯特哈吉的軍事法庭、亨利上校自殺、法國總統本人遭到攻擊。在審判過程中，德雷福斯讓許多人留下不好的印象。他不僅表現出讓人難以憐憫的樣子，也敵視那些願意憐憫他的人。亨蒂（G. A. Henty）跟許多前來旁聽的英國人一樣相信德雷福斯遭到陷害，但當他離開時卻感到懷疑。「這個人看起來像間諜，說話也像間諜……即使他不是間諜，我還是無法打從心裡相信他不是間諜。」亨蒂的說法反映了最後一批浪漫主義者的心聲，他們相信正義這種抽象的概念是黑白分明的，而行為古怪的人一定是間諜。

最終來說，決定審判結果的不是德雷福斯給人的印象，而是造成德雷福斯事件的那個人：這是梅西耶造成的兩難局面，而在數百名證人面前，梅西耶主導了審判。梅西耶權威而冷漠，自信而高傲，他對於隱瞞秘密檔案不讓被告知道的最初命令負完全責任，他說這是「道德」決定。他站在證人席上，卻拒絕回答他不喜歡的問題；他不站在證人席上的時候，沒人問他，他卻擅自插嘴。檢視秘密檔案時，他要求排除在場民眾，而法院也聽從他的意見。當問起陸軍隱瞞證據的事情時，雷納赫坦承梅西耶回答時的冷嘲熱諷「幾乎是嘆為觀止……彷彿犯罪可以成為某種美麗的事物」。加利費寫道，梅西耶「已經出現幻覺。他以為自己就是法國的化身……但他依然是值得尊敬的人」。

連續幾個星期的審問與聽證，直接涉入本案的證人接二連三興致勃勃地上臺作證，律師們相互攻防、記者與旁聽者熱烈爭論，整座城鎮的情緒高漲，人們對於判決的焦慮已到了無法忍受的地步。在巴黎，有傳言說在梅西耶作證那天將會出現另一場政變，政府於是突襲了一百名嫌疑犯的家中，其中有六十五名是在睡夢中被逮捕，包括德魯雷德，但卻遺漏了蓋杭。蓋杭逃走之後，在夏布洛路（Rue Chabrol）一棟儲藏軍火的住宅據險自守，他有十四名同夥，這群人面對警察軟性的圍困足足支持了六個星期。「一個星期七天，從早上七點到晚上七點，我都在辦公室裡，以防事態有任何變化，」加利費寫道。

八月十四日，口才流利且處事積極的拉伯里大律師，「看起來如同赫丘利（Hercules），辯論時像個拳擊手」，他在法院外遭到槍擊，但保住一命，開槍的是一名紅髮青年，他一邊逃跑一邊喊著：「我剛剛殺了德雷福斯！我剛剛殺了德雷福斯！」這個名字再度成為一個抽象觀念。這起攻擊事件讓緊張的氣氛升溫到了瘋狂的程度。由於攻擊者拿了拉伯里的公事包逃逸無蹤，對德雷福斯派來說，這顯然是預謀犯案，而且再次證明民族主義者為達目的不擇手段。他們抨擊對手是一群「殺人犯」、「總參謀部的幫兇」，而且誓言「我們只要有人受害，對方也要付出相應的代價——梅西耶、卡維尼亞克、布瓦德福爾、巴雷斯」。拉齊維爾王妃在給加利費的信上寫道：「我的天啊，這個世紀的末尾真是不太平。」

審判在九月九日結束，全世界的目光都集中在這個不可思議的判決上。德雷福斯以五比二的票數再度被判有罪，但由於「情堪憫恕」，所以判刑五年（已經服刑期滿），而非原來的終身監禁。由於叛國罪顯然不存在任何「情堪憫恕」的情狀，所以這段附文引發了正反兩方的不滿。檢方採取這個策略是因為考慮到法官基於良知絕不可能將德雷福斯送回魔鬼島，為了有利於取得有罪判決，所以才做出這樣的主張。

這個判決結果依然引發了一些可怕的災難。民眾感到震驚。維多利亞女王發電報給羅素勳爵，「女王得知這個可怕判決之後深感驚訝，她希望這名可憐的受難者能夠上訴到最高法院」。「不公正、令人懷疑、令人作嘔、野蠻，」《泰晤士報》通訊記者語無倫次地寫道。克里蒙梭像以賽亞（Isaiah）一樣憤怒地問道：「曾經讓我們在這個世界上擔負起正義維護者的角色的歷史傳統到哪裡去了？這樣的呼聲在世界各地此起彼落地響起：法國在哪裡？法國成什麼樣了？」世界各國的輿論突然間成了議題，而且因為一九〇〇年萬國博覽會即將到來而變得更加尖銳。日內瓦湖（Lake Geneva）的埃維昂（Evian）是法國上流社會的避暑勝地，普魯斯特在這裡看到諾埃伊伯爵夫人哭著說：「他們怎麼能這麼做？現在外國人會怎麼看我們？」在民族主義陣營，同樣的想法卻成為喜悅的理由。「這是一八七〇年以來我們第一次贏了外國人，」《高盧報》歡呼說。

每個地方都表達了強烈情緒，全世界都關切此事。敖得薩（Odessa）「異常興奮」，柏林「義憤填膺」，遙遠的墨爾本（Melbourne）「感到厭惡與恐怖」，芝加哥發生抗議遊行，世界各國都出現杯葛博覽會的提議。在利物浦（Liverpool），《泰晤士報》幾分鐘之內就被買光，然後很快又加價轉賣出去。挪威作曲家葛利格（Grieg）寫了一封信，拒絕接受邀請到夏特雷劇院（Théâtre Chatelet）指揮他的曲子，因為他對於「貴國輕視司法的行為感到憤怒」。英國人當時正因為法紹達事件產生反法浪潮，他們的憤怒最為強烈。海德公園都是抗議人潮，報紙抨擊這是「對文明的侮辱」，產業公司與文化協會要求杯葛博覽會以對法國政府施壓，觀光客則被敦促取消既定的法國旅遊行程，湖區（Lake District）的一個旅店老闆把一對度蜜月的法國夫婦趕出去，一名作家向主編表示，即使是川斯瓦（Transvaal）問題，與「真相和正義這個大問題相比，確屬微不足道」。然而，《泰晤士報》也提醒讀者，許多法國人冒著「生命危險」來阻止正義失敗，我們相信他們絕不會放棄鬥爭來挽救雷恩的錯誤。

這場戰鬥實際上並未因此而停止，但輿論似乎已經精疲力竭。除了德雷福斯事件之外，當時法國還有許多問題並未得到圓滿的解決。瓦爾德克—盧梭提議特赦德雷福斯，儘管克里蒙梭強烈反對，但最後還是基於人道立場獲得同意，因為德雷福斯已經無法支撐下去，但特赦令還附有但書，那就是德雷福斯仍未失去洗刷汙名的機會。加利費向陸軍下令：「本案已經結束……忘了過去，才能思考未來。」瓦爾德克提出特赦法案，要求廢止與本案有關的一切懸而未決的法律訴訟，此舉激怒了正反兩方：右派感到憤怒，因為德魯雷德被排除在特赦名單之外；德雷福斯派也感到憤怒，因為皮卡爾、雷納赫與其他遭受司法不公或遭到起訴的人仍未獲得清白。瓦爾德克相當堅決：「特赦不是判決，也不是起訴，更不是無罪，而是忽視。」儘管如此，雙方的論戰依然激烈，直到一年後，特赦法案才通過成為法律。但仇恨並未因此結束。德雷福斯事件形成的涇渭分明的立場，就此固定下來。勒梅特參與這起事件一開始是感情用事，而非出於信仰，此後卻成了一名激進的保皇派；安那托爾·佛朗士則是更傾向於左派。

這場戰爭從道德轉變成政治，從德雷福斯轉變成德雷福斯革命。它依然是同樣那場戰爭，但名詞卻已經改變。爭論的議題不再是正義與再審，而是瓦爾德克與他的繼任者孔布（Combes）主政下的法國對教權主義進行的抑制，以及讓共和體制深入到教育與陸軍之中。這場戰爭的激烈程度不下於德雷福斯事件，一方面，瓦爾德克制訂了結社法來對抗宗教派別，另一方面則發生了安德烈將軍（General André）與表單（*fiches*）事件。一九〇四年，有人揭露安德烈這位過於熱心的戰爭部長採用了共濟會軍官針對天主教同僚提出的報告，以此做為內部晉升的標準。馬蒂厄·德雷福斯、雷納赫與饒勒斯鍥而不捨的努力，終於排除萬難，推動了最後的再審，最高法院終於「廢棄」了雷恩的判決。一九〇六年七月十三日，巴士底日前夕，距離德雷福斯被逮捕幾乎已十二年，離雷恩判決也有七年，一項讓德雷福斯與皮卡爾重回陸軍的法案送到了國會，最後以四百四十二票贊成對三十二票反對（德·蒙依然投下反對票）通過。德雷福斯獲頒法國榮譽軍團勳章而且晉升為少校，皮卡爾晉升為將軍，這是在正常狀況下他們應該晉升到的軍階。一九〇二年，德呂蒙連任國會議員失敗，《言論自由報》逐漸走下坡，一九〇七年提議出售，但沒人願意接手。一九〇二年，左拉去世，在葬禮上，安那托爾·佛朗士為他誦念了一段公允而高尚的墓誌銘：「這一刻……他是人類的良知。」一九〇八年，左拉的骨灰移葬先賢祠（Panthéon）。在典禮上，一個名叫格列戈里（Gregori）的男子舉槍擊傷德雷福斯的手臂，格列戈里隨後被巡迴法院（Assize Court）宣判無罪。一九〇六年，克里蒙梭成為法國總理，他任命皮卡爾擔任戰爭部長。皮卡爾當上梅西耶曾經擔任的職位，「這是值得大書特書的事！」加利費說道。「對於一息尚存的人來說，這的確令人感到安慰。」

雷恩審判是德雷福斯事件的高潮。雷恩審判之後，要求正義與右派反對共和國的鬥爭仍在持續，但德雷福斯事件卻已來到了尾聲。德雷福斯事件期間，法國就像在法國大革命時代一樣，展現出政治人物最好鬥的一面。這是一段凡事都做得過度的時期。參與的人投身其中，傾盡一己之力與貫徹自身信仰。他們毫無保留。在新世紀的前夕，德雷福斯事件透露出人們將以什麼樣的精力與殘暴來迎接這個新世紀。

THE WAR
大戰略
06

驕傲之塔：一戰前的歐美世界圖像，1890-1914（上）

作者　芭芭拉·塔克曼（Barbara W. Tuchman）
譯者　黃煜文

責任編輯　官子程
特約編輯　蘇逸婷
書籍設計　莊謹銘
內頁排版　謝青秀

總編輯　簡欣彥
出版　廣場出版／遠足文化事業股份有限公司
發行　遠足文化事業股份有限公司（讀書共和國出版集團）
地址　231 新北市新店區民權路 108-3 號 9 樓
電話　02-22181417
傳真　02-22180727
客服專線　0800-221029
法律顧問　華洋法律事務所　蘇文生律師
印刷　前進彩藝有限公司

初版　2024 年 9 月
定價　900 元【上下冊不分售】
ISBN　978-626-98867-2-2　（紙本）
978-626-98867-1-5　(EPUB)
978-626-98867-0-8　(PDF)

廣場 FB　讀者回函

國家圖書館出版品預行編目 (CIP) 資料

驕傲之塔：一戰前的歐美世界圖像 ,1890-1914 / 芭芭拉 · 塔克曼著；黃煜文譯 . -- 初版 . -- 新北市：遠足文化事業股份有限公司廣場出版 , 遠足文化事業股份有限公司 , 2024.09
面；　公分 . --（大戰略；6）
譯自：The proud tower.
ISBN 978-626-98867-2-2（平裝）

1.CST: 歐洲史

740.1　　113010842